心率训练 [第2版]

基于心率监测的科学训练

[美] 罗伊·本森（Roy Benson） 德克兰·康诺利（Declan Connolly）—— 著

高炳宏 —— 译

李 冉 张杨杨 —— 审校

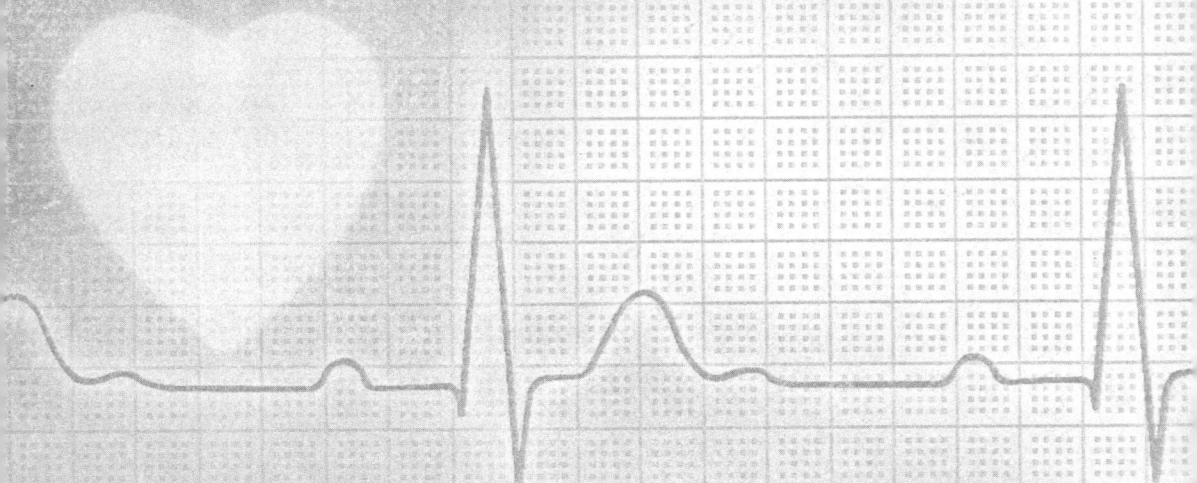

人民邮电出版社

北 京

图书在版编目（CIP）数据

心率训练：基于心率监测的科学训练：第2版 / （美）罗伊·本森（Roy Benson），（美）德克兰·康诺利（Declan Connolly）著；高炳宏译. -- 北京：人民邮电出版社，2022.8
ISBN 978-7-115-58313-0

Ⅰ. ①心… Ⅱ. ①罗… ②德… ③高… Ⅲ. ①运动医学—心率—监测 Ⅳ. ①G804.49

中国版本图书馆CIP数据核字(2022)第013909号

版权声明

免责声明

　　本书内容旨在为大众提供有用的信息。所有材料（包括文本、图形和图像）仅供参考，不能用于对特定疾病或症状的医疗诊断、建议或治疗。所有读者在针对任何一般性或特定的健康问题开始某项锻炼之前，均应向专业的医疗保健机构或医生进行咨询。作者和出版商都已尽可能确保本书技术上的准确性以及合理性，且并不特别推崇任何治疗方法、方案、建议或本书中的其他信息，并特别声明，不会承担由于使用本出版物中的材料而遭受的任何损伤所直接或间接产生的与个人或团体相关的一切责任、损失或风险。

内 容 提 要

　　本书系统地介绍了基于心率监测的训练。

　　本书分为3部分，第1部分介绍了心率监测的基础知识，包括心率监测、评估和自定义心率区间，以及心率监测器的应用；第2部分介绍了以心率为目标的专项训练，以及如何通过心率训练增强有氧耐力，提高无氧阈、速度和爆发力；第3部分结合心率监测给出了针对特定运动项目的训练计划指导，包括步行、慢跑与跑步、自行车、游泳、铁人三项、赛艇、越野滑雪和团体运动项目。本书可以帮助专业运动员和健身爱好者通过心率监测制订个性化训练计划，从而更加科学地进行训练，实现运动性能和表现的提升。

◆ 著　　　　［美］罗伊·本森（Roy Benson）
　　　　　　　［美］德克兰·康诺利（ Declan Connolly）
　　译　　　　高炳宏
　　责任编辑　刘日红
　　责任印制　马振武
◆ 人民邮电出版社出版发行　　北京市丰台区成寿寺路 11 号
　　邮编　100164　　电子邮件　315@ptpress.com.cn
　　网址　https://www.ptpress.com.cn
　　北京虎彩文化传播有限公司印刷
◆ 开本：700×1000　1/16
　　印张：16.25　　　　　　　　2022 年 8 月第 1 版
　　字数：261 千字　　　　　　 2025 年 8 月北京第 10 次印刷
　　著作权合同登记号　图字：01-2020-6974 号

定价：128.00 元
读者服务热线：(010)81055296　印装质量热线：(010)81055316
反盗版热线：(010)81055315

献 词

当时得令著书，是天赐良机，还是纯属好运？随你怎么说，但本书的创作源于一位高人的指导。两位作者的年龄相差 30 岁左右，但是他们的职业道路均得到了权威人士的精心指引。两位作者见面后不久，就开始讨论运动强度的管理。在聊天过程中，他们意识到两人的理念惊人地相似。两人后来才知道，对方也曾接受过克里斯蒂安·佐纳（Christian Zauner）博士的指导，即他们所认识的 Z 博士。受教于 Z 博士的经历对他们有着持久而深刻的影响。两人毕业后选择的道路非常不同，但是 Z 博士的影响一直显而易见。

1969 年，对比其 6 年的田径和越野教练经验及 2 年的高中地理教学经验，本森（Benson）得出结论，他宁愿编写训练计划也不愿写课程计划。获得体育硕士学位可以让他有机会担任全职大学教练。那年的秋天，他开始在佛罗里达大学（University of Florida）攻读体育硕士学位。该大学的运动生理学研究生课程并不多，但所开设的课程由一位杰出的教授负责，那就是 Z 博士。Z 博士还碰巧在他的后院的游泳池里训练一群年轻的游泳运动员。有一天，Z 博士在课上提到了他如何在间歇训练期间使用游泳运动员的心率来确定其恢复情况。这让本森灵光乍现。当时，他还是佛罗里达大学长跑运动员的研究生助理教练。他迅速举起手，问 Z 博士如何测量心率。Z 博士通过在颈动脉处数心跳次数来测量心率，这个测量过程非常有意义。要让跑步运动员在每一轮训练结束时不再表现得那么疲惫，不要反复问训练是否结束了，这一直是一场苦战。在他们每次跑完一段距离后再让他们继续跑步就更难了，因为他们总是恳求更多休息时间。脉搏成了非常奇妙的工具，可以揭示运动员真实的疲劳和恢复程度。

这个偶然的时刻使本森投身于心脏对运动反应的相关工作和研究。当 Z 博士成为他的导师时，他的知识面确实得到了拓展，并且他们成立了一家与医院合作的公司，这家公司主要提供体能康复服务。他们的康复计划是围绕心率测量而设计的，当时还没有心率监测器，必须手动测量心率。几年后，他们将公司出售给医院，该公司成为美国东南部第一批医院保健中心的前身。不久之后，他们俩都离开了盖恩斯维尔（Gainesville），且没有再联系。多年后，本森去俄勒冈州科瓦利斯市（Corvallis, Oregon）拜访一位朋友时，得知 Z 博士就住在同一条路上，只相隔几个街区。本森与 Z 博士之间的友谊得以重续，Z 博士是对他的职业生涯影响最大的人之一。

康诺利（Connolly）的职业生涯也得益于 Z 博士的指导。1987 年 6 月，康诺利毕业于北爱尔兰阿尔斯特大学（University of Ulster），获得了体育研究学位。1990 年夏天，他从罗德岛大学（University of Rhode Island）毕业，获得运动科学硕士学位。在担任训练营顾问时，他向美国各地的研究生院申请资助。他联系了时任俄勒冈州立大学（Oregon State University）运动科学系主任的 Z 博士，Z 博士说他也许能够为康诺利找到工作，但工资不足以支持康诺利攻读博士学位。康诺利开车穿越全国，站在了 Z 博士的家门口。在解释了自己的身份之后，康诺利获得了 3 个月的资助，但 Z 博士告诉他，如果他无法做出成绩，他就不能留下。到了秋天，Z 博士加大了对康诺利的资金支持力度，为他提供各种工作机会帮他赚更多的钱，并向他分享自己在该领域的见解。Z 博士周游各国，了解各国学生所面临的挑战。Z 博士会邀请学生去他家过节，会为学生找暑假工作，并传授其处世智慧。当学生家长到访时，Z 博士会接待家长们，并允许学生用其电话与家里人通话。最重要的是，Z 博士会指导学生取得成功。那时康诺利没有什么特长，也无处可去，Z 博士为他提供了机会。对于这个机会，康诺利永远感激不已。康诺利于 1995 年毕业于俄勒冈州立大学，获得了运动科学博士学位及营养生物化学专业的辅修学位。他曾夺得爱尔兰国家自行车锦标赛冠军，参加过 3 届世界铁人三项赛，并成了佛蒙特大学（University of Vermont）英式橄榄球队的主教练。在所有这些领域中，他都使用了从 Z 博士那里学到的"科学的工具"来优化运动成绩和恢复能力。

令人遗憾的是，2015 年 11 月，Z 博士在俄勒冈州波特兰市（Portland, Oregon）的家中去世。两位作者很高兴 Z 博士能审读（当然还有指正）本书的第 1 版。Z 博士的退休生活是与其妻子贝蒂（Betty）一起度过的，他是一位令人自豪的父亲和祖父。许多学生都很怀念 Z 博士。

致　谢

　　《心率训练：基于心率监测的科学训练（第 2 版）》的读者，感谢你的信任。如果你已读过本书的第 1 版，我相信你会发现值得花时间和金钱来阅读第 2 版中的修订和补充内容。我还需要对我所执教的所有跑步运动员、许多参加过我的跑步训练营（Running Camps）的人，以及我的杂志专栏读者表示最深切的感谢。特别感谢所有使用我推荐的心率监测器的人。我相信以疲劳程度为导向的训练方法具有"指导性"意义，我希望这种理念能对你的跑步练习产生积极的影响。最重要的是，感谢我可爱的、充满爱心和耐心的妻子贝蒂（Betty）：你是"我的翼下之风"，只有在你的支持下，这一切才有可能实现。还要感谢我们的孩子薇姬（Vickie）和雷（Ray），感谢你们分享我与我的跑步大家庭。

——罗伊・本森（Roy Benson）

　　感谢我的妻子香农（Shannon），她与家人的不懈努力使我有时间投身于包括本书在内的许多项目。她作为母亲所具有的适应能力和自豪感给了我极大的自由，我很感激她。还要感谢我的孩子们，基亚兰（Kiaran）、菲奥娜（Fiona）、西里安（Cillian）、努娅拉（Nuala）和奇安（Cian），感谢他们能正确地看待我的工作（也许有一天他们会阅读本书）。感谢我的父母查理（Charlie）和杰拉尔丁（Geraldine），他们给予我极大的自由，让我可以追求自己的目标。最后，感谢和我一起运动的朋友们，他们为我提供了不断梳理和探索的机会。

——德克兰・康诺利（Declan Connolly）

简　介

　　祝贺你！你即将了解为什么心率监测对训练来说是最便捷、最有效的一种方法。你很快就会通过一种更具时效性的方法让自己的体能得以增强。在你了解自己的心率，学习如何测量心率并配备可靠的心率监测器之后，你就可以建立一个按科学方法设计的训练计划，这是为你量身定制的训练计划，其训练效果是有保证的。心率监测很棒的一点是，你可以全天候进行监测，不管是在办公室还是在家，当然在运动时也可以监测。所有这些信息将帮助你追踪自己的运动反应，这样做不仅是为了保证训练效果，还为了提高整体健康水平。这些信息使你能够做出个性化决策，优化自己的训练计划。

　　大多数训练计划的主要问题在于，它们的设计并非基于你的体形、身材、生理反应，以及最重要的，当前的体能水平。它们并非是专门为你设计的。实际上，这些训练计划很可能与你没什么关系。在大多数情况下，它们是基于基本运动生理学的通用计划。它们的形式有课程、训练班、俱乐部，或出现在自诩为专家的人所写的书中。但是，即使有高质量教学并遵循有效的通用原则，这些计划也并没有回答一个问题："它们与我何干？"通常，你无法弄清楚如何将这些信息应用在自己身上。每个想要运动、锻炼身体或训练的人都面临着同样的困境："我应该跑步吗？还是应该参加动感单车课，使用划船机？或者游泳？"做出选择后，下一个问题是："但是我该如何执行？现在我已经选择了一种运动方式，我应该以什么距离、什么速度、什么强度、什么频率来完成？"智能手机和智能手表上的数据可以传输到计算机上，这些新科技将帮助你更好地回答这些问题。

　　"选什么"这个问题并不难回答。我们希望你已经选择了一项方便、有趣且有吸引力的运动，因为研究表明，如果所选择的运动符合这些条件，你更有可能坚持下去。"如何完成"这个问题才是拦路虎。

随便你怎么说，但你的训练计划必须个性化。训练计划必须以你当前的体能水平、整体能力和明确的目标为基础，还必须考虑运动模式和你的年龄。制订个性化的训练计划有一个最简单的方法，就是追踪心脏对身体所选择运动的反应。你可以观察身体的适应情况，这体现的是你自己的反应，而不是其他人的反应，因此你可以据此制订出个性化的训练计划。

好消息是，随着现代科技的发展，市面上出现了多款经济实惠的心率监测器。它们可以即时、可靠地反馈身体对所选运动和运动强度的反应。无论你是新手、中级运动员，还是高级运动员，总有一款心率监测器适合你，可满足你的所有需求。智能手机和智能手表能够追踪、观察和记录你的所有数据，以此为你提供独特的、制订个性化训练计划的机会。

本书将指导你完成必要的步骤，并帮助你实现 4 个目标。

1. 找出让心率监测器服务于你的最佳方法。
2. 学习运用运动生理学的各个原则来达到最佳状态。
3. 把上述两个目标结合起来，你就可以从完全个性化的训练中获益，适应你的能力。
4. 指导你记录数据，并根据这些数据适当地调整训练计划。

我们多年来一直在使用心率监测器对各种人群进行研究，为了帮助你实现第一个目标，我们会分享在这些工作中积累的经验。我们介绍的工具和思路集众家所长。我们会解释如何确保获得可靠的测量结果，以及如何解读这些数据，以帮助你了解自己的状态。

我们还将解惑释疑，回答有关心率训练的常见问题。例如，我们将解释常见资料中提到的心率训练区间。某篇文章可能声称为了保持状态，运动员在训练中应该保持最大心率的某个百分比；而另一篇文章则指出，运动员应在最大摄氧能力的某个百分比区间内进行训练，通常表示为 $\dot{V}O_{2max}$ 的百分比，或写作最大摄氧量的百分比。这两个都是合理的建议，因此我们将两者结合起来，以便尽可能容易地计算出运动员的目标心率（数据按习惯做了舍入）。此计算方法会在第 2 章进行介绍。

实现第二个目标需要完成一个挑战，它与实验室和运动员更衣室中使用的语言有关。不幸的是，学术界和普通民众都没有就相关词汇达成一致意见。与其使用目前的实验室词汇或词典定义，不如使用流行资料中常见的说法。此外，尽管权威机构、作家和运动员使用了许多其他术语来指代和定义在达到巅峰状态的过程中所发展的其他身体能力，但本书将主要讨论体能的 4 个组成部分：耐力、体力、经济性和速度。最重要的是，我们将教你如何根据这些体能组成部分的目标水平调整运动训练的 4 个因素：强度、持续时间、频率和方式。在这 4 个因素中，最重要的是使用心率监测器测量运动强度。

在使用心率监测器时，实现第 3 个目标要容易得多，因为它可以帮助你完善你的个性化训练。要遵循的原理虽多，但是你的能力、状态和目标决定了你的调整对策。

监测心率并记录数据将帮助你实现第 4 个目标。通过不断评估心率对运动的反应，你将得到适当的休息和恢复，并在身体准备好时更加努力地训练。你还可以多次评估自己对给定运动的心率反应，从而评估自己对增强体能的运动刺激的反应水平。

本书内容由浅入深。第 1 章至第 3 章介绍了基本的生理适应、器材问题，以及与训练和体能有关的其他信息。第 4 章至第 7 章介绍了在完成训练计划的过程中逐步体验到的各个适应阶段。第 8 章介绍了训练计划设计的原则。第 9 章至第 15 章为步行、慢跑与跑步、自行车、游泳、铁人三项、赛艇、越野滑雪提供了一系列训练计划。第 16 章介绍了如何在团体运动项目的训练中使用心率监测。书中介绍的训练计划包含不同的级别，或者说不同的强度，以适应个人的体能水平和目标。

《心率训练：基于心率监测的科学训练（第 2 版）》包含第 1 版资料的更新版本及一些全新的资料。具体来说，我们将会讨论"智能技术"、24 小时监测、心率变异性（HRV）的应用、如何在减重计划中使用心率监测，以及如何通过监测心率来指导终身健身。智能手机应用程序、可穿戴技术和智能服装的普及，以及越来越多的人通过监测心率来指导恢复运动，这些趋势导致心率训练的使用率显著提高。因此，我们希望这些新资料既会让第 1 版的读者喜欢，也会让新读者怦然心动！

目　录

第 1 部分

基　础

第 1 章

用于提高运动表现水平的心率监测

本章介绍心率监测的概念，并说明如何准确地监测心率，以实现个体所需的特定适应。因此，我们首先要明确有哪些适应，它们是体能的 4 个组成部分：耐力、体力、经济性和速度。由于这些组成部分是相互依赖的，因此必须按顺序发展。心率训练可以帮助你在恰当的时长内将心率保持在目标区间，并避免出现过度训练这种常见问题。一旦理解了这些组成部分，以及达到更高的体能水平所需的时间，你会发现，为自己编排和设计训练计划变得更容易，类似于我们在后续内容中提供的示例。本章还提供了关于影响适应程度的其他因素的见解，并介绍了不同强度的体能水平所带来的变化和感觉。阅读完本章后，你将知道如何监测训练，使整个过程变得更有趣和更准确。

心率训练的好处在于，它依赖心血管系统全天候地反映整体压力状态。它可以反映出你何时感到疲倦、训练过度、生病、冷或热，因此可以指导你更改训练计划。更重要的是，从运动的角度来看，它可以即时提供关于压力水平、强度水平和整体适应性的一致反馈。最新的科技使得我们可以用简单且无创的方法 24 小时测量心率。以前，只有在被怀疑患有心脏疾病时，出于医学原因才对个体心率进行 24 小时监测，且通常需要佩戴动态心电监测仪（Holter Monitor），这是专门用于检测心脏病患者不规则心脏节律的仪器。目前，24 小时心率监测可用于田径运动，以评估训练课后的恢复情况、预测伤病，并最终实现对训练负荷和训练课安排的实时调整。监测 24 小时的心率数据可以使我们发现静息心率和运动心率的微小变化，这是很有意义的数据。揭示异常反应的数据使教练和运动员均可据之调整休息时间、恢复时间和负荷量。我们这样做的具体目标就是要最大限度地提升运动表现并减少损伤，优化休息安排，同时确保在间歇训练等运动过程中充分恢复。总的来说，这可以更好地推进整体训练进度，并且避免极易导致伤病的过度训练情况。

24 小时心率监测有许多好处，以下重点介绍其中 4 个。

1. 它使运动员能够衡量训练课以外的总体负荷。通常，运动员的日常活动会明显增加其日常疲劳感，因此需要在营养或恢复方面进行干预。

2. 它有助于更好地了解总热量消耗。

3. 它可以提供有关睡眠质量（一个恢复指标）的反馈。

4. 它可以更实时地反馈身体对单次训练课的反应，因此可以据此对后续训练课进行及时调整，这意味着训练安排会更加合理。

当然，获得所有这些好处的前提是正确使用和分析心率数据。因此，我们必须了解心率监测和训练的基础知识才能实现理想的效果。一旦了解如何监测和解读给定运动的心率反应以及如何做出相应调整（如休息、提高运动强度、降低运动强度），就可以优化身体适应能力。本章提供的信息将使你能够独立且自信地设计个性化的训练计划。但是在详细讨论之前，我们需要先了解一些重要的背景知识。

体能的 4 个组成部分

健身过程涉及体能的 4 个组成部分，即耐力、体力、经济性和速度，它们都是分阶段发展的，这也是训练时各个组成部分的发展顺序。图 1.1 所示的训练的基本模型大致指出了这些组成部分。每个组成部分均依靠特定强度的训练来发展，并且在训练的早期阶段，可以取得最佳训练效果的强度区间是非常明确的。低于目标强度区间的运动将无法提供增强体能所需的刺激。高于目标强度区间的运动会导致运动员适应不良，例如增加受伤风险、过早达到峰值或出现过度训练性心理疲劳，所有这些都会导致运动表现下降。每个组成部分的目标强度区间都有上限和下限。心率监测是最简单有效的运动强度监测方法，可以确保个体在正确的体力负荷区间内进行训练。

　　在本书中，我们谨慎地混合使用通俗语言和实验室语言，以使我们的概念更容易理解。我们将"有氧"和"无氧"这两个术语与体能的这些组成部分关联起来。氧气在循环系统和呼吸系统中流通，尽管我们不计算呼吸频率，但是这些关于呼吸的描述与有氧运动和无氧运动紧密相关。如果用讲话来形容呼吸，有氧运动所涉及的呼吸就像要大声读出威廉·福克纳（William Faulkner）的一个绵延婉转、可能持续整整一页才结束的长句。而无氧阈运动中所涉及的呼吸则更像是读出欧内斯特·海明威（Ernest Hemingway）的只有几个单词的经典句子。做无氧运动时几乎是无言的，旁人只能听到非常沉重、快速的喘气声。下面我们来学习一下体能各组成部分的定义和解释。

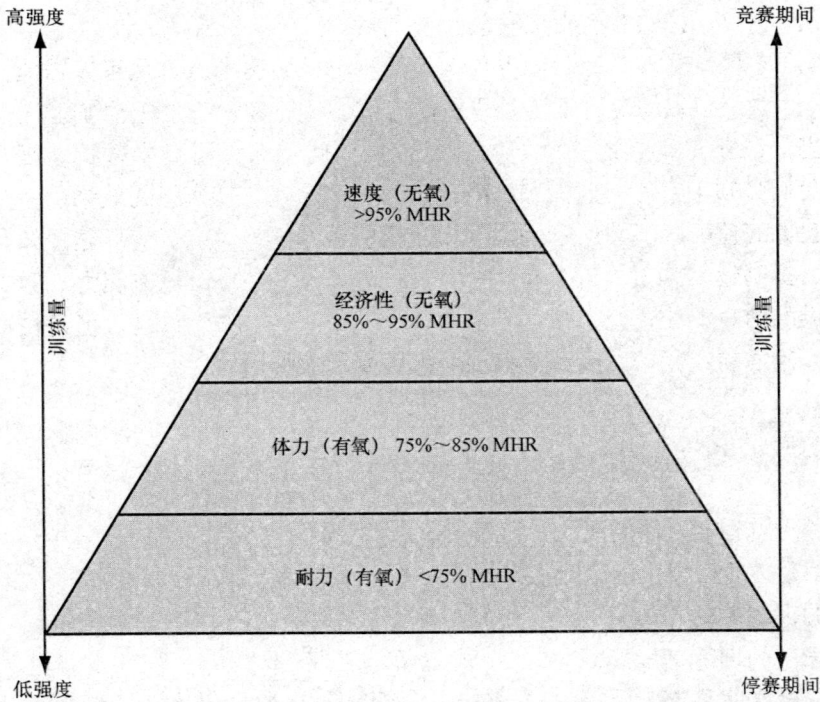

图 1.1　训练的基本模型

耐力（阶段Ⅰ）

　　耐力训练是第一个训练阶段。耐力是指肌肉有氧重复一个动作直至燃料耗尽的能力。在这个阶段，我们不关注动作速度的减慢幅度。为了兴趣和健身而慢跑，以及为了准备参加马拉松而长跑，都是培养耐力的经典运动例子。例如，准备参加马拉松，为了培养耐力，跑步运动员就需要每周将长跑距离延长若干英里。当跑步运动员达到其当前耐力水平时，他们便接近糖原燃料供应不足的程度。为了达到当天的里程目标，他们会放慢速度以最终坚持到训练结束。随着肌肉学会如何改善脂肪供应的新陈代谢时，耐力也会增强。简而言之，就是从 A 点跑到 B 点，而不管你需要将速度降得有多慢，到达多低的强度。通常，发展基本有氧耐力要求心率低于最大心率（Maximum Heart Rate，MHR）的 75%。我们可以将此训练阶段视为健身。如果你进行慢跑只是为了保持健康，那么你同样需要努力地训练。

体力（阶段 II）

体力训练是第二个训练阶段。体力是指肌肉在未超过无氧阈的情况下以更快的速度重复动作的能力。我们可以将其视为以更快的速度从 A 点移动到 B 点的能力，但该距离较短。体力训练的目的是最大限度地减少使用碳水化合物燃料（糖原和葡萄糖），同时最大限度地利用脂肪燃料，从而提高对氧债的耐受性。我们可以将此训练阶段视为比赛准备阶段。在此阶段，体能训练的重点是使心血管系统和呼吸系统为艰苦的训练（非过度训练）做好准备。以 75% ～ 80% MHR 进行 45 ～ 60 分钟的稳态训练就是很好的体力训练的例子。以 80% ～ 85% MHR 进行 20 ～ 30 分钟的节奏跑训练，有助于将体力提高到稍高水平。如果你是一名业余运动员，想参加各种赛事并笑到最后，那么你的训练也需要达到此强度水平。通常，培养体力的心率区间为 75% ～ 80% MHR。

经济性（阶段 III）

经济性训练是第三个训练阶段。经济性是指肌肉以更快的速度重复动作的能力，尽管运动时间更短，但已超过其无氧阈。经济性训练的目的是在适应比赛配速的同时忍受氧债水平不断提高（肌肉中乳酸不断堆积）的能力，此外，还可以训练肌肉在更高的体力负荷水平上优化使用氧气和碳水化合物燃料。我们可以将此训练阶段视为通过间歇训练、山地短跑和法特莱克跑（Fartlek Running；Fartlek，是"速度游戏"的意思，它属于瑞典式体能训练体系，其中包含频繁的速度变化。）等训练来为你的发动机（肌肉）增加马力，从而增强你的比赛体能的过程。经济性训练的例子包括中等至高强度的连续节奏跑训练方案，以及具有较多重复次数的间歇训练方案。如果你想参加体育赛事，则必须在训练计划中纳入此训练阶段。通常，培养经济性的心率区间为 85% ～ 95% MHR。

速度（阶段Ⅳ）

速度训练是第四个训练阶段，速度是指肌肉在无氧条件下以最大速度全力重复动作的能力。它是指在短时间内全力以赴，并在承受肌肉组织中乳酸水平升高的同时保持放松的能力。此阶段的爆发力训练最终还将带来力量的增强，以及柔韧性和协调性的提高。速度训练的最佳示例就是上坡冲刺和间歇训练，这样的训练运动时间更短、速度更快，并要求以最大运动强度完成，还有充分的恢复时间。有些人可能会把这种全力以赴竞技的意愿比作加入了"P.T.A（疼痛、折磨、痛苦）协会"，因为他们学会了如何承受最大的疲劳感。一般来说，培养速度的心率区间为 95% ～ 100% MHR，并且训练速度通常会超过比赛速度。

我们都知道，这些并不是确切的字典中的定义或标准的实验室语言；但是，在讨论运动和健身时，这些都是主流资料中常见的说法。就本书而言，我们认为采用这种语言有助于你正确理解心率区间，让你可以根据自己的目标，按照训练金字塔逐步提高至最佳状态。我们首先要确定一些概念，因为它们与摄氧量的概念紧密相关，当然了，通过心率可以方便地（尽管是间接地）估算出摄氧量。图 1.1 展示的是训练金字塔的经典图形表示版本。

下部较轻松区域的活动可导致特定的生理和生物力学适应，而上部较困难区域的活动则会带来重要且不同的生化和神经适应。培养速度需要使用相当复杂的训练方法，心率需控制在训练金字塔的无氧区域对应的心率区间内，甚至还要收窄该区间。这些内容将在后面进行详细讨论。

表 1.1 以另一种方式总结了我们已介绍过的大部分内容，我们将在后面的章节中再对其进行详细讨论。

心率区间	体力负荷指数	体力负荷级别	速度	燃料来源	燃料系统	体能组成部分
I	60% ~ 75%	轻松	慢	主要是脂肪	有氧	耐力
II	76% ~ 85%	中	中	碳水化合物和脂肪的组合	有氧和无氧的组合	体力
III	86% ~ 95%	困难	快	主要是碳水化合物	无氧	经济性
IV	96% ~ 100%	非常困难	非常快	完全是碳水化合物	ATP-PC*	速度

表 1.1 心率区间

*ATP-PC：三磷酸腺苷 - 磷酸肌酸系统。

我们对表 1.1 中的心率区间要抱有开放的态度，且其区间范围最大可达 15%。原因是，根据我们的经验，在更高的心率下，比起骑自行车、赛艇或游泳，跑步通常让人感到更舒适。在耐力训练区间跑步时，你的心率可能为 70% ~ 75% MHR；而在游泳时，你的心率可能为 60% ~ 65% MHR。当你训练有素后，你将可以在任何活动中更轻松地达到更高水平，这是我们预期的进步过程。关于 MHR 的一个要点：每项运动的 MHR 有所不同。因此，你需要了解每项运动的真实 MHR，铁人三项运动员尤其要注意这一点。我们将在后面的内容对此进行更深入的讨论。

个人考虑因素

本质上，所有人都是由相同的部分组成的。但是，重要的差异（如训练目标和遗传基因）会影响个体对运动的反应和适应。

你想改善心血管的健康状况并控制体重吗？如果你想，那么我们建议你经常进行大量的、对有氧耐力水平要求非常低的运动，但不要期望短期内会有明显的改善。你需要将运动变成一种生活习惯。

你是否认为，仅单纯地参与（而非真正的竞技）一场 10 千米公路赛，以笑对比赛结果为目标，是一种享受社交娱乐的好方法？如果你觉得是，那么你要在几个月到一年的时间内耐心地增加耐力训练量，但是要将其中几天的训练替换为体力训练。

你是否想参加竞赛并努力提高和创造个人纪录？如果你想，那么你需要每周至少进行一天高强度的无氧经济性或速度训练，并且该训练需达到非常困难且在精神上具有挑战性的水平。

以上是有助于你思考训练目标的一般思路。训练原因将影响训练目标心率的选择。此外，你的反应和适应也会受到其他因素的影响：你的基因。

大家都知道，进行轻松的运动时心率较低，而进行较困难的运动会导致心率升高。尽管在大多数情况下都是如此，但这种关系的可预测性并不是那么一致，尤其是对绝对数值的预测。这意味着两个人在运动中到达相同的绝对心率 [如 145 bpm（次 / 分）] 时，其舒适度和生理反应可能会有极大差异。基因差异（如快缩型肌纤维和慢缩型肌纤维的结构差异）可能导致令人困惑的心率反应。快缩型肌纤维（如短跑运动员）的耗氧率与慢缩型肌纤维（如马拉松运动员）的耗氧率不同。另一个导致能力和体能相似的两个人心率反应差异很大的因素是心脏的解剖结构和大小。这些差异可能导致以相同速度跑步的人产生 35 ～ 70 bpm 的心率差异。目标心率和工资很像——最好不要讨论它们。心率比其他人更高并不意味着你不够健康。

需要指出的是，最后一个基因问题是很重要的，但远没有那么明显——男女心脏大小的差异。这种差异体现为：男性的平均静息心率是 72 bpm，而女性的平均静息心率是 84 bpm。本书将帮助你监测自己的训练情况，告诉你如何测量自己的心脏对你的训练计划的反应，而该训练计划是针对你的特定目标设计的。

主观疲劳感知等级：你的后备系统

个性化训练方案假设你已了解困难与轻松之间的区别。（前者让你脸部扭曲、喘着粗气，而后者则使你可以一路有说有笑。）我们每个人都可以在主观上区分困难任务和轻松任务。在遥测心率监测器使测量脉搏变得如此方便之前，如博格量表（Borg Scale）所示的主观疲劳感知等级（Rate of Perceived Exertion，RPE）是利用自身能力来主观衡量困难与轻松的运动量的标准。例如，可以使用博格（Borg）博士的 15 分制量表来描述普通人从步行 1 英里（1 英里≈1.61 千米，后文不再标注）渐进到尝试在 4 分钟内跑完 1 英里的感觉。该量表将静息或走路描述为非常轻松的运动，而将疲惫或跑步描述为非常困难的运动。此外，博格量表还引入了一个从 6 分（静息）到 20 分（疲惫）的分值体系。简而言之，博格试图将定量测量与其定性体系关联起来。

尽管博格量表很有用，但是它未提供客观的方法来测量运动量。对于竞技运动员来说，心率监测器更适用于获取这些测量值。

人们的训练目标不同，这可能是进行个性化训练最重要的原因。以 MHR 的百分比表示，你的目标心率区间到底是多少？计算心率区间的需求是一个挑战，我们要与你分享一些有用的方法。因此，我们有充分的理由认为，你应该使用本书中的信息来帮助自己正确地使用心率监测器。你的身体与其他任何人都不一样，那么你为什么要像其他人一样训练呢？无论你有什么独特的天赋，当前的体能水平或目标如何，本书都将帮助你确定自己的目标心率区间并帮助你制订个性化的训练计划。

在足球、英式橄榄球、美式橄榄球和长曲棍球运动员中，心率监测越来越普及，从事其他非有氧运动（如摔跤、举重和拳击）的运动员也是这样。但是，由于这些运动具有急停急起的特点，使用心率来监测运动强度有一定的局限性；它实际提供的是有关能量消耗和恢复的信息，而不是总体运动强度。这并不意味着你参加这些运动就无法进行心率监测。像参加有氧运动的运动员一样，你可以在训练计划的有氧训练部分利用心率来监测训练状态和强度，或者在间歇训练（这种训练体系要求在短于比赛时间的一段时间内完成重复的训练内容，并且要求在 85% ～ 95% MHR 这种相当高的强度下完成）期间了解恢复心率，这也是非常有意义的。它也是一种有用的恢复工具。

在高强度无氧运动中使用心率监测还会涉及其他更复杂的生理反应。在本书后续内容中，我们为在非有氧环境中使用心率监测提供了更多建议，但现在我们关注的重点是典型的耐力型运动员，即跑步、自行车、赛艇、越野滑雪或铁人三项等项目的运动员。

心率揭示的信息

心率可以提供很多信息，但是你必须拥有可提供能够靠数据的心率监测器。准确的数据将使你能够正确评估自己的反应、适应、能量消耗、训练计划等。需要牢记的一点是，你所追求的是高度个性化的知识，因此可靠的心率监测器更有可能帮助你获得所需的结果。如果你拥有可靠的心率监测器，以下是你可以从心率监测中了解的信息。

- 用于发展有氧系统的正确强度。

- 用于发展无氧系统的正确强度。
- 在适当的训练区间中应花费的时长。
- 间歇训练过程中的适当恢复期。
- 训练课之间的适当恢复期。
- 有效评估对训练计划的适应性。
- 过度训练的预警信号。
- 热应激反应的早期迹象。
- 能量耗尽的早期迹象。
- 延长竞技状态的比赛配速策略。

上述清单会让你相信，心率训练确实是值得的（并且这些只是其中的一些好处）。

了解心率

监测心率的好处是，它以你自己的心脏的能力为基础，而不是其他人的心脏。心脏是一块肌肉，其反应方式与其他肌肉差不多，随着不断锻炼，它会变得更大、更强壮。在非运动时间，心脏会继续将血液泵入肌肉，以促进其修复和恢复。因此，心率可以间接反映肌肉的恢复状态。如果有肌肉轻微撕裂或正在更换燃料，你的新陈代谢会加快，你的心率则会通过略微升高来反映这种情况。因此，每天早晨醒来时监测并记录心率，就可以了解自己是否仍处于上一次训练后的恢复状态。正是这个原因让早晨静息心率成为一个重要的心率数据，而MHR 则是另一个重要的心率数据。MHR 是一分钟内心脏搏动的最快速度或最大次数。

MHR 的变化其实并非是训练的结果，但是所有的训练区间都是根据该数据计算得出的。因此，我们需要一个准确的 MHR（参见第 2 章中的"确定 MHR"部分）。此外，早晨静息心率的确会随着训练而改变，并且通常会随着体能水平的提高而降低。有时，早晨静息心率会升高，这通常代表着疲劳、过度训练或疾病。记录早晨静息心率可以帮助运动员及早发现这些情况。

图 1.2 所示为运动员在 30 天内的早晨静息心率反应。注意观察在进行高强度的短跑训练或长跑后几天的情况。每当运动员完成困难的训练课或长跑，其早晨静息心率都会在第二天升高。此信息很有用，

因为它可以帮助运动员在未完全恢复时调整自己的训练内容，并可能防止过度训练和损伤。这是心率监测如何帮助运动员制订恢复计划的一个例子，它同样可用于确定运动强度。

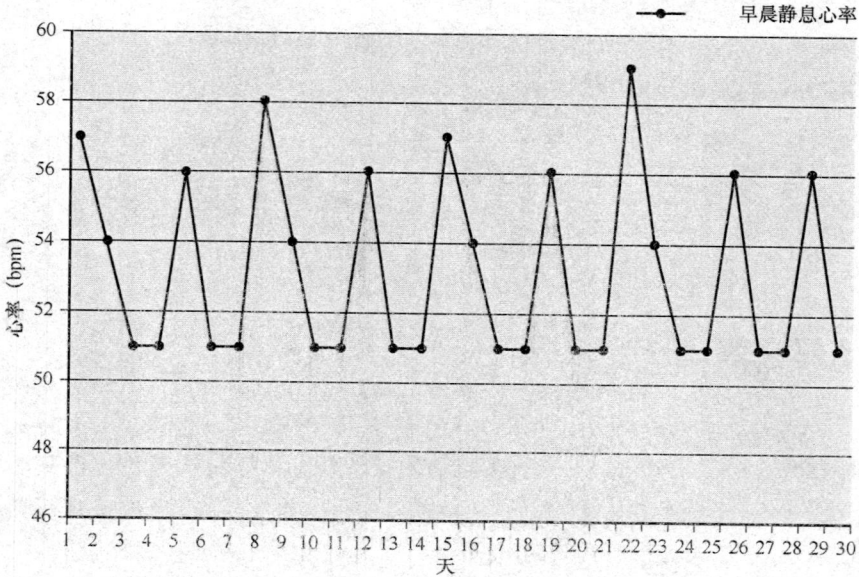

图 1.2　30 天的早晨静息心率。每个峰值出现之前的一天都有较艰苦的训练

　　根据所达到的运动强度，全身各个部位会有不同的适应。我们将这种效果简单表达为，较轻松的运动会引起心血管（有氧）变化，较困难的运动会引起生化（无氧）变化。两者都是提升运动表现所必需的，任意一种变化过多或过少都会导致不合理的适应。心率可以帮助确定运动强度，从而使你保持在所需的训练区间。我们将在第 2 章中详细讨论如何计算目标心率区间。

心率及摄氧量与运动强度的关系

　　到目前为止，我们的讨论都集中在心率上。但是，常见的资料中经常会提到摄氧量，它是心率的"近亲"。专家们似乎提出了互相矛盾的观点，或者至少可以说是让读者感到困惑的观点，因为他们建议以这两种身体能力的不同百分比进行训练。此外，摄氧能力被表示为不同的形式，有时是 $\dot{V}O_2$，有时是 O_2 摄取。无论如何，$\dot{V}O_2$ 表示消耗的氧气量，而 $\dot{V}O_{2max}$ 则表示一个人可以消耗的最大氧气量，这通常发生在最大运动强度下。通常，体能水平越高，你的 $\dot{V}O_{2max}$ 就越高。心率和 $\dot{V}O_2$ 都是衡量一个人运动困难程度（强度）的指标。心率指标仅衡量心血管系统分配氧气的困难程度，而 $\dot{V}O_2$ 指标可衡量心血管系统以及呼吸系统和肌肉系统使用氧气的困难程度。

在有氧运动中，心率和 $\dot{V}O_2$ 随运动强度的升高而升高。但是，这两个变量的反应模式是不同的。科学研究使用"线性"和"非线性"等术语来描述这两个变量之间的关系。术语"线性"表示当一个变量增长，另一个变量相对第一个变量成比例增长。如果一个变量发生变化，而另一个变量没有成比例地变化，则二者为"非线性"关系。

尽管心率和 $\dot{V}O_2$ 均随运动强度的升高而升高，但其反应并非完全成线性。例如，在较低的运动强度下，两个变量都以相似的方式（线性）增加；但是在较高的运动强度下，心率反应趋于平稳（非线性），而 $\dot{V}O_2$ 反应则继续上升。这不会降低信息的价值，只是说明两者的反应模式有所不同。

反应模式的另一个重要区别是，无论运动强度如何，我们都可以在运动开始时看到心率快速上升。开始慢跑的人的心率可能会立即增加 25 ～ 40 bpm，可能会从 75 bpm 升至 110 bpm，其心率在 5 ～ 10 分钟后将稳定下来，甚至可能略有下降，并最终保持在 105 bpm。此外，在运动开始时，$\dot{V}O_2$ 的反应比较慢，我们可能在运动开始后的 5 ～ 7 分钟内仅能看到很小的变化，即使运动强度突然变化，它仍会以缓慢且稳定的速度持续发生变化。在较低的运动强度下，心率将持续发生大幅度变化，然后在较高的运动强度下逐渐减慢变化速度，从而趋于平稳。理解这种关系很重要，因为它可以帮助解释运动表现的各个方面，如热身和恢复。下面我们来更详细地了解心率、$\dot{V}O_2$ 和运动强度的总体关系。

利用心率和运动强度之间的关系是便捷的。尽管 $\dot{V}O_{2max}$ 被认为是衡量运动强度和运动能力的金标准，但对于普通运动员而言，测量这个指标并不容易。其测量需要在实验室中完成并且可能费用高昂。但是，如果我们可以证明心率和 $\dot{V}O_2$ 之间的关系，则可以随时随地使用测量相对方便的心率来监测训练课的效果。

表 1.2 显示了运动时所达到的 MHR 的百分比与 $\dot{V}O_{2max}$ 的百分比的对照关系。例如，当你运动时达到 65% MHR，那么大约是达到了 48% $\dot{V}O_{2max}$。请记住，这些数字不是绝对的，它们仅代表你所达到的某个心率和 $\dot{V}O_2$ 水平的近似值。这些数字的确在 70% 左右的水平会有偏差，因此，我们需要使用一个范围来保证其准确性。无论哪种情况，心率略高于或略低于 75% MHR 的运动仍然代表着容易且轻松的运动强度。

表 1.2　MHR-$\dot{V}O_{2max}$ 百分比换算表

% MHR	对应的 % $\dot{V}O_{2max}$	训练适应
50	约 22	训练有素的运动员的最低值
55	约 28	
60	约 42	阶段 I：耐力
65	约 48	
70	约 52	
75	约 60	阶段 II：体力
80	约 70	
85	约 78	阶段 III：经济性
90	约 85	
95 ～ 100	约 93	阶段 IV：速度

为了进一步阐明心率和 $\dot{V}O_2$ 之间的关系，我们来看一下佛蒙特大学的人类运动表现实验室（Human Performance Laboratory）的数据。表 1.3 和表 1.4 显示了来自两名受试者的数据。一名受试者在跑台上进行测试，另一名受试者则在功率自行车上进行测试。两人都是训练有素的运动员。

表中包含的数据为工作率、心率（bpm）和 $\dot{V}O_{2max}$（ml·kg^{-1}·min^{-1}）。对于两名受试者很重要的另一项数据是无氧阈，该值在脚注中列出。请注意无氧阈的数据，因为我们可以以它为参考证明心率与 $\dot{V}O_2$ 之间的关系。无氧阈将在第 6 章中详细讨论。请注意，在无氧阈处，我们可以看到心率升高的速度会稍微加快，这也是无氧代谢增强的位置，会导致呼吸加快、心率升高和话语减少。

时间	工作率（mph，% 等级）	心率（bpm）	$\dot{V}O_2$（ml · kg^{-1} · min^{-1}）
0:30	5，0%	51	4.1
1:00	5，0%	93	11.3
1:30	5，0%	107	19.9
2:00	5，0%	116	29.5
2:30	5，0%	115	29.7
3:00	6，0%	117	29.5
3:30	6，0%	120	29.1
4:00	6，0%	118	28.5
4:30	6，0%	126	30.3
5:00	7，0%	128	31.7
5:30	7，0%	132	31.9
6:00	7，0%	137	36.0
6:30	7，0%	142	34.9
7:00	7.5，0%	144	38.0
7:30	7.5，0%	150	37.7
8:00	7.5，0%	153	37.7
8:30	7.5，0%	154	40.3
9:00	8.0，0%	156	39.7
9:30	8.0，0%	159	42.6
10:00	8.0，0%	162	42.7
10:30	8.0，0%	163	45.0
11:00	8.5，0%	163	41.6
11:30	8.5，0%	166	45.9
12:00	8.5，0%	167	47.3
12:30	8.5，0%	171	45.9
13:00	8.5，2%	173	46.4
13:30	8.5，2%	171	47.5
14:00	8.5，2%	173	48.3
14:30	8.5，2%	174	50.7
15:00	8.5，4%	173	51.6
15:30	8.5，4%	176	54.8
16:00	8.5，4%	180	54.8
16:30	8.5，4%	183	54.7
17:00	8.5，4%	183	58.2
17:30	8.5，4%	182	58.1
18:00	8.5，6%	182	59.6
18:30	8.5，6%	183	61.2
19:00	8.5，6%	183	64.2

表 1.3　19 岁女子越野滑雪运动员的数据 *

* 受试者在跑台上进行测试。无氧阈：171 bpm。$\dot{V}O_{2max}$：64.2 ml · kg^{-1} · min^{-1}。MHR：183 bpm。

mph：英里每小时。

时间：为计时器上显示的时长（分∶秒）。

	表 1.4　45 岁男性自行车运动员的数据 *		
时间	工作率（瓦）	心率（bpm）	$\dot{V}O_2$（$ml \cdot kg^{-1} \cdot min^{-1}$）
0:30	120	110	3.4
1:00	120	109	7.0
1:30	120	105	24.0
2:00	120	104	25.0
2:30	120	100	26.1
3:00	180	102	22.3
3:30	180	109	27.3
4:00	180	113	28.1
4:30	180	114	31.8
5:00	240	115	32.3
5:30	240	118	33.2
6:00	240	127	36.8
6:30	240	130	41.6
7:00	280	134	42.8
7:30	280	139	42.4
8:00	280	141	45.7
8:30	280	142	47.3
9:00	320	145	48.0
9:30	320	149	50.4
10:00	320	152	53.0
10:30	320	156	51.5
11:00	360	156	57.9
11:30	360	159	56.1
12:00	360	163	59.5
12:30	360	164	58.4
13:00	400	167	62.2
13:30	400	169	62.8
14:00	400	172	64.8
14:30	400	173	67.0
15:00	410	173	66.0
15:30	410	175	68.3
16:00	410	177	67.2

* 受试者在功率自行车上进行测试。无氧阈：152 bpm。$\dot{V}O_{2max}$：68.3 ml · kg^{-1} · min^{-1}。MHR：177 bpm。
时间：为计时器上显示的时长（分：秒）。

使用心率计算可以发现，在跑台上进行测试的受试者出现无氧阈的位置为 92% MHR，但只有 70% $\dot{V}O_{2max}$。在自行车上进行测试的受试者，出现无氧阈的位置为 86% MHR，但只有 77% $\dot{V}O_{2max}$。换句话说，使用 $\dot{V}O_2$ 的函数计算出来的运动强度总是较低的。这两个变量的反应模式也不同，这也是两者百分比不同的部分原因。$\dot{V}O_2$ 与运动强度大致呈线性关系，而心率的线性反应仅维持到 75% ～ 80% $\dot{V}O_{2max}$ 的运动强度，随后其变化趋于平缓，并且会随着接近最大值而逐渐变为非线性关系（见图 1.3）。

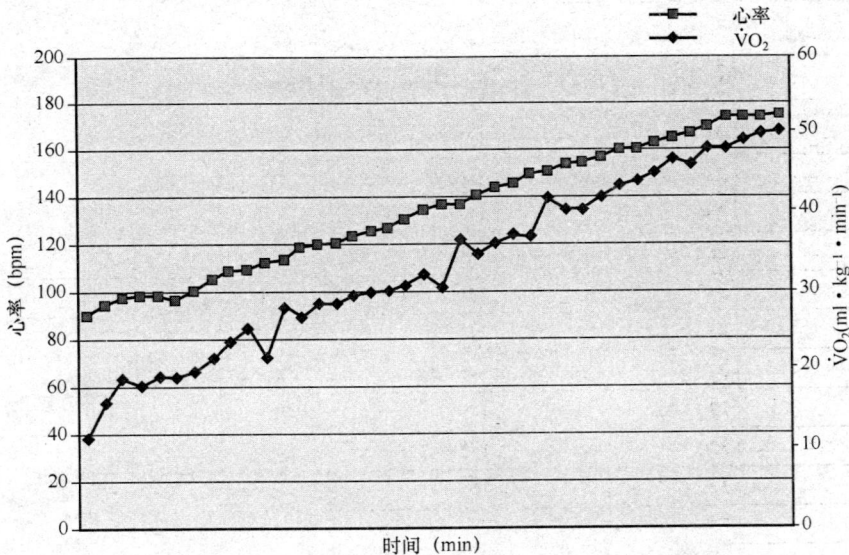

图 1.3　心率与 $\dot{V}O_2$ 随着运动强度升高的变化对比

理解这种关系很重要，因为在任何给定的运动负荷下，心率都是更可靠的体能变化指标。此外，$\dot{V}O_2$ 是更好的能量消耗指标，因为能量消耗与 $\dot{V}O_2$ 直接相关。这很重要，因为随着体能水平的提高，心率在给定运动负荷下的反应随体能的提高而降低，$\dot{V}O_2$ 或能量消耗在给定运动负荷下将保持不变，除非受试者的体重有所减轻。

图 1.4 展示了 40 岁男性受试者在进行短期训练计划前后的体能测试结果。（这些数据也显示在表 1.5 中。）受试者在训练 12 周后进行了测试。受试者的体重变化不大 [他减掉了 4 磅（1 磅 ≈ 0.45 kg，

后文不再标注）]，他的心率随着时间的推移而降低，但他的 $\dot{V}O_2$ 几乎在每次测量中均保持一致，然后随着时间的推移，其 $\dot{V}O_{2max}$ 有所增加，这证明其体能水平有所提高。有趣的是，即使最终阶段的训练努力程度高得多，MHR 也与训练前的数据相同。这是一种理想的结果。

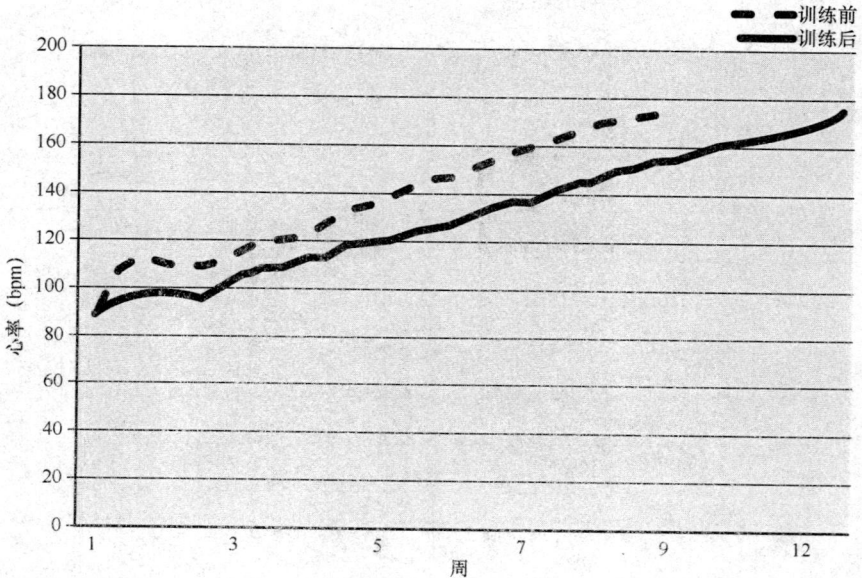

图 1.4　40 岁男性接受为期 12 周的基础训练前后的心率数据。在功率自行车上进行测试，并且使用相同的运动负荷

　　这正是在经过一段时间的训练后想要获得的结果：在固定运动负荷下的心率更低，而 $\dot{V}O_2$ 保持不变，但是 $\dot{V}O_{2max}$ 所占最大有氧能力的百分比降低了，这是由于最大有氧能力提高了。（技能水平的提高也可以促进摄氧量的提高。）这两个结果都与工作率有关。$\dot{V}O_{2max}$ 的提高是由于心脏、肺部和骨骼肌组成的心肺功能网络增大，摄氧能力增强，以及脂肪代谢能力增强。固定运动负荷下的心率降低，是因为心肌现在更强壮了，每次搏动都可以运输更多的血液。其术语为每搏输出量升高。在本书后面的内容中，我们将再次查看这些数据，并详细讨论给定心率下产生的爆发力，以及如何将其用于提高体能水平。

表 1.5　40 岁男性自行车运动员在训练前和训练后的数据 *					
时间	工作率（瓦）	心率（bpm）		$\dot{V}O_2$（$ml \cdot kg^{-1} \cdot min^{-1}$）	
		训练前	训练后	训练前	训练后
0:30	105	89	90	12.3	11.4
1:00	105	107	94	18.0	16.0
1:30	105	113	97	20.6	19.0
2:00	105	110	98	20.0	18.3
2:30	105	109	98	19.1	19.3
3:00	140	109	96	19.9	19.0
3:30	140	111	100	19.6	19.9
4:00	140	115	105	21.4	21.5
4:30	140	119	108	24.0	23.5
5:00	175	120	109	23.2	25.2
5:30	175	121	112	23.2	21.6
6:00	175	127	113	26.6	28.0
6:30	175	132	118	27.1	26.6
7:00	210	134	119	28.1	28.4
7:30	210	137	120	29.0	28.3
8:00	210	141	123	30.3	29.4
8:30	210	145	125	32.0	31.7
9:00	245	147	126	32.3	31.1
9:30	245	150	130	33.3	32.6
10:00	245	153	134	34.0	33.0
10:30	245	156	136	35.2	34.5
11:00	280	158	136	37.4	36.4
11:30	280	161	140	38.5	37.6
12:00	280	164	143	39.0	39.0
12:30	280	167	145	41.5	40.1
13:00	315	169	149	41.4	41.8
13:30	315	171	150	43.4	42.6
14:00	315	173	153	43.1	43.2
14:30	315		154		43.2
15:00	350		156		44.7
15:30	350		159		44.2
16:00	350		160		45.9
16:30	350		162		45.9
17:00	385		164		46.5
17:30	385		166		47.0
18:00	385		169		48.1
18:30	385		173		48.9

* 受试者在功率自行车上进行测试。

时间：为计时器上显示的时长（分：秒）。

心率与 $\dot{V}O_2$ 之间的能量消耗关系

我们已经探讨了心率和运动强度之间的关系、MHR 的百分比与 $\dot{V}O_{2max}$ 的百分比之间的关系，以及在适当的训练下，这些变量如何随着时间的推移而变化。重要的一点是，心率和 $\dot{V}O_2$ 的反应模式存在微小差异。如前所述，心率的线性反应仅维持到 90% ～ 95% 的 MHR，然后其变化就趋于平缓了，当运动负荷继续增加时，其变化很小。此外，$\dot{V}O_2$ 继续稳定上升，直至达到 $\dot{V}O_{2max}$。图 1.3 显示了极量运动试验过程中心率和 $\dot{V}O_2$ 之间的关系。如果仔细查看数据，我们可以发现心率先于 $\dot{V}O_2$ 达到最大值。这意味着可以在 MHR 下提高运动强度和增加能量消耗，而不是在 $\dot{V}O_{2max}$ 下。

随着运动强度的提高，能量消耗也随之增加，$\dot{V}O_2$ 能比心率更好地反映能量消耗。当我们在实验室对受试者进行测试时，我们总是根据耗氧率或摄氧量来确定能量消耗。为此，我们需要了解能量消耗与 $\dot{V}O_2$ 之间的基本关系。当人们参加 $\dot{V}O_2$ 测试时，测试结果通常以 $ml \cdot kg^{-1} \cdot min^{-1}$ 为单位。但是，记录这些数据时实际上以 L/min 为单位，然后再转换为 ml/min。以一个体重为 60 kg 的跑步运动员为例。

跑步运动员体重：60 kg

$\dot{V}O_{2max}$（以 L/min 为单位）：4.0 L/min

$\dot{V}O_{2max}$（以 $ml \cdot kg^{-1} \cdot min^{-1}$ 为单位）：4.0 L/min×1 000 = 4 000 ml/min

4 000 ml/min÷60 kg ≈ 66.6 $ml \cdot kg^{-1} \cdot min^{-1}$

在此水平上消耗了多少能量？为了回答这个问题，你需要记住以下关系：1 L 氧气 = 5 千卡（1 千卡 ≈ 4187 焦耳，后文不再标注）。因此，摄氧量为 4.0 L/min（即 66.6 $ml \cdot kg^{-1} \cdot min^{-1}$）的跑步运动员每分钟消耗约 20 千卡。

现在，有了一些基本数据，我们就可以为任何运动项目的任何运动员计算在任何运动强度下的能量消耗。但更重要的是，你可以发现能量消耗是摄氧量的函数，而不一定是心率的函数，因为心率对运动的反应会受到许多因素的影响（我们将在第 3 章中讨论），而 $\dot{V}O_2$ 往往在静息或任何给定运动负荷下保持不变。

如今，一些跑步机或功率自行车也可以计算（估算）能量消耗。当你运动时，其实就是在给定速度下或在一定距离内移动既定的负荷（体重），或者克服负荷，如自行车上的阻力。这提供了一些已知的变量：

负荷或力，还有距离。利用这些变量，我们可以计算出所需的氧气量。然后，我们根据"1 L 氧气 = 5 千卡"可计算得出能量消耗。

当你踏上跑步机时，系统会询问你的体重。然后，它会使用你选择的速度和坡度来计算其余变量。功率自行车不需要使用你的体重进行计算。它使用选定的阻力作为重量。当体能水平提高时，$\dot{V}O_2$ 不会改变，因为运动负荷保持不变，但是心率对相同的运动负荷的反应会减弱。这是使用心率来评估体能对给定运动负荷反应的另一种方法。现在，你可以选择一个运动方案，以完成一定的能量消耗为目标，甚至可以通过户外运动来完成。

目前，你已了解运动强度、心率和 $\dot{V}O_2$ 之间的关系，并可以使用给定速度下的无氧阈和心率变化计算出体能随时间的变化等。接下来的内容将帮助你更深入地了解如何以及为何使用心率来指导训练。

第2章

评估和自定义心率区间

本章介绍根据你所选择的运动强度，心率数字应该是怎样的。我们还将讨论如何正确计算 MHR 和目标心率区间。在此过程中，我们会指出测量中的误差来源，以便你能知道你的测量结果是否存在问题。最后，我们会讨论随着训练计划的进行，心率数字会有何变化。最重要的是，你将了解如何利用心率来控制训练的时间和强度，以确保使你的训练及适应最优化。我们提供了有关心率反应和总体人群分布的信息，以便你更全面地了解心率数字。但是，我们会从基础开始：熟悉心率监测器的使用方法并了解心率数字的含义。

有关心率数字的事实和误解

心率数字是什么意思？在解释心率数字之前，就心率对运动的反应，我们想分享一下自己的经验。这是本书最重要的优势之一，因为心率监测器随附的说明书很少包含这些信息。了解一些基本的事实和常见的误解可以帮助你避免从心率监测器中获得错误的反馈。为了测试你对心率的了解程度，请阅读以下内容，并判断其正误。

1. 用 220 bpm 减去年龄来预测 MHR 的公式对每个人都是可靠的。
2. 使用跑台或功率自行车测试 MHR 不是通过学习获得的技能，也不需要任何经验。
3. 在医生诊室进行的跑台或功率自行车心脏压力测试通常不能揭示真实的 MHR。
4. 心率就是一个数字。换句话说，一旦你确定了针对任何运动项目

　　的心率训练区间，你就可以将其应用于一系列其他运动项目中。

　　总而言之，我们在心率监测器上看到的信息是可靠且有效的。但是，很多人花钱买了心率监测器之后很快就把它扔进抽屉里，不再使用，因为他们觉得心率监测器上的数字不合理，倍感失望。现在，让我们来看看你在刚才的小测验中表现如何。

误解 1：预测 MHR

　　任何人都可以用 220 bpm 减去自己的年龄来预测可靠的 MHR，这种想法是错误的。这仅适用于 65% 的人口。这里有一个真实的例子：鲍勃·约翰逊（Bob Johnson），他并不知道自己有一颗不同寻常的心脏。他在 55 岁时购买了一台心率监测器，当时他不知道自己的 MHR 远高于预期的平均值。根据心率监测器随附的说明书建议的年龄调整公式，他计算出自己的 MHR 为 165 bpm。他使用 60% ～ 70% MHR 的标准目标心率区间进行轻松的有氧运动，并将心率监测器设置为心率不在 99 ～ 115 bpm 区间时发出哗声提示。鲍勃出去慢跑了几分钟后，他的心率就超过了 115 bpm。他放慢速度，以免心率监测器的提示音再次响起。又过了几分钟，他被迫降速至走路速度，之后降到极为缓慢的速度才让他的心率监测器保持安静。这并不是心率监测器的错。它只是在完成自己的工作，提示鲍勃他的心率已超出其目标心率区间。鲍勃知道自己在同龄人中还算是体能不错的，但这个结果实在令人震惊。在几次锻炼之后，鲍勃对新购买商品的困惑变成了大大的失望。

　　问题到底出在哪里？鲍勃不知道自己的心脏比一般人小，需要更高的 MHR 来弥补这一点。事实上，他的 MHR 竟然达到了 200 bpm，比年龄调整公式所预测的 MHR 要高 35 bpm。

　　这是怎么回事呢？我们首先来了解一个事实：新生儿的平均 MHR 为 220 bpm，其心脏与核桃一般大。我们知道，随着人的成长，其心脏也会变得更大。刚成年时，心脏的大小与人的拳头差不多。自然，其用于容纳血液的腔室也会有更大的容量。这意味着每次搏动会泵送更多的血液（更大的每搏输出量），因此需要的搏动次数更少。到 20 岁时，心脏的生长使平均 MHR 下降至约 195 bpm。从该年龄开始，随着年龄的增长，心率进一步下降，其下降速度非常好记，每年约减少 1 bpm。

这也解释了公式 220 减去年龄等于预测 MHR 的逻辑。

现在，我们来解释鲍勃的 MHR 为何会在 55 岁时达到 200 bpm。MHR 自然分布在呈标准正态分布的钟形曲线内。与智力一样，对于相同年龄的人，从曲线的一端到另一端的心率范围很大。在平均值的正负两侧是 12 bpm 的 MHR 标准分布。这种分布意味着只有那些在平均值位置的人才能使用年龄调整公式可靠地预测 MHR。在曲线上极端位置的人，其 MHR 可能高于或低于年龄调整公式的预测值多达 36 bpm。

关于这一点，请相信我们。在遥测心率监测器出现之前，我们用手指触摸检查颈动脉（颈部喉结附近的血管）时，在 50 岁的人中数出的 MHR 有高达 200 bpm 的，也有低至 140 bpm 的。MHR 较高的人的心脏较小，但搏动速度较快。有些年轻人的心脏像葡萄柚一样大，在真正的极限疲劳情况下，其 MHR 为 140 ～ 160 bpm，这是正常的。诚然，这些例子少之又少，但确实存在，也许你就是其中之一。底线：你需要准确测量 MHR。

误解 2：耐力体能测试

没经验的人确实会在第一次最大跑台压力测试中表现不佳。因此，"使用跑台或功率自行车测试 MHR 不是通过学习获得的技能，也不需要任何经验"是错误的。人们通常在远未达到真实的 MHR 之前就结束了测试，因为他们不知道如何忍受非常疲劳的痛苦，或者只是因为不熟悉这种疲劳感而觉得不舒服。真实的 MHR 是指每分钟的搏动次数达到平稳状态，无论测试对象的运动多用力、速度多快或持续多长时间，其心率都不会再有任何升高。大多数新手必须数次逼近精疲力竭的状态才会意识到他们对自己可以有多狠心，以及自己可以忍耐并承受的疲劳程度有多大。如果你对自己的 MHR 有所怀疑，可以继续尝试，重复进行我们建议的测试，或者在非常艰苦的训练或比赛结束后查看自己的心率监测器。

误解 3：达到真正的最大努力程度

医生通常不喜欢站在一旁看着病人在运动压力测试中完成耐力运动。由于医生的工作是发现隐藏的心脏病，因此在医生诊室进行的跑台或功率自行车心脏压力测试通常是次极量测试，无法揭示真实的 MHR。

一旦受试者达到或稍微超过无氧阈，冠状动脉问题的症状通常就会露出端倪。尽管无氧阈取决于体能水平，体能较差的人可能会在极低的 MHR 百分比处达到无氧阈，但大多数医生预计其约为 85% MHR。因此，一旦达到该疲劳感水平，测试通常就会结束，而此时受试者的心率远远低于其真实的 MHR。

此外，大多数医生并未接受过良好的运动生理学教育，因此常常缺乏使用年龄调整公式来预测该目标的经验。（为什么这个做法不好，请参见"误解 1"。）如果你仍然对自己真实的 MHR 存有疑虑，请继续阅读本书。

误解 4：心率反应适用于各种运动模式

心率反应因运动模式中的工作率而异。这意味着跑步时达到 60% MHR 与骑自行车或游泳时达到 60% MHR 是完全不同的感觉。铁人三项运动员对此深有体会。心率随许多变量的变化而变化。这些变量包括活跃肌肉的收缩次数，以及是否负重，如跑步时背在身上的重量，骑自行车时要推动的重量，或者在受支撑的环境中要拉动的重量，像游泳那样。因此，参加多种运动项目的运动员在不同的活动中应有不同的心率数字。运动员对一项活动的熟悉程度和该活动的特异性会影响运动员的心率反应。

确定 MHR

当你打算确定自己的 MHR 时，请回想一下"误解 1"的内容，以确保获取你自己在所选活动中的准确数据。后续各运动专项的内容将提供有关此主题的更多信息，但我们想在此强调这些信息的重要性。

本节介绍了用于跑步的自测方案。（有关自行车、游泳、赛艇和越野滑雪的方案将在各运动专项的内容中介绍。）

不知道你实际的 MHR 是第一个错误。如果你不知道你实际的 MHR，尽管你和你的训练搭档可能有着完全相同的体形，完全相同的跑步能力，并以相同的配速跑步，但在极端情况下，你们各自的心率可能相差 72 bpm。关于心率的比较，请记住我们所说的：不要这样做。此外，预测 MHR 时，年龄调整公式的计算结果可能不合理，请在首次使用心率监测器时保持怀疑态度。你需要在承诺帮助你达到 MHR 的生理学家或医生的监督下进行跑台测试。显然，测试机构是测试 MHR 最安全、有效的场所。一些大学、高端体育俱乐部、运动医学诊所，甚至一些私人医生也提供这些服务，其费用为 100 ～ 350 美元。

你应谨慎选择测试场所。对结果的解释和测量误差存在很大的空间，这取决于技术人员的技能水平。寻找有资质的技术人员和运动生理学家，而不是那些仅参加过周末课程并购买了一些设备就自称专家的健身爱好者。简单的测试方案（如此处介绍的跑步测试方案）适用于大多数人，但可能无法全面了解受试者的情况，具体取决于受试者的体能水平、技能和活动方式。如果你怀疑心率数字不正确，请尝试进行第 3 部分中的测试。在进行任何测试之前，你务必先征得医生的同意。

MHR 的跑步测试示例

1. 寻找一条跑道，或一条坡度较小的 400 ～ 600 米长的小路。戴上心率监测器。
2. 慢跑 0.5 ～ 1 英里进行热身。
3. 尽可能快地跑一圈或上一次坡。结束后检查并记录心率。
4. 步行或慢跑 2 分钟进行恢复，然后再次跑步。同样，完成后检查并记录心率。
5. 进行 2 分钟的恢复活动，然后再次跑步。同样，完成后检查并记录心率。在第 3 次测试结束时，心率将达到 MHR。

第 10 章介绍了另一种 MHR 自测方案。

计算目标心率或心率训练区间

对器官的刺激程度会影响其适应速度。如你所料，低强度活动与高强度活动的训练效果会有所不同。在第 1 章中，你已经遇到过有氧和无氧这两个术语。我们在这里讨论有氧和无氧能量系统时将它们与代谢结合起来。我们可以将有氧和无氧视为低强度和高强度的同义词。

这些术语有多个含义。如何有效地发展这些系统对改善运动表现至关重要。在大多数情况下，本书中的信息都针对耐力（或有氧）运动员。但是，一流的耐力运动表现也非常倚重无氧能量。如果目标是达到最佳运动表现，那么即使拥有充分发展的有氧系统，没有适当发展无氧系统也将是致命伤。同时，在没有先通过有氧训练建立耐力基础的情况下尝试无氧训练通常是错误的做法。要记住的是：所有恢复活动都是有氧运动，因此拥有良好的有氧基础对于所有形式的恢复活动都很重要。

我们可以通过以下方式区分有氧运动和无氧运动：心率低于75%MHR的低强度有氧运动会诱发心血管和身体成分的变化，而心率高于80% MHR的高强度无氧运动则会在神经、呼吸和生化方面引起更多变化。然而，耐力型运动员经常过多地注意长距离低速有氧运动，而没有足够重视无氧运动，即高强度径赛项目训练。在本书后面的内容中，我们将再次讨论这些问题。

因为正确的强度可以确保正确的适应，所以我们不仅需要完全了解确定每个目标心率区间的原因，还需要相信心率监测器上数字的准确性。为确保训练方案达到目标，并且确保心率监测器上的数字有意义，我们建议配合使用一个辅助工具，如速度表或主观疲劳感知等级量表。当然，调节强度的最佳方法是用心率监测器客观可靠地进行测量。使用速度表说明你已经测试了自己的体能水平，获得了全力以赴的跑步测试的结果。主观测量可能需要一些经验，但这是一种实用且易于学习的方法。

主观疲劳感知等级量表是一种较好的主观测量方法，接下来我们将介绍此量表的改编版本。

计算目标心率区间的方法有多种。但是，所有方法都会用到MHR预测，我们已指出这可能会产生不同的结果。本书会介绍这些不同的方法，因此你可以了解在预测MHR时会有多大的误差空间。你可以使用这些方法，但是我们建议进行真实的MHR测量（我们已在前面介绍过）。

以下是较常见的计算方法。

公式1：220-年龄（岁）= MHR

公式2：210-［0.5×年龄（岁）］= MHR

公式3：卡氏公式（Karvonen Formula）

卡氏公式也使用220-年龄（岁）计算MHR，但它并不止于此。下面是完整的公式。

220-年龄（岁）= MHR

MHR-静息心率（RHR）= 心率储备（HRR）

强度 = % HRR + RHR

近年来，有人猜测男性和女性的 MHR 有所不同。随着学者继续探索该主题，关于哪种性别具有较高的 MHR 出现了不同的认识，学者对公式进行了调整，以反映这种性别差异。

公式 4（男性）：202−［0.55× 年龄（岁）］=MHR

公式 5（女性）：216−［1.09× 年龄（岁）］=MHR

请注意，年龄是所有公式中的决定因素。大家公认 MHR 会随着年龄的增长而下降，因此年龄是 MHR 的决定因素。但是，像大多数生理变量一样，个体差异很大。下面以静息心率为 65 bpm 的 40 岁运动员为例，使用每种方法计算其心率训练区间（70% ～ 80% MHR）。

公式 1

220−40（岁）= 180 bpm

180 bpm（MHR）×0.7（70%）= 126；180 bpm×0.8（80%）= 144 bpm

心率训练区间 = 126 ～ 144 bpm

公式 2

210−［0.5×40（岁）］= 190 bpm

190 bpm（MHR）×0.7（70%）= 133 bpm；190 bpm×0.8（80%）= 152 bpm

心率训练区间 = 133 ～ 152 bpm

公式 3

220−40（岁）= 180 bpm

180 bpm（MHR）−65 bpm（RHR）= 115 bpm（HRR）

0.7（70%）×115 bpm（HRR）+ 65 bpm（RHR）= 145.5 bpm

0.8（80%）×115 bpm + 65 bpm = 157 bpm

心率训练区间 = 145 ～ 157 bpm

公式 4

202−［0.55×40（岁）］= 202−22 = 180 bpm

180 bpm（MHR）×0.7（70%）=126 bpm；180 bpm×0.8（80%）= 144 bpm

心率训练区间 = 126 ～ 144 bpm

公式 5

216−［1.09×40（岁）］= 216−43.6 = 172.4 bpm

172.4 bpm（MHR）×0.7（70%）=120.68 bpm ≈ 121 bpm；172.4 bpm×0.8（80%）=137.92 bpm ≈ 138 bpm

心率训练区间 = 121 ～ 138 bpm

仅使用这些简单的数字进行计算，心率区间的下限差异就高达 17%。对于专业运动员来说，这是一个巨大的差异，将使训练结果产生很大的变化。如果我们不确定任何这些数字是否正确，那么这个问题可能会更加复杂。

注意，上述所有计算的主要局限性在于没有进行真实的 MHR 测量。真实的 MHR 测量其实是所有运动员的个人需求，应该在其训练的各阶段定期进行测量。参加多种运动项目的运动员应针对所有项目进行真实的 MHR 测量，因为 MHR 会因运动模式的变化而变化。此测量不需要复杂的设备，而是需要精确执行逐步升级的测试方案，在 12 ～ 15 分钟内逐渐增加运动强度，使运动员达到力竭的程度。这通常需要一点儿经验，因为如果运动员过早或过迟达到疲劳状态，往往不能获得准确的数据。许多提供这些服务的机构并不了解正确的测量方法，因此生成的数据不准确，这会导致客户在使用数据几个月后并未获得期望的适应，而让客户感到非常失望。你需要一个心率监测器，并需要记录在训练课中达到的 MHR（通常在你精疲力竭时出现。）

当我们在实验室进行体能测试时，我们将使用遥测系统来帮助持续监测心率反应并将心率反应与运动负荷（可能是自行车功率、跑步速度、赛艇的 500 米分段时间等）建立关联。与传统的年龄调整公式相比，此方法的准确度更高。

另外，你还需要注意，停止极量运动后 MHR 通常会出现小幅上升，这不应被视为可持续的 MHR。这也是一个常见的易出错的地方。

请记住，不同的运动模式会产生不同的心率反应。对于大多数人来说，跑步时的 MHR 比骑自行车时的 MHR 更高。然而，训练有素的赛艇运动员和自行车运动员在其运动项目中的 MHR 比其跑步时的 MHR 更高。因此，赛艇运动员应使用划船测力计或在水上进行测试；自行车运动员应骑自行车进行测试；而跑步运动员则应在跑台上进行测试。每个运动员都应该有自己单独测得的 MHR。

研究数据显示，计算得到的心率相当明显地随运动模式的变化而变化。这首先证明了 MHR 会随运动模式的变化而变化，并且跑步时产生的 MHR 接近"220 – 年龄"的计算结果。在跑台上的测试结果与使用其他运动模式的测试结果存在明显差异。骑自行车的测试结果显著低于预期（平均低 18 bpm），其范围是 –35 bpm ～ +16 bpm。骑自行车测得的数据平均为在跑台上测得的数据的 96%。某些作者报告的荟萃分析表明，年龄约占 MHR 变异性的 75%；但另一些人的报告表明，年龄实际上在 MHR 变异性中所占百分比较低。平均而言，根据年龄预测的 MHR，心率变异性为 ±（10 ～ 12）bpm。

根据我们先前提供的示例中的数据，一个 40 岁的男性运动时的心率可能为 121 ～ 145 bpm，同时根据年龄调整公式假设这就是其 70% ～ 80% MHR。这是一个很大的范围，并不完全准确。要注意的是，我们中许多人的 MHR 与预测值相距甚远，如果我们使用这些公式，可能会大错特错。因此，有一个简单的方法可以提高准确性和可靠性，就是测量自己的 MHR，然后使用真实数字来计算强度百分比。

注意，确定 MHR 需要受试者竭尽全力，这对某些人来说存在潜在的危险。因此，应该由具有资格的人员执行测试。

在心率数字与常识之间取得平衡

测量训练强度水平的另一个方法是使用常识，其形式为主观疲劳感知。你要问自己："我觉得这有多难或多容易？"20 世纪 60 年代初，科学家贡纳尔·博格（Gunnar Borg）开发了一种主观疲劳感知等级量表。博格博士实际上更专注于精神压力方面的研究，并且想建立一种可以用某种方法量化的感觉量表。他编制了主观疲劳感知等级量表。原始量表的评分范围是 6 ～ 20，描述主观疲劳感知的语言提示与奇数相对应（例如，主观疲劳感知为 7 表示非常轻松；主观疲劳感知为 11 表示相当轻松；主观疲劳感知为 19 则表示非常辛苦）。该量表已经历过多次修订。

得益于博格博士的示范，本森建立了一个类似的量表，直接将主观疲劳感知转化为 MHR 的百分比。改编版本的量表如表 2.1 所示，它使用了大量语言提示来描述训练强度水平从 60%（轻松）到 100%（竭尽全力）MHR 的感觉。虽然这里以跑步为例，但该量表可以用于任何活动或运动项目。

	运动	主观疲劳感知（即感觉）	训练阶段
1	以 60%～65% 的速度慢跑。保持耐力，同时在比赛之前尽量提高恢复的程度	太轻松，以至于跑得这么慢有点儿尴尬。汗都没有流一滴	Ⅲ 和Ⅳ
2	以 65%～70% 的速度慢跑。消耗脂肪，使肌肉补充糖原	出了一点儿汗，可以进行完整的对话。这是速度稍快的慢跑，但不会让你感到疲倦	Ⅰ～Ⅳ
3	长距离大步慢跑，轻松地以 70%～75% 的速度完成。培养并保持局部肌肉耐力和精神耐心	仍然是速度较慢的跑步，仍然可以轻松交谈。如果你要跑长距离，可能需要小憩一下	Ⅰ～Ⅲ
4	以 75%～80% 的速度稳定地大步跑。帮助肌肉和呼吸系统做好从有氧运动过渡到无氧运动的准备	速度加快，但足够轻松，你可以坚持跑长距离。你的呼吸加重，现在只能用不完整的句子交谈。这是你的半程马拉松速度	Ⅱ 和Ⅲ
5	以 80%～85% 的速度跑步。提高无氧阈	跑步和呼吸更加困难，你只能说几个字和简短的句子。速度比 5 千米赛跑慢（跑相同的距离，需多花 30 秒）。虽然不舒服，但可坚持跑 3～4 英里	Ⅱ 和Ⅲ
6	以 85%～95% 的速度坚决地冲刺。提高 $\dot{V}O_{2max}$ 和培养在练习中不要全力以赴的自律能力	速度非常快，但尚未全力以赴。此时，你无法说话。你需要有意识地努力才可以跑这么快。然而，你还没有使出全力	Ⅲ 和Ⅳ
7	以 95%～100% 的 $\dot{V}O_{2max}$ 全力冲刺。增强乳酸耐受性和精神耐力	速度更快，腿很沉重，接近于全速冲刺的速度。速度太快了，心率也非常快。仅适用于短距离跑	Ⅳ

表 2.1　本森的运动与主观疲劳感知量表

对于那些心率与常模差异巨大，且目标心率与其所述的主观疲劳感不相符的人，本森的运动与主观疲劳感知量表发挥了越来越重要的作用。对于由预测所得而不是经过测试获得的用于计算 MHR 的数字，必须优先参考常识。请毫不犹豫地在你的目标心率上每分钟增加或减少几次，直到你认为心率与感觉之间的关系是合理的。

无论使用本森量表还是博格量表，都要将主观疲劳感知的常识与心率相结合，这将使你能够既直观又客观地选择合适的训练强度来实现运动目标。最终，你将能够完全根据自己的感觉准确地说出自己的心率。使用这种综合方法时，在运动条件不理想的日子（例如，你仍未恢复，或天气非常潮湿暖和），你可以使用主观疲劳感知方法来判断心率监测器上高于正常心率的结果的准确性，以便合理地调整运动量和运动强度。

影响静息心率和运动心率的因素

你可以得到的最有价值的长期信息就是静息心率。每天早上醒来时，花一分钟时间获取准确的静息心率并保存记录。你会发现这是一个宝贵的信息，它可以提供有关运动损伤、疾病、过度训练、压力、未完全恢复等方面的反馈。这也是反映体能水平的简单指标。我们认识的一些运动员多年来一直在记录自己的静息心率，他们通过静息心率升高 1 bpm 或 2 bpm 这种情况就可以确定自己在接下来的一两天内将生病或无法继续训练。有些新型的心率监测器可以进行 24 小时监测，我们将在第 3 章中对此进行详细讨论。

有几个因素会影响静息心率和运动心率。通常，影响静息心率的主要因素是体能水平和恢复状态。性别也被认为对静息心率有一定的影响，尽管其影响效果并不一致。通常，体能水平较高的人的静息心率往往较低。历史上一些伟大的运动员记录的静息心率非常低。例如，5 次获得环法自行车赛（Tour de France）冠军的米格尔·安杜兰（Miguel Indurain）报告的静息心率仅为 28 bpm。其原因是，经过适当的训练，心肌会增大，力量会增强。心肌的力量越强，每搏输出量就会越多，因此心脏用更少的搏动次数就可以输送相同量的血液。随着体能水平的提高，静息心率应该会降低。

影响静息心率的第二个主要因素是恢复状态。运动后，尤其是长距离的跑步或骑行后，人体会发生一些变化，如燃料来源枯竭、体温升高、肌肉受损。所有这些变化都必须得到处理。身体必须更加努力地工作，而增加的工作量会导致更高的心率。你在休息时可能会觉得没问题，但你的身体仍在努力地进行自我修复，并且你的心率会升高。监测静息心率和运动心率将使你能够进行适当的调整，例如进食或补水，或者在心率升高时及时休息。

恢复状态和运动损伤等因素也会影响运动心率。使静息心率升高的因素也会使运动心率升高。例如，如果你未从之前的运动中完全恢复，你可能会注意到，自己以常规稳态速度跑步时，运动心率会比正常情况下高 5 ～ 10 bpm。除此之外，心率通常会在整个运动过程中迅速升高。

一个极其重要的因素会影响运动心率，它就是环境温度。较高的环境温度会导致心脏搏动速度加快，并给身体带来很大的压力。简而言之，当天气炎热时，为了降温，人体必须将更多的血液输送到皮肤，但同时还要保持血液流向肌肉。同时完成这两项工作的唯一方法就是增加全身血流量，这意味着心脏必须更快地搏动。由此，心率可能会比正常情况下高 20 ～ 40 bpm，具体取决于个人的体能水平和环境温度有多高。在这种条件下，液体的摄入很重要。出汗会改变血容量，最终会导致心脏问题。针对高温和心率问题，简单、有效的干预措施就是定期补液。中等身材的成年人的胃每 15 ～ 20 分钟可吸收 6 ～ 8 盎司（1 盎司≈0.029 L，后文不再标注）水（一次吞咽的水量通常相当于 1 盎司）。请记住这个小知识，这样你就不会过于频繁地喝水，以致胃部填得太满而阻碍呼吸。胃痉挛，有人知道吗？定期补液有助于保持血容量并防止心脏搏动速度越来越快。

影响运动心率的另一个重要因素是年龄。总的来说，MHR 从 20 岁左右开始每年降低约 1 bpm。有意思的是，静息心率并不会受到年龄的影响。因此，基本年龄调整公式"220- 年龄"有一个年龄校正因子。顺便提一句，MHR 的这种下降通常可用来解释 $\dot{V}O_{2max}$ 和耐力表现随着年龄的增长而下降的现象，因为心脏在一分钟内搏动的次数会影响输送给肌肉的血液量。我们已经对数千名运动员提供了指导和测试，总体趋势是，在同一个年龄段中，产生更高心率的运动员通常体能水平也会更高。但是，MHR 早有定数，你无法改变它，你也不要纠结于它。

还有一个影响因素是性别。最近的研究表明，男性和女性的 MHR 存在差异。但是，该数据并无说服力，计算结果显示，年龄相同的情况下，男性的 MHR 比女性的 MHR 低；而不实的报告表明男性的 MHR 更高。一般而言，相较于男性，女性的心脏较小，整体肌肉也较小。这两个因素都将支持一个结论：在相同的运动负荷下，女性的 MHR 更高。不得不说，关于性别对 MHR 的影响尚未达成定论。

第 3 章考虑了可能导致心率监测器出现不规则和错误数字的机械干扰源。但是，在运动过程中，有几种健康问题会对心率产生异常但真实的影响，这些问题通常是环境因素导致的。下面，我们来更具体地看一些例子。

心房颤动

可能导致不规则心率数字的一种健康问题是心房颤动（房颤）。尽管这种情况很少发生，但电解质（血液中的矿物质，有助于调节肌肉的收缩和放松）可能会失衡，引起心房颤动，即接受回流血液的心脏腔室的节律不齐。这不会立即危及生命。但是，由于房颤是一种严重疾病，因此如果你的心率数字不稳定，则应由心脏病专家进行测试，以确定你是否患有这种疾病。

通常情况下，房颤患者的心率数字会大幅浮动，在给定运动强度下，其范围可比预期心率值高出 30 ～ 70 bpm。他们还会感到有些头晕、虚弱和呼吸急促。如果心率监测器上有一个会闪烁的心形小图标，请观察它一分钟左右。如果发现其闪烁变慢，然后连续出现几次快速闪烁，则说明受试者应该去看医生并进行检查。房颤是一种令人担忧的情况。大多数心率的干扰源可以很容易地追溯到以下各小节所述的其他因素之一。

心脏蠕变

心脏蠕变的术语是心血管漂流。当天气温暖、炎热、潮湿时，甚至当天气寒冷时，如果衣服穿得过多，则心率可能轻松攀升至有氧训练区间的上限，而主观疲劳感知没有变化。心率达到或高于无氧阈水平时，心脏蠕变可能会更快发生，因为肌肉要求心脏快速地输送所需的氧气，而心脏很难达到肌肉所要求的输送速度。与此同时，体温也在升高。心脏为了将更多血液输送给皮肤，以通过出汗让身体降温，必须更加努力地工作，因此心脏每分钟搏动次数会有所增加。但最近的研究表明，事情并不是这么简单。心脏每分钟搏动次数的这种不明显的、平缓的增加也反映出汗水流失会导致血容量减少。随着通过心血管系统的血液量减少，心脏必须收缩得更快，以进行补偿。

图 2.1 可以很好地反映出血容量对心脏每分钟搏动次数的影响。当血容量正常时，静息心率和运动心率也是正常的。我们都知道，在脱水的时候，我们不能通过快速喝水或运动饮料来补充水分。[成年人每 15 ～ 20 分钟只能消化和吸收 6 ～ 8 盎司水（每小时约 24 盎司），而训练有素、运动量大的人则可能每小时损失 40 ～ 50 盎司水。] 当返回心脏的血液减少时，为了补偿这种情况，心率就升高了。在温暖的条件下，适当补充液体有助于保持血容量并降低心率。

我们的主要观点是，心率的升高可能与骨骼肌的工作无关。在保持绝对恒定的工作率时，心率缓慢稳定地升高并不一定意味着你需要更努力地工作。因此，你应该放松或放慢速度。我们尝试通过监测心率来测

量工作肌肉需要多少氧气。我们还想知道身体工作有多努力，而不仅仅
是知道心脏跳动有多快。在温暖潮湿的环境中进行时间较长的、轻松至
接近中等强度的运动时，心率的缓慢上升可能会产生错误的反馈。如果
说你的感觉还是一样的，但是你的心率比轻松训练日的目标心率高出
10 ～ 15 bpm，那就说明你在经历心脏蠕变。

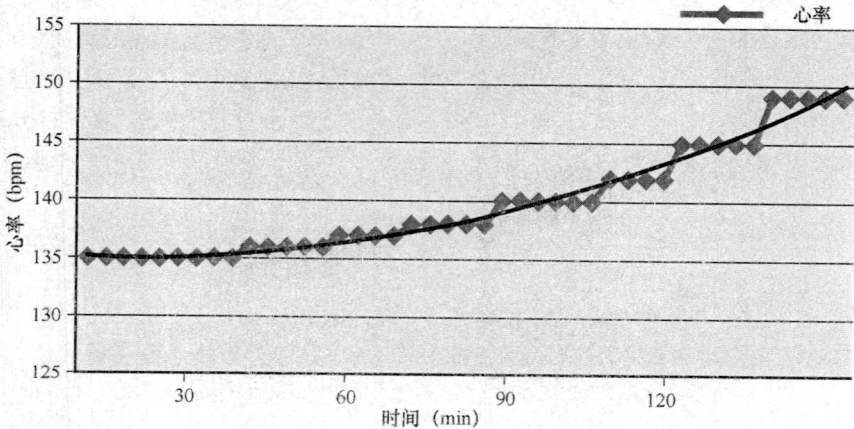

图 2.1　固定运动负荷下心率反应随时间的变化

此外，在温暖潮湿的天气下执行艰苦的训练计划不会那么快让你如
期达到或超过无氧阈。一旦心率升高的速度无法跟上血容量减少的速
度，运动表现就会下降。氧气供应减少，会导致肌肉开始产生更多的乳
酸。此时，肌肉会收紧并拒绝放松，你无法在原本的运动范围内轻松地
伸展。当你尝试接近有氧可持续的速度时，放慢速度是不可避免的。从
来都没有人在炎热的日子里创造过长距离赛事的世界纪录，现在你知道
这是为什么了吧。

这种情况也许只会当你最初在较暖和的天气下训练时发生几次。我
们经常会在春季的跑步和比赛中看到这种情况，因为那时已经有一段时
间没有出现过高温了。在较暖和的天气下训练 2 ～ 3 周后，人们就较少
发生心脏蠕变了。

心脏抑制

与心脏蠕变对应的是心脏抑制。在低湿度又凉爽的天气里，你应该

进行较慢且轻松的运动，但你可能会被心率数字误导，以为心率较低，从而加快速度，并因此超出合理的运动强度。不要上这个当。你应该根据自己的体力负荷感来保持较慢且轻松的配速。实际上，如果运动的目的是恢复，那么你永远不会嫌心率太低。想想艰苦的日子，你就会享受这种轻松和低心率状态。凉爽干燥的天气会导致心率较低，因为你的血容量没有减少，并且由于湿度低，你也可以有效地散热。你可以想想在春季或秋季早晨进行的那些训练，这种条件非常适合创造漂亮的个人纪录。你可以说，不出汗就等于世界纪录和个人纪录。

药物的作用

获取能准确反映当前体能水平的个人心率数据是至关重要的。因此，我们要确保你了解某些常用药物将如何影响心率。许多人长期使用处方药来治疗慢性疾病，如哮喘、高血压或心脏疾病等，且他们每天都要服用药物。在这种情况下，受试者应该在用药状态下进行测试，因为那是他的正常状态。许多人还使用药物来治疗急性疾病，如过敏、感冒、头痛等。在这些用药情况下，受试者应延迟测试，直到药物多余成分已排出体外。

表 2.2 列出了一些会影响心率的常用非处方药和处方药。

表 2.2　常用药物对静息心率和运动心率的影响		
疾病	药物	心率影响 *
哮喘	吸入制剂、消炎药	急剧升高
普通感冒和头痛	减充血药、伪麻黄碱、对乙酰氨基酚	心悸、心脏搏动不规则、心率升高或降低
关节炎	消炎药	升高，血压升高
高血压	β 受体阻滞剂	降低，以防止心肌过度劳累
心脏疾病	多种药物，视情况而定	升高或降低
细菌性疾病	抗生素	可能升高或不变
抑郁	去甲肾上腺素抑制剂	可能升高
糖尿病	胰岛素	急剧升高

* 这些是常见的心率影响。影响的差异很大，使用药物的人应从医生处获取运动期间的用药指导。除上述药物之外，维生素、矿物质和草药等补剂也可能会影响心率。

双腿灌铅（沉重）

当你出门跑步时，你没有意识到自己尚未恢复，或者更糟糕的是，你开始过度训练。你开始向前跑，你的主观疲劳感知等级很快就到达了"非常辛苦"。你查看心率监测器想确认一下，预期会看到较大的心率数字，但是心率数字出奇得小。接下来，你查看自己的速度，发现速度也出奇得慢。

在这种情况下，事实是你的肌肉根本没有足够的力量使你像预期的那样快速移动，并且它们出现了微损伤。尽管你的主观感觉很疲劳，但速度慢等同于心率低。因此，给自己放一天假吧，回家休息。吃得更健康一点儿，喝得更充足一点儿。现在不是顽固地孤注一掷地继续完成剩余锻炼的时候。

轻微过度训练或未恢复状态下的运动心率反应最好与早晨醒来时的静息心率结合分析。如果你确实没有恢复，会发生这两件事：静息心率升高和运动心率降低。请记住，你通过心率训练来训练的是身体，而不是意志力。培养坚忍意志需要在充分休息的日子里进行，并且你可以加快速度，直到自己筋疲力尽。在艰苦训练的日子里，快速的练习可以建立信心并提高体能水平。如果你是老手，请记住，最适合快速、艰苦运动的场所是赛场。如果你是新手，则可能需要进行几次全力以赴的训练来帮助自己了解筋疲力尽的感觉。

情绪及激素变化

几乎所有人都曾感受过在期待赛跑或比赛时的心跳加速。在这些情况下，心率升高是由于激素反应，主要是由于紧张或兴奋引起的肾上腺素释放。在这些情况下，心率升高令人困惑，你可能难以应对。你必须对这种影响保持警惕，并采取一些策略，例如进行一定的热身活动或通过呼吸练习或者放松来控制心率反应。如果肾上腺素释放使心率上升，那么心率就无法可靠地反映疲劳感。我们通常可以通过练习来减轻这种影响，且心率一般在运动 5 ~ 7 分钟后就会恢复正常。

评估和修订心率区间的建议

到目前为止，你已经知道了计算和确定心率区间所需的知识。你知道哪些因素会影响心率数字，包括人为因素，及解剖学或生化适应方面的因素。人为因素的影响通常会自行消失，但你需要注意解剖学和生化适应方面的因素，因为它们要求你重新计算一些数字。

　　请记住，训练的目的是诱发心血管系统、呼吸系统和肌肉骨骼系统的适应。你希望看到的一些变化包括静息心率降低、固定运动负荷下的运动心率降低，以及在无氧阈处的心率升高。静息心率的变化很容易解释：心脏更大、更强壮，每次搏动都可以输送更多的血液，从而使心脏在给定的时间内搏动得更慢。这也解释了为什么经过训练后，在给定运动负荷下的运动心率会降低。这些变化不一定需要重新计算，原因是为了让心率进入给定区间内，你必须越来越快地移动，而这正是你想要的。

　　需要持续监测的数字是无氧阈处的心率。如果一切都按计划进行，则此心率数字将增加（如从 145 bpm 增至 155 bpm），你能够以更快的速度运动，而不会承受额外的代谢压力，如乳酸含量增加。你现在是一台更快、更高效的"机器"。身体的这种自我纠正是心率训练的美妙之处。每天追踪记录训练情况，包括静息心率和运动心率，以及运动速度，这将使你看到自己在多个方面的进步。你会看到在给定运动负荷或运动速度下的运动心率随时间的推移而降低；你也会看到在给定心率下的运动速度随时间的推移而加快；你还会看到静息心率的降低。每10 ～ 12 周进行一次自检，这将使你可以确认此信息并记录变化。

　　经过 12 ～ 16 周的训练后，你应该会注意到以下几点。

- 　运动速度更快，但疲劳感和心率水平不变。
- 　将无氧阈提高至更高的心率，但主观疲劳感知等级不变。
- 　在任何给定的次极量速度下，都将使心率降低。

　　通常，我们建议每 6 周追踪记录一次心率数据，在距离增加或强度提高的情况下尤其应该这样做。这样做可以保持良好的记录追溯。制订和监测健身计划时，保存准确的早晨静息心率和运动心率记录将对你有很大的帮助。

第 3 章

充分利用心率监测器

错误的心率信息可能来自两个方面。第一个是错误的心率训练区间数字。如果预测 MHR 与实际 MHR 不同，就可能会出现这种情况。第二个是由于设备接触不良或其他技术问题，心率监测器本身可能会显示错误的数字。知道错误的根源通常就可以轻松解决问题。本书主要介绍如何使用心率监测器来优化训练，但是你需要确保从心率监测器中获取的数字是准确的。

观察数字

正如我们在第 1 章中了解到的那样，使用心率指导训练是一种可靠的方法，可确保你在正确的时间以正确的强度进行训练。它也很省时，可以帮助你避免不必要的工作，从而达到训练目标。本章的大部分内容致力于阻止你浪费时间盲目地停留在无效的心率区间。

在信任你的心率监测器之前，请在非正式训练时试用它，以大致了解其操作方法及反馈信息。在将心率监测器用于下一次训练之前，请仔细研究本章和第 2 章的内容，以确保你能正确使用它。

在本章中，我们还将讨论较新的腕式和胸带心率监测器。两者均能提供可靠和准确的数字，但我们要指出其测量内容的差异。腕式心率监测器测量在其背面 LED 灯下方流过的红细胞密度差异。随着心肌的收缩和松弛，红细胞密度会有所变化，腕式心率监测器可以检测到这些变化。随着腕式心率监测器的普及，我们的非正式调查使我们相信，你需要一个相当高端的心率监测器型号来保证其可靠性。胸带心率监测器测量心肌收缩的电活动，以计算心脏搏动的速率。我们更信任胸带心率监测器。

你要做的第一件事是确保正确佩戴心率监测器。在运动过程中，应确保腕式心率监测器牢牢固定在手腕上，这样可能会让你感到不适。将腕式心率监测器像手表一样全天佩戴，有时需要稍微放松一下才能感到舒适。如果手腕接收器上的数字不合理，你需要调紧腕带，使接收器不会在皮肤上移动。如果使用胸带心率监测器，就要确保其与皮肤接触良好，并用手握住橡胶发射器部分，使电极紧贴在胸肌下方。用另一只手将松紧带从背部绕到身体的另一侧，不要拉伸松紧带，应使其位于发射器另一端的 6 英寸（1 英寸≈2.54 厘米，后文不再标注）范围以内。如果松紧带与发射器的距离太远或太近，请通过滑扣进行调节，直到其与发射器之间留有至关重要的 6 英寸距离。现在拉伸松紧带，直到可以将其末端夹入发射器。你的感觉应该是贴身，但又不至于太紧，以免在吸气时被它限制了胸腔的扩张。如果松紧带太松，发射器将上下滑动并摩擦皮肤，这将导致虚假数字被发送到手腕接收器上，并且这种情况在运动过程中只会变得更严重。先湿润带凹槽的电极，然后电极开始传导心肌收缩的电活动。如果使用的是胸带心率监测器，当你戴好发射器而接收器上不显示数字时，原因可能是电极与皮肤接触不良。你可以用水弄湿电极，或者直接开始运动，一旦出汗，数字就会显示出来。

现在，以能够对话的速度进行 20 ～ 30 分钟舒适的步行或慢跑。观察心率数字，并在脑海中记住它们以及你当时的感觉。如果你的心率监测器可以分时间段记录心率数字，请在步行或慢跑中不时地按一下按钮。你可以放心地在跑步过程中随机增减速度，这样可以确保看到心率的变化。

训练完成后，点击调出功能，获取该次训练中心率的最高值、最低值和平均值。记录这些数字，以及你在这些记录点上的疲劳感的语言描述（如轻松、非常轻松、有点儿辛苦等）。

心率监测器是一台机器，就像其他所有机器一样，它可能有自己的"脾气"。为了正确使用它，你需要了解影响心率监测器、心率反应及心率监测器最终反馈信息的因素。第 2 章介绍了影响心率区间和读数的具体问题。如果没有满意地解决这些问题，你就不应该继续。但是，其他情况也可能导致心率监测器显示异常的结果。在将其送去维修站之前，请仔细阅读本章的内容。几乎所有我们使用过的品牌和型号的心率监测器都是可靠和准确的。因此，当数字看起来不合理时，最好的措施是查阅本章中讨论的条件和情况。你很可能会得到错误的数字，而大多数情况借助本章内容可以很容易地纠正。

正如在第 1 章中了解到的那样，个性化目标心率区间应适合训练目标，个性化训练方案应适合自己，两者同样重要且充满挑战。在确定了 MHR，并仔细计算了想实施的每种训练方案的目标心率区间后，请继续阅读。如果戴上心率监测器，却不知道应该看到什么数字，你会感到沮丧。请不要放弃这次投资。这些前期工作需要的时间可能比你预期的更长，但是如果不立即着手去做，对于你的问题"如何符合'我'的个性化需求？"，我们的回答将毫无意义。

下面我们会列出一些需要注意的情况。不一致或矛盾的数字可能会导致你在应该慢跑时冲刺，在应该用力踩油门时踩刹车，或者认为自己不规则的脉搏一定是因为自己患了心脏病。了解了产生这些数字的身体原因或机械原因，你就不会紧张，同时你会使用常识性的主观疲劳感知来判断所看到的数字是否有效。

导致数字异常的技术难题

有几种情况可能会导致心率数字异常。通常，你会发现心率稳定地升高或降低，基本上与疲劳感相符。胸带心率监测器并不是心电图（ECG）仪，但是它的确会利用心脏的电活动来提供信号。因此，信号中出现的异常都会在所显示的心率数字中反映出来。以下是可能导致产生错误数字的情况。

电极滑动

产生异常数字的原因之一是胸带松动，电极可能会在皮肤上滑动，导致信号丢失。这会干扰电脉冲由心肌向胸带心率监测器的传输。在这种情况下，你需要缩短松紧带。如果你的胸廓非常小且胸部较窄，就将松紧带拉紧至超过中间位置，以达到其与发射器 6 英寸的距离，即使这意味着松紧带要卷起来。在滑扣的前面放一个安全销，以防止松紧带滑回原来的位置。如果这个问题始终存在，请购买一条较短的松紧带，或者将它固定在缩短的位置。使用时间长了，松紧带会变松。发生这种情况时，建议购买新的松紧带。腕带也会出现同样的情况，因为腕带材料会老化。实际上，为了使腕带足够紧，你可能会将腕带拉离接收器。最终，这可能会导致接收器从腕带上掉落。此时，你需要更换腕带。

衣服上的静电吸附

数字异常的另一个原因是盖过胸部发射器的衣服上存在静电。从烘干机中取出来的衬衫可能会带有静电，它会干扰接收器。尼龙防风衣会产生静电，这会干扰信号从发射器到接收器的传输，但这个问题更可能在干燥或寒冷的天气下出现。通常，汗水很快就可以解决这个问题。对于女性来说，其带钢圈的文胸可能是干扰源。如果你怀疑静电吸附是导致数字错误的原因，请弄湿手，然后用手擦拭发射器旁边的衣料，或者等到跑一段距离以后，汗水就会把静电吸走（这需要 8 ～ 10 分钟）。一旦开始流汗，传输的信号就会更好、更强烈。

交叉馈电的干扰

当你的胸带心率监测器接收到你旁边的人佩戴的发射器所发出的信号时，就会发生交叉馈电。其解决方案可能是找到一个不像你这样"技术控"（没有佩戴心率监测器）的伙伴。否则，你们需要自己做好安排，如两人都将接收器佩戴在外侧手臂上。较高级（且更昂贵）的心率监测器具有自己的嵌入式代码，可以防止发生交叉馈电。通常，在健身房中更容易发生这个问题，因为跑步机和各种机器的距离都很近。

如果你是真正的"技术控"，你可能还会佩戴其他设备，这可能会使心率信号受到干扰。在实验室进行测试时，我们发现计步器和 GPS 等设备会干扰心率监测器的信号。若室内的固定器材会在其控制台上显示很多信息，那么使用这些器材时也会导致交叉馈电。在这种情况下，要么去户外运动，要么将接收器从手腕上取下，并将其戴在下肢上，以远离机器控制台的范围。

浸湿的衣服

被汗水浸湿的衣服可能会重一点儿，可能会在胸部发射器前来回摩擦，从而干扰接收器的信号。如果是高温、高湿的天气，请从衣服下面取下胸带，然后将其重新固定在湿衣服上。湿衣服仍可以使电极与皮肤充分接触，并能够接收心肌的电活动。实际上，这也是一种解决方案，如果松紧带在皮肤上滑动造成摩擦，在开始运动之前，请先弄湿衣服。

警报系统

经过建筑物时，安装在建筑物中的射频警报系统有时会干扰心率监测器自身的射频。解决方案是，忽略它们，继续前进。一旦离开警报系统的范围，不合理的数字就会恢复正常。

新科技

在过去的几年中，心率监测器在功能、外观、可靠性和准确性方面都有所改进。事实证明，新一代腕式心率监测器在大多数情况下都是可靠的，并且比胸带心率监测器实用得多。现代心率监测器可提供的基本信息包括能量消耗、耗氧量、在目标区间内的时长、运动期间的平均心率和最大心率，以及在心率恢复区间内的时长，并提供声音信号、24 小时监测等功能。所有这些信息都可以轻松记录并存储在智能手机上供以后分析，使你可以比以往更细致地调整和个性化地设置自己的训练计划。你也可以下载这些信息并将其存储在计算机上。你还可以比较每天的心率反应。如果这些训练以相同的速度完成，你将能够看到自己的训练心率随时间的变化（即随着体能水平的提高，以相同的速度运动时，心率会降低）。记录和下载功能使你可以在电子表格中查看每日数据。在电子表格中查看随时间变化的数据，可以大大增强你合理训练的决心。

能量消耗数据是用心率间接计算出来的，这是一个很有用的功能，因为它将使用心率监测器的用户群扩展到了那些不太注重运动表现，而对改善健康、减轻体重和心脏康复等问题更感兴趣的人。人们通常每天或每周设有不同的能量消耗目标，这会转化为体重或脂肪的减少。例如，人们通常使用的基本值是必须消耗 3 500 千卡能量才能消耗 1 磅的脂肪，因此每天通过运动多消耗 500 千卡能量就相当于每周减少 1

磅的脂肪。

对于运动员来说，24 小时监测功能可提供大量新信息，供其微调自己的训练计划并监测训练强度水平。这个相当方便的系统不仅可以跟踪运动心率，还可以跟踪恢复心率。这提供了与适应和恢复有关的重要信息。通过跟踪 24 小时的心率，运动员可以获得成千上万个数据，并且可将数据下载到计算机上，创建图表或电子表格。这些数据不仅可以反映疾病、过度训练和疲劳的细微征兆，而且可以揭示体能水平的变化。有了这些数据，运动员可以比较一段时期内早晨静息心率的变化，甚至有可能发现过度训练或疾病的早期迹象，避免情况恶化。

当然，随着功能的增加，心率监测器的复杂性有所提高，其成本也随之增加。但是，花一点儿时间阅读说明书可以解决大多数操作上的问题，所以一定要从一开始就对心率监测器进行正确的设置，这样你才能得到准确性更高的数据。若使用更高级的系统，许多数据都是可下载的。下载和观察单次（或多次）训练课的心率反应是非常有意义的。你可以回头看一下某次训练、上坡或长距离训练的特定时间点，并发现心脏蠕变开始的位置，这是可以在长距离训练中分散注意力的娱乐活动。

决定购买哪一款心率监测器是个人的选择。影响购买决策的因素包括成本、目标、体能水平，以及所需的信息量。你越认真，竞技水平越高，就越需要更多功能的心率监测器。24 小时监测、能量消耗和目标区间语音提醒信号等功能可以提高训练计划的准确性并增强其个性化。许多心率监测器公司的网站都提供了其各型号产品与竞争产品的比较表，以便你一眼就能看到各型号产品的不同功能。

购买心率监测器还需要考虑的因素是，有些公司生产的不同型号的产品提供了适用于不同运动项目的附加功能。例如，如果你是铁人三项运动员，可能就需要使用内置 GPS 的心率监测器，因为它可以记录行进的速度和距离，这些是非常有用的功能。

现在，你已经知道许多可能影响心率监测器工作的细节，也更深入地了解了它们的功能，并且能够随时使用这些信息。了解所有这些功能可以帮助你设计更好的训练方案，然后调整运动强度。你所获得的信息都是你的个人信息，这使你能够根据多个条件进行规划和评估。在后续内容中，我们将具体介绍如何使用心率监测器，将理论付诸实践。

第 2 部分

训　练

第 4 章

运动专项体能的心率目标

根据自己的运动经验，你知道有不同的体能类型。有些人骑自行车比游泳厉害，有些人在速度方面的表现优于在距离方面的表现，有些人很强壮但不能跑很长的距离。以上各种情况都源于不同的体能类型和不同的能量系统，我们将在本章对此进行讨论。在与体能有关的常见术语中，你可能熟悉的是有氧和无氧体能，简单来说，这两个术语分别指时间较长、速度较慢的运动（有氧）和时间较短、速度较快的运动（无氧）。

人们在各种运动项目中的运动模式表明，不同的运动项目对体能有不同的要求，因此对能量的需求也不同。例如，足球运动员不断地启动和停止，有时慢跑，有时冲刺；网球运动员则需要迅速地停止和启动；而长跑运动员以几乎匀速的方式连续运动。因为各种运动项目需要不同的运动模式，因此运动员需要进行不同类型的训练。要了解训练计划的各个阶段，必须对不同的体能类型和提供燃料的能量系统有基本的了解。如果你是一名耐力型运动员，还需要了解影响这些能量系统运作方式的因素。影响能量生产的两个主要因素是营养和强度（持续时间是第三个）。尽管本书的重点是心率训练，但在本章中，我们将详细地研究外围因素如何影响运动能力和运动表现。

了解能量生产

心率对运动的反应受多种因素控制，其中包括心血管系统（即循环系统）。因此，我们对心率的关注还必须包括关注整个心血管系统所做的工作。该系统向肌肉输送氧气和能量。我们将肌肉对能量的利用称为肌肉的代谢能力。

两个基本的代谢能量系统是有氧系统和无氧系统。从根本上讲，每个系统使用不同的燃料产生能量，而健身效果是否理想或竞赛能否取得好成绩取决于特定能量系统的训练效果。通常，时间更长、速度更慢的运动项目（如越野滑雪和长跑）的表现在很大程度上取决于有氧系统，并且主要将脂肪转化为能量。短跑和爆发力运动项目（如100米跑或掷链球）的表现极大地依赖无氧系统。团体运动项目则介于两者之间，因为它们可以调用两种系统，并且它们对每个能量系统的依赖程度因运动项目而异。例如，在冰球运动中，无氧供能占比为80%～90%，有氧供能占比为10%～20%（恢复阶段）；而在足球运动中，两者各占一半。表4.1列出了几种运动项目中有氧和无氧能量的使用比例。

表 4.1 几种运动项目中有氧和无氧能量的使用比例		
运动	有氧（%）	无氧（%）
足球	50	50
冰球	10～20	80～90
赛艇	70	30
马拉松	90	10
越野滑雪	97.5	2.5
100米跑	5	95
长距离游泳	70	30
公路自行车	80	20

这些代谢需求对你的训练方式有借鉴意义。过多或过少地强调特定的能量系统不仅会损害运动表现，还会影响恢复并增加运动损伤发生的风险。

3 个能量系统

肌肉的最终能量来源是三磷酸腺苷，即 ATP。无论你吃了什么或喝了什么，身体最终必须将其转化为 ATP 才能作为能量使用。人体通过 3个公认的能量系统输送 ATP：三磷酸腺苷 - 磷酸肌酸系统（ATP-PC 系统）、无氧糖酵解系统和有氧系统。（请注意，前两个是无氧系统。）通常，在任何给定运动强度下，其中一个能量系统会占主导地位，但是在所有形式的运动中，这 3 个能量系统都会各自贡献一些能量。

有氧运动过程中的心率监测要比依赖无氧系统的运动中的心率监测更加容易且可靠。这并不是说我们不能在无氧运动过程中监测心率，因为在运动强度较低的无氧运动中，其监测结果是非常可靠的。但是，随着运动强度的提高，当我们进行高强度的无氧运动时，心率反应就会延迟，在运动强度快速提高时尤其如此。这种延迟降低了监测结果的可靠性。但是，当发生这种延迟时，恢复心率（用于衡量心率何时重新升高）的可靠性实际上会提高。这是心率训练的一个额外的好处。因此，在进行高强度无氧运动时，心率监测器可被用作最佳恢复工具。

ATP-PC 系统　ATP-PC 系统是非常强大的高能量系统，能够快速提供有限的能量。但是，它只能持续运作几秒。它主要为冲刺和其他快速变化的运动调动能量。它要求达到极量或接近极量的负荷水平，并且无论进行何种强度的运动，在最初几秒内都以它为主要的能量系统。该能量系统依赖于存储在肌肉中的 ATP，在有需要时，ATP 会被迅速释放。该能量系统高度依赖磷酸肌酸，因此爆发力和速度型运动员经常要补充肌酸。该能量系统通常在 3 ～ 5 分钟内即可快速恢复，从而支持重复多次的高强度运动。

当主要使用 ATP-PC 系统为运动提供能量时，运动心率几乎没有变化，因为该能量系统的工作很快就会结束，并且心率反应落后于体力负荷的变化。因此，就像由无氧糖酵解系统（接下来要讨论的）提供能量的运动一样，此时最好使用心率来监测恢复情况，以使两次重复的练习之间有合理的休息时间。

无氧糖酵解系统　无氧糖酵解系统也可以被称为糖酵解系统或乳酸系统。现代运动科学将其称为快速或慢速糖酵解。这一系统主要在持续15 ～ 90 秒的极量运动过程中被调动起来。该系统依靠碳水化合物的分解来提供能量，其供能速度相当快。但是，对碳水化合物的依赖通常会导致乳酸的产生，因此该系统也被称为乳酸系统。当氧气水平不足以帮助碳水化合物完全分解（或迅速产生能量）时，乳酸就是最终产物。随着乳酸的堆积，酸性环境就会形成，从而阻碍肌肉收缩并导致双腿变得沉重。通常，在跑步或骑行一段上坡路之后，你就会有这种感觉。你可能很熟悉双腿沉重的感觉。在最初的负荷之后，随着运动强度的降低，肌肉能够消除乳酸，从而使运动得以继续。

在这些持续时间较短的无氧训练中，要将心率与训练关联起来会有些困难，因为心率对工作率反应所花费的时间有时可能与运动本身的时间一样长。因此，在时间较短的（少于90秒）无氧训练中，建议使用心率来衡量恢复间歇，而不是实际工作率。随着运动时间的增加（超过90秒）并且仍然以无氧运动为主，心率将提供更好的反馈。

有氧系统　最后一个能量系统是有氧系统，即氧化系统，它几乎可以无限供应能量。它主要燃烧脂肪。成年人平均约有100 000千卡的脂肪，有些人的脂肪甚至更多。有氧系统产生能量的速度很慢，但容量很大，且可以持续数小时。运动更多的是在中等强度下进行，因此有充足的氧气可供使用，而需要较长时间去分解的脂肪就可以被消耗了。这就是为什么耐力型运动员通常会更瘦、脂肪更少、体重更轻。他们就是我们口中的"更好的黄油燃烧器"。就心率训练区间而言，有氧系统主宰了在低于75% MHR的强度下进行的运动。

我们的挑战是在心率训练区间的背景下考虑能量系统。需要以多大的负荷或强度（以MHR的百分比表示强度）运动才可以对特定的能量系统产生挑战并促进其发展？在给定强度下，你在燃烧什么燃料？以什么比例燃烧？哪些时间参数与这些能量系统相关？为了回答这些问题，我们需要更深入地研究这些系统。

运动过程中的能量系统

从时间参数的角度去思考能量系统很有用。如果在极量负荷下运动15秒、90秒或5分钟，你就会体验到能量系统的使用范围（见表4.2）。全力以赴的运动如果持续时间少于15秒，则主要使用ATP-PC系统；如果持续15～90秒，则主要使用无氧糖酵解系统；而如果持续时间超过90秒，则主要使用有氧系统。径赛项目可说明这一连续的过程。表4.3列出了各径赛项目及其能量系统的使用。

表4.2　能量系统及相应运动持续时间	
能量系统	**持续时间（秒）**
ATP-PC	1～14
无氧糖酵解	15～90
有氧	>90

表 4.3　径赛项目及其能量系统的使用		
径赛项目	能量系统	世界纪录（男子）
100 米	ATP-PC	9.58 秒
200 米	ATP-PC	19.19 秒
400 米	无氧糖酵解	43.03 秒
800 米	无氧糖酵解	1 分 40.91 秒
1 500 米	有氧	3 分 26.00 秒
3 000 米	有氧	7 分 20.67 秒

比赛项目的距离越长，运动员往往就越精瘦，这表明其进行的是更偏向于消耗脂肪的有氧运动。擅长短距离项目的运动员往往肌肉更加发达，并且肌肉线条更清晰。我们将在后文中对此进行更深入的讨论。表 4.1 显示了其他运动项目对能量系统的使用情况。

能量供应中的营养考虑

运动过程中所使用的能量系统与特定的营养物质（如碳水化合物、脂肪或蛋白质）紧密相关。简而言之，有氧系统依赖于脂肪，而无氧糖酵解系统则依赖于碳水化合物和蛋白质。ATP-PC 系统依赖于存储在肌肉中的 ATP，并且在极量运动后必须立即补充 ATP。这种补充通过有氧代谢完成。

无论是哪种类型的运动，例如长时间跑步或骑自行车之后，都始终通过有氧运动进行恢复，但这时可能需要补充碳水化合物。无氧糖酵解系统主要依靠碳水化合物和少量蛋白质。但是，该系统在有氧运动中也会起积极作用。在有氧运动中耗尽碳水化合物的情况（即所谓的"撞墙"），就是碳水化合物水平低的结果。尽管许多人认为有氧运动只是消耗脂肪，但它也会消耗大量碳水化合物。因此，参加长时间的耐力比赛时，运动员需要补充足够的碳水化合物。

不同运动项目的体能需求

理解了能量系统，就可以理解为什么不同项目的运动员必须以不同的方式进行训练。美式橄榄球的后卫与 2 000 米赛艇运动员的训练计划有很大不同，因为训练计划必须刺激并模拟比赛中占主导地位的能量系统的使用。这可以解释为什么特定项目的运动员往往具有特定的身材类型。较瘦、体重较轻的运动员通常在有氧训练方面更好；更壮、肌肉更发达的运动员通常在无氧训练方面更出色。因此，足球运动员的体格与橄榄球运动员、短跑运动员和耐力型运动员的体格均不同。

另外要考虑的是肌纤维类型与能量代谢的关系。慢缩型肌纤维有助于耐力运动，更易于消耗脂肪。慢缩型肌纤维更小、更细。快缩型肌纤维在爆发力和速度运动中更有助益，更易于消耗碳水化合物。快缩型肌纤维更大、更粗。

针对各能量系统的心率监测

现在你已经了解3个能量系统及与之相关的强度，可以在设计训练方案时选择合适的心率来刺激各能量系统。对于确定无氧糖酵解系统和有氧系统的强度，这无疑是非常有效的方法，但是在诸如短跑之类的短时间、高强度的极量运动中，其使用则有一定的局限性。但是，心率对于在短时间、高强度训练（同时使用ATP-PC和无氧糖酵解系统）中评估恢复状态非常有用，因为你可以使用心率恢复数字（如<65% MHR）确定你何时准备好再冲刺，或确定训练间隔时间。

了解肌纤维类型

肌纤维类型是运动员们经常讨论的话题。运动员尤其感兴趣的是，他们是否可以通过改变肌纤维类型来最终提升运动表现。人体由两种基本的肌纤维组成：快缩型肌纤维和慢缩型肌纤维。慢缩型肌纤维通常被称为Ⅰ型纤维。快缩型肌纤维又分为两个子类别：Ⅱa型和Ⅱb型（有时称为Ⅱx型）。Ⅱx型肌纤维是典型的快缩型肌纤维，Ⅱa型肌纤维是一种兼具慢缩型肌纤维和快缩型肌纤维特性的过渡型纤维。

之所以按这种方式对肌纤维进行分类，是考虑到募集肌纤维的活动的性质。快缩型肌纤维会在快速、爆发性运动中募集。慢缩型肌纤维在任何时候都会被募集，但以较低强度的收缩为主。肌纤维本身具有内在差异，了解这种差异对于设计合适的训练计划至关重要。关于肌纤维，我们需要了解的两个重要的因素可能是其生化差异、肌肉收缩强度，还要了解这两个因素对肌纤维的募集有何影响。

　　生化特性很重要，因为它决定了如何锻炼肌肉才可以诱发适应。两种肌纤维在代谢上有所不同。在进行有氧运动时，主要使用慢缩型肌纤维（Ⅰ型）。在进行无氧运动时，主要使用快缩型肌纤维（Ⅱa 型和Ⅱb 型）。慢缩型肌纤维（Ⅰ型）比快缩型肌纤维（Ⅱa 型和Ⅱb 型）更耐疲劳。因此，训练的特异性对于引起肌纤维组内的生化适应至关重要。

　　肌纤维的构成差异也解释了为什么某种肌纤维可以工作更长时间或更耐疲劳，这其实取决于运动的持续时间和强度。因此，运动员必须针对肌纤维类型在训练期间选择正确的运动强度或持续时间以确保进步。

　　另一个考虑因素是快缩型肌纤维更易于消耗碳水化合物。消耗碳水化合物会产生乳酸，乳酸的堆积最终会让你的速度慢下来。相比之下，慢缩型肌纤维更易于消耗脂肪并需要大量的氧气。这就是为什么在较低的运动强度下，更多的能量来自脂肪。因此，当运动时间延长到 3 ～ 4 小时或 5 小时，甚至更长时间，你就必须放慢速度，以确保有足够的碳水化合物能量储备来维持运动。注意，即使在低强度运动中，肌肉也会使用一些碳水化合物燃料。

　　成年人平均储存约 2 000 千卡的碳水化合物和 80 000 ～ 100 000 千卡的脂肪。在中到高强度运动中，每小时可消耗约 750 千卡的能量，其中大部分能量来自碳水化合物。因此，人们经常在训练了两三个小时后出现"撞墙"的问题。不管你相信与否，基本的体能目标就是提高消耗脂肪的效率。在运动场上，我们使用的术语是"节约糖原"（Glycogen Sparing）。但是，你不要因此而误会，以为只需要发展有氧运动能力。要成为一名出色的耐力型运动员，你需要具有良好的无氧和有氧运动能力。

　　为了诱发快缩型肌纤维适应，即增强无氧运动能力，你必须进行高强度运动。相反的做法则适用于诱发慢缩型肌纤维适应，即增强有氧运动能力。不过，高强度运动是什么呢？对高强度运动缺乏了解是许多运动员成绩不佳的原因；他们没有进行足够高强度的运动。当运动强度为 90% MHR 时，仅约 85% 的可用快缩型肌纤维被募集。当运动强度为 100% MHR 时，约 95% 的可用快缩型肌纤维被募集。

　　随着运动强度的降低，更多慢缩型肌纤维被募集。在运动强度为 70% MHR 时，仅约 10% 的可用快缩型肌纤维被募集。快缩型肌纤维的募集难以实现，它需要运动员进行较高强度的运动，并且通常需要结合速度和阻力训练（爬坡训练）。

那么，耐力型运动员需要发展无氧运动能力吗？绝对需要。在其他所有条件都相同的情况下，爆发力更强的运动员的成绩始终会更优秀。竞赛中的有氧运动表现通常取决于无氧运动能力。对于进入最后冲刺或在比赛中途需要突然加速的情况，无氧运动能力负责满足相应的能量需求。这就是必须在练习中专门训练这些肌纤维的原因。

那么，肌纤维类型的分布是否决定了运动潜力？基本上可以这么说。耐力型运动员的慢缩型肌纤维比快缩型肌纤维的占比更高，而爆发力和速度型运动员则相反。一流的短跑运动员的快缩型肌纤维比例可能高达 75%，而顶级耐力型运动员（如越野滑雪运动员）的慢缩型肌纤维比例可能高达 90%。基本上，这种分布由遗传基因决定。你无法将肌纤维从慢缩型肌纤维转换为快缩型肌纤维，反之亦然。但是，通过训练，过渡型纤维（Ⅱa 型）可以表现出在训练过程中被募集的肌纤维类型的特征，从而在特定情况下提供更多的能量储备。进行适当的训练可以提升现有肌纤维的潜力。更好的选择是专门针对肌纤维类型设计练习和训练，并努力制订可以确保快缩型肌纤维被募集的训练计划。不幸的是，以改善快缩型肌纤维募集为目标的训练计划与其他训练计划相比会更加困难且易使人产生不适，但是在比赛中就能体会到，这种牺牲是值得的。注意，如果训练目标是增强耐力，则需要先发展慢缩型肌纤维，再发展快缩型肌纤维。

一些教练认为，在一次训练间隔之后，心率降至 65% MHR 以下时，运动员就已准备好再重复一组训练。对于整体有氧体能水平，以及运动员的恢复速度、何时恢复到足以执行另一组训练来说，恢复心率都是良好的指标，但不幸的是，这一工具并未得到充分利用。随着体能水平的提高，你应该会注意到，即使是训练课内各轮高强度练习之间的恢复速度也越来越快。例如，自行车运动员在短距离上坡时的运动心率经常接近 MHR，但随后会在几分钟内下降到 65% ～ 75% MHR，这表明其具有良好的整体有氧体能。

使用心率监测优化减重

运动员和锻炼者通常将心率监测视为运动员在训练中的专用工具。

但是，长期以来，心率监测一直应用于心脏康复等临床环境中，其测量结果也常作为整体健康状况的一项指标（如在就诊时测量的静息心率），仅在最近 30 年中才用于体能训练。心脏可以提供有关疾病状态、体力负荷和放松状态的信息，这表明它在控制和指导人体功能的诸多要素方面具有多功能性。它还可以用来指导运动强度设定以优化减重，这是它的另一种有价值的用途。我们将在本章的"无氧阈和减重"部分讨论运动强度在能量底物（脂肪或碳水化合物）使用中发挥的作用。在为了减重而运动时，将脂肪作为主要燃料来源的目标非常重要，并且心率在帮助个人实现该目标方面可以发挥很大的作用。在第 6 章中，我们还将讨论心率值的重要性，因为它决定了在无氧阈以上或以下进行运动时所产生的适应类型。在无氧阈以上或以下进行运动也会对脂肪的使用产生重大影响。因此，我们认为，使用运动心率来指导想要减重的人士选择运动强度，是心率监测未被充分利用的一个方面。

目标心率和无氧阈等运动表现指标对以运动为主要体重控制手段的人来说，可能比主要希望提高体能水平的人更有价值。因此，在超重人群中进行体能测试，可以为该人群提供与运动人群同样多的运动指导。我们要谈论的重点是更明智地选择运动强度，以最大限度地消耗脂肪。

关于减重的误解

在讨论如何优化运动强度和最大限度地消耗脂肪之前，我们必须澄清关于减重的两个误解。

误解 1：没有痛苦就没有收获　对于那些想要减重的人来说，这可能是最糟糕的建议，因为这种方法提倡进行较高强度的运动。超重的人不能也不应长时间进行高强度运动，因为高强度运动并不是他们所需要的。为了减重，他们应该尽可能长时间地运动，同时燃烧尽可能多的脂肪，并且在较低强度的运动下燃烧更多的脂肪。电视上的真人秀多是为了减重而练到爬不起来的人，这种形象对于推广合理的减重运动并没有什么帮助。许多人无法实现其目标就是因为训练得太艰苦。是的，太艰苦了。他们过早进入疲劳状态，主要在于燃烧错误的燃料（碳水化合物），并且运动时间不够长。最重要的是，他们去健身房努力锻炼，汗流浃背，气喘吁吁，减重效果却很差，原因就是他们在这些训练课中使用的燃料大部分是碳水化合物，而且每天都在补充碳水化合物。同时，脂肪一直潜伏在下面。

误解 2：高强度运动和力量训练是减重的最佳方法 我们已经讨论了高强度运动并不适合用来减重。而力量训练会保留蛋白质并使用糖原和 ATP，因此也不能促进减重。更明智的解决方案是先减脂，然后增肌。该误解有点儿类似于认为力量训练会使脂肪变成肌肉。以科学知识作为依据，我们必须说这简直是胡说八道。脂肪和肌肉是两种截然不同的组织，没有人能将脂肪转化为肌肉。此外，与有氧运动相比，仅通过力量训练消耗的能量相对较少。因此，力量训练应该被视为早期阶段的一项附加训练，但在以有氧训练为主的计划中，含力量训练的训练课最好不超过 16 周。在很多时候，我们去健身房都会看到明显超重的人正在接受指导以完成哑铃运动计划。我们不想说这是浪费时间，但是在这个阶段肯定有效果更好的方法。

无氧阈和减重

从根本上讲，减重的重要方法是选择正确的运动强度。因此，将心率用作运动强度的指标和调节运动强度的方法，可以优化运动和减重反应。

我们来简要介绍无氧阈。术语"无氧阈"（AT）在某种程度上与乳酸阈和通气阈是同义词。第 6 章会更详细地介绍无氧阈。为了简化，本书中仅使用术语 AT。我们认为，大部人对 AT 的了解很少。尤其是临床医生和运动从业人员，他们没有完全理解在高于和低于 AT 的运动强度下，代谢过程和代谢结果的差异。由于 AT 涉及生化反应和骨骼肌募集的复杂过程，因此本章重点介绍 AT 对运动过程中能量底物使用的影响。

简单来说，我们可以认为运动强度低于 AT 的运动更多使用脂肪来产生能量，而运动强度高于 AT 的运动则更多使用碳水化合物来产生能量。在基础运动生理学中，一个人在正常饮食，没有禁食或严格节食的情况下，这种观点是可接受的。回想一下我们对氧在能量代谢中的作用的讨论，特别是关于身体系统中可用的氧越多就意味着脂肪被消耗越多这个思路。在以较慢的速度运动并舒适地呼吸时，脂肪的使用量较高。随着速度加快，呼吸越来越重，可用的氧相对减少，你会过渡到使用越来越多的碳水化合物作为燃料的阶段。这也是从产生有氧能量到产生无氧能量的过渡。这会引发其他几种生理反应，最明显的是呼吸加快和产生更多乳酸。此时，你进入了极具挑战性的环境，身体正试图平衡氧气和二氧化碳水平。氧气消耗与二氧化碳产生的比例提供了大量信息，使我们了解人体正在燃烧哪种燃料。

呼吸气体交换率：脂肪与碳水化合物

在生理学中，我们使用术语"呼吸气体交换率"（RER）来描述我们消耗的氧气量（$\dot{V}O_2$）和产生的二氧化碳量（$\dot{V}CO_2$）之间的关系。RER 的计算为用 $\dot{V}CO_2$ 除以 $\dot{V}O_2$。通过此计算，我们可以粗略估计出人体燃料中有多少是脂肪，以及有多少是碳水化合物，因为人体产生的二氧化碳与所消耗的碳水化合物之间存在密切的关系。人体产生的二氧化碳越多，燃烧的碳水化合物就越多。表 4.4 列出了脂肪和碳水化合物的消耗与 RER 的对应关系，从表 4.4 中的第一行可以看出，在最低运动强度下燃烧的脂肪百分比最高。

表 4.4　RER、脂肪和碳水化合物的消耗及运动强度之间的关系

RER	脂肪（%）	碳水化合物（%）	%MHR
0.70	100	约 1	55 ～ 65
0.75	83	17	
0.80	67	33	65 ～ 75
0.85	50	50	
0.90	33	67	75 ～ 85
0.95	17	83	85 ～ 95
1.00	<1	100	95 ～ 100

请记住，从根本上讲，你可以将运动强度低于 AT 的运动视为更偏向于心肺性质，而将运动强度高于 AT 的运动视为更偏向于生化性质。或者换种说法，运动强度低于 AT 的运动会燃烧更多的脂肪，而运动强度高于 AT 的运动会燃烧更多的碳水化合物。那么，你想怎么做？燃烧更多的脂肪还是燃烧更多的碳水化合物？如果你想减重，答案很简单：燃烧更多的脂肪。从表 4.4 中可以看到，当 RER 为 0.85 时，脂肪和碳水化合物的消耗比例大约为 1∶1，两者实现平衡。RER 小于 0.85（运动强度降低）有利于脂肪消耗，而 RER 大于 0.85（运动强度升高）则有利于碳水化合物消耗。

因此，提高运动强度会促进新陈代谢，并最终影响所消耗的燃料。

那么，如何知道多大的运动强度能使自己的 RER 为 0.85 ？基本上，当 RER 为 0.85 时，运动强度就大致等于你的 AT。（注：在训练有素的运动员中，这种方法并不适用，因为确定其 AT 的过程更为复杂。）因此，如果可以准确测量自己在达到 AT 时的心率，则可以获得合理准确的参考，确定运动到什么程度可以促进脂肪的消耗。研究告诉我们，最大的脂肪消耗发生在 40% ～ 45% $\dot{V}O_{2max}$，这相当于 65% MHR。合适的运动强度会因体能水平而异，但是要使能量消耗和脂肪消耗最优化，就要保持低于 AT。图 4.1 摘自我们实验室的数据，我们绘制了通气量（呼吸速率乘以呼吸量）与心率的关系图。从图 4.1 中可以看到，在大约 18 分钟的位置，通气量突然大幅增加。这告诉我们，在这一位置，产生的二氧化碳明显增加，要求个体开始更快地呼吸。如果我们查看此时对应的心率，则可以看到，在心率大约为 152 bpm 时发生此变化。这被认为是 AT 和运动强度的上限，超过该上限则脂肪消耗量会明显下降。进行高于此强度水平的运动也完全没问题，但要知道这将导致使用的脂肪百分比较低。但是，在更高的运动强度下，个体也会消耗更多的能量，因此何时能帮助你实现目标只是一个数学问题。表 4.5 中是一个 50 岁的

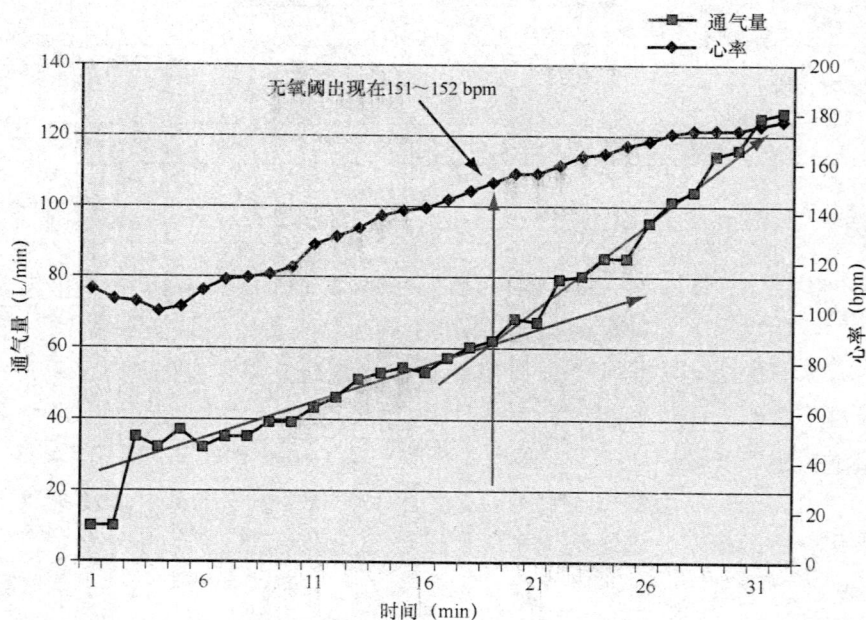

图 4.1　心率与通气量随运动负荷增加的变化

女性的数据，她的体重为 132 磅，MHR 为 170 bpm，AT 为 119 bpm。表 4.5 展示了她运动 30 分钟，以每小时 3 英里的速度步行，或者以每小时 5 英里的速度慢跑的数据。

变量	步行 3（mph）*	慢跑 5（mph）
心率 bpm	110	156
% MHR	65	91
~ % $\dot{V}O_{2max}$	48	85
30 分钟内消耗的总能量 千卡	130	239
总脂肪 %	60	15
总脂肪消耗量 千卡	约 78	约 35

表 4.5　步行和慢跑消耗的脂肪对比

*mph：英里每小时。

从表 4.5 中可以明显看出，运动 30 分钟，以每小时 5 英里的速度慢跑时消耗的能量比以每小时 3 英里的速度步行时消耗的能量要多得多。但是，以每小时 3 英里的速度步行时，燃烧的脂肪明显更多。因此，这个问题变成了一个人要燃烧多少脂肪与碳水化合物的问题。乍看之下，我们想要的似乎是消耗尽可能多的能量。但是，如果我们进行更深入的研究，就会发现更合理的做法可能是，燃烧掉更多的脂肪，使得消耗的能量总量少一点儿。请记住，体内的碳水化合物存储每天都会得到补充。然而，脂肪则不一定每天都会得到补充，其存储是每天摄入过多能量的结果，无论过多的能量来自脂肪、碳水化合物还是蛋白质，都会发生脂肪的堆积（即无论是什么燃料来源，过多的能量都会被转化为脂肪）。想想看，1 磅的脂肪中有 3 500 千卡的热量。因此，为了减少 1 磅脂肪，需要减少热量的摄入，增加热量的输出，或者说净总热量平衡要在每周或每月或者你选择的任意时间范围内出现 3 500 千卡的热量赤字。关键在于，进行高强度运动并不总是最佳方法。

有趣的是，尽管这并不是什么新知识，并且数据表明我们在较低的工作率下会消耗更多的脂肪，但许多锻炼的人仍然坚定不移地追求更高强度的运动。实际上，有人可能会争辩说，在任何给定运动强度下燃烧脂肪的能力都是反映整体体能水平的有力指标。体能水平较高的运动员在任何给定运动强度下都会比体能水平较低的运动员燃烧更多脂肪；他们是更好的"黄油燃烧器"。考虑运动模式也很重要，因为我们知道，在给定的运动强度下，不同运动模式消耗的能量也不一样，而对于大多数人而言，步行和跑步是消耗能量的最佳选择。正如我们前面提到的，超重的人不能长时间进行高强度运动；因此，他们应该选择可以维持 30 ～ 60 分钟的低强度运动。为了减重，开始运动时速度要慢，结束运动时速度也要慢。如果开始时速度太快且过早疲劳，就不得不缩短训练时间，或者以过低的运动强度继续训练，以至于无法消耗足够多的能量。

首先进行真正的 MHR 测试，根据其结果确定准确的心率训练区间，然后监测心率，这是调节运动强度的有效方法。运动强度不仅影响体能训练，而且影响减重。

找到以下问题的正确答案可帮助你制订训练计划，并规划如何使用心率来让训练方案发挥最大作用。

1. 你的运动项目如何分解为有氧部分与无氧部分？
2. 根据你的运动项目要求，在标准训练方案中分别有多少时间用于有氧和无氧运动？
3. 你应该在哪个心率区间运动，以引起相应能量系统所需的适应和挑战？
4. 你是否应该根据运动项目使用的能量系统来增加碳水化合物或脂肪的摄入？
5. 在每轮重复训练之间或其他短时间的高强度运动之后，合适的恢复心率是多少？

第 5 章

增强有氧耐力

目前，我们已经介绍了一些必要的背景知识，包括能量系统、如何使用心率监测器、如何计算心率训练区间，以及如何理解运动适应性，以便你理解心率监测是如何发挥作用的。我们相信，你现在已经明白根据特定的体能适应确定运动强度的重要性，并且使用心率监测这种方法可以使你更合理地调节运动强度。

接下来将对与心率训练概念相关的体能训练原则进行一般性讨论，以便学以致用。我们会讨论这些原则在 4 个训练阶段中的作用，从而涵盖体能的 4 个组成部分的发展。学完这些章后，你就可以学习针对你所选择的运动提供示例训练计划和训练模式的内容。但是，在尝试实践这些建议之前，请先完整阅读第 5 章至第 8 章。换句话说，不要"犯规抢跑"。在制订训练计划之前，你需要全面了解所有心率训练区间。

本章介绍了具体运动的强度水平在发展、强化和维持有氧耐力基础中的作用。耐力基础是每项运动的体能和恢复的基石。为了帮助你充分理解耐力训练的重要性，我们还会讨论发展整体健康中这一关键组成部分所需的身体变化。当然，我们必须讨论如何将耐力训练用于恢复，以及是否需要全天休息才能完全恢复，这通常是在比赛之前要考虑的。很多时候，休息和恢复的计划往往不充分，导致受伤、过度训练和倦怠。近年来，越来越多的人使用心率变异性来指导休息和恢复，部分原因是有更多便宜的心率监测器可供选择。因此，我们还将讨论使用心率指导恢复的新方法。

无论是第一次发展或提升基础耐力，还是在受伤停赛或赛季之后的恢复期重新发展基础耐力，训练的第一个阶段（即基础训练阶段）都是至关重要的。建立耐力基础的传统观点要求训练心率保持在

60% ～ 75% MHR 区间的下限。这一假设基于这样一个观点，即持续的低强度刺激（即在 60% ～ 65% MHR 这个较低水平范围内）可以使受训者不间断运动的时间越来越长，从而改善其心肺适应。尽管这种方法行之有效，但新的信息表明，在同一节训练课中以 60% ～ 75% MHR 范围的上下限分别作为运动强度交替进行训练也可以增强耐力，对于初学者来说尤其如此。因此，如果你是初学者，无法连续跑步 30 分钟，你也可以通过组合方法来增强耐力，如步行加慢跑。你可以逐渐延长慢跑时间，直到心率达到 75% MHR 这个上限；此时，改为步行，使心率降低到该区间的下限，即 60% MHR。你的肌肉、肺部和心脏会通过增强耐力来迅速适应这种渐增的刺激。此外，尽管本章的重点是增强有氧耐力，但我们将讨论以有氧和无氧运动相结合的方式来增强有氧体能。

耐力训练的生理适应

对于大多数人来说，耐力训练的目标是以更快的速度运动更长的时间。尽管这可能确实是耐力训练的最终结果，但是人体内要发生许多微小适应才可以实现这一目标。人们的体形和对刺激的反应各异，并且训练的类型会影响反应，因此我们需要使用各种各样的训练方法。接下来，我们将讨论增强基础耐力时需关注的主要生理变量。

确定有氧和无氧之间的界线

"有氧"一词的意思是"含氧"，并与轻松、低强度，有助于增强和保持耐力的运动相关联。如果运动足够轻松和慢速，你可以进行随意的交谈，那么放心好了，你的循环系统中存在大量氧气。为确保是有氧运动，请尝试对话测试：你能否能在呼吸丝毫不受影响的情况下，流畅地进行较长的对话，就类似于读出作家威廉·福克纳的长达几页才会有一个句号的句子？如果是这样，你进行的就是有氧运动，心率区间为 60% ～ 75% MHR。但是，如果你的呼吸迫使你说出的句子像欧内斯特·海明威写出的句子那么短，你就接近了有氧区间的上限，即大约 80% MHR，并且可能很快会达到无氧阈，即 85% MHR，此时你可能只能说一个词。

如果你是在停赛后回来建立新的有氧耐力基础，那么投入足够的时间并使所有训练中的心率保持在 60% ~ 75% MHR 区间内，这个目标就可以达成。或者，如本章前文所述，步行和慢跑的结合也将对目标的达成有所帮助。看似较大的 MHR 百分比范围是合理的，因为你将逐渐恢复，并且心率将轻松快速地升高。我们给予耐力范围较高的上限，这将帮助你避免因速度过慢而灰心丧气。

如果你已经在正常训练中，但希望增强基础耐力，则在稳态配速下保持在有氧运动区间（75% ~ 80% MHR）的上限即可增强耐力。接下来将说明各心率区间不同的用途：60% ~ 75% MHR 用于发展耐力，75% ~ 80% MHR 用于增强耐力，65% ~ 70% MHR 和 60% ~ 65% MHR 均可用于保持耐力。

运动员发生的生理变化主要由心血管、呼吸、代谢和肌肉适应的综合作用引起。最明显的变化是 $\dot{V}O_{2max}$ 增加。要解释这一点，最简单的方法就是菲克（Fick）方程。

$$\dot{V}O_{2max} = MHR \times SVmax \times A\dot{V}O_2 差$$

其中 MHR = 最大心率，SV = 每搏输出量，而 $A\dot{V}O_2$ 差（动静脉血氧差）是动脉和静脉血液之间的氧（O_2）饱和度差异，这是肌肉中氧气摄取的指标。

用运动员的语言来说，$\dot{V}O_{2max}$ 可以反映呼吸、循环和肌肉系统摄取、运输和利用氧气，以及最终清除二氧化碳的综合能力。

氧气变化

对于训练有素的耐力型运动员来说，MHR 会随着体能水平的提高而略有下降，同时，每搏输出量增大，并且 $A\dot{V}O_2$ 差增大。这些变量主要解释了一个适应现象：静息心率随着体能水平的提高而降低。心脏变得越来越强健，每次搏动都会输送更多的血液，从而使静息心率降低。肌肉的毛细血管密度增大，可以帮助运输更多的血液和气体，最终结果是 $\dot{V}O_{2max}$ 增大。训练计划中早期的长时间、缓慢、有氧的低强度运动会促进这种毛细血管适应，而不是促进在建立耐力基础后的高强度运动中发生的适应。因此，我们希望在训练开始时要有更长时间、更慢的运动，你也可以使用步行加慢跑的方法进行初始适应。

耐力训练还可以通过增大血浆容量和增加红细胞数量来增大血容

量。血浆容量的变化是由水潴留增加引起的，这导致了一种称为血液稀释（红细胞百分比降低）的状态。但是，红细胞的绝对数量增加了，这有助于传输更多的氧气。

呼吸适应也会发生。特别是最大自主通气量（MVV）会增大。这使得进入和离开肺部的空气都更多，从而加快了二氧化碳的清除和氧气的摄取速度。这种适应体现为呼吸肌在耐力和经济性方面的改善。

肌肉变化

耐力训练也会导致肌肉内部发生许多变化。线粒体的数量增加和体积变大，线粒体就是所谓的肌肉"重劳力"。这种适应促进了脂肪酸的使用，因而可以产生更多的 ATP 能量。这对于耐力型运动员尤其重要，因为它会减慢体内有限的糖原存储的消耗。最终结果是运动员可以坚持更长时间才进入疲劳状态。经过耐力训练的身体偏爱使用脂肪酸而不是糖原作为能量来源，这也会使乳酸堆积得较慢。

此时，我们开始看到各种身体系统的整合程度。由于呼吸经济性的提高和耐力的增强，更多的二氧化碳被清除，并且有更多氧气被运输到血液中。毛细血管密度的增加有利于这些气体向肌肉线粒体的运输。线粒体中的气体扩散速率不仅影响能量产生，而且影响能量底物来源。由于更多地使用脂肪，较少使用碳水化合物（糖原），因此疲劳时间被推迟，乳酸的堆积也变慢，最终结果是运动速度更快或可以运动更长时间。因此，我们需要确保这 3 个关键系统（心血管系统、呼吸系统和肌肉系统）是同时发展的，因为任何一个系统无法适应就会阻碍其他系统的适应。

在增强耐力的同时，身体还会发生其他几种适应。
- 燃烧较少的碳水化合物，因而产生较少的乳酸。
- 更多血管（那些很细的毛细血管）可以清除更多代谢废物。
- 肌肉力量增强。
- 关节、骨骼、肌腱和韧带变得更强韧。
- 效率提高。

这些变化及其他细微的变化可增强肌肉的持续运动能力。运动可以持续很长时间，运动速度很慢，并且可以说很多话，这就是耐力强的表现。

我们可以从适应清单中看出，针对各种必需的适应需要有不同的训练方法。训练不仅应该有所变化，还应该是连续的，因为在实现某些适应之前必须先实现其他一些适应。例如，长时间的慢速运动应先于高强度运动。接下来将说明训练的进程：60%～75% MHR（如步行加慢跑）用于发展耐力，75%～80% MHR 用于增强耐力，65%～70% MHR 和60%～65% MHR 均可用于保持耐力。

耐力发展

要在 60%～75% MHR 的区间内发展耐力，应尽可能在接近 75% MHR 处花更多的时间，这样更有效率。在该区间的下限 60% MHR 处运动，进步可能会非常缓慢。在 60%～75% MHR 的一般耐力区间中，肌肉同时使用脂肪和碳水化合物作为燃料。这两种燃料的供应比例因运动强度而异。对于有大量氧气参与的低强度耐力运动，大部分燃料都是脂肪，尽管一部分碳水化合物也可作为燃料。但是，如果运动持续足够长的时间，肌肉中存储的有限的碳水化合物则可能被消耗殆尽。对于马拉松运动员来说，这种情况被称为"撞墙"，当肌肉仅剩下脂肪可用作燃料时，这种现象就会发生。为了完全燃烧脂肪，身体需要大量的氧气，这将迫使运动员减速。增强身体更高效燃烧脂肪的能力，使碳水化合物的供应一直持续到运动结束，是耐力训练的主要目标之一（即成为更好的"黄油燃烧器"）。还有一个目标是强化肌肉骨骼系统，我们会在后文对此进行阐述。

为了证明氧气在耐力运动中的重要性，假设在基础代谢状态下（深度睡眠且身体充满氧气时），95% 的燃料来自脂肪，5% 的燃料来自碳水化合物。一旦运动量足够大，心率升高到耐力训练区间内，该比例就会迅速改变。对于体能水平较低的人来说，碳水化合物随着可用氧气量的减少而变得越来越重要。在 70%～75% MHR 区间，多达一半的能量来自碳水化合物。肝脏需要 24～48 小时才能将各种形式的碳水化合物转化为糖原（储存在肌肉中的碳水化合物的化学形式）。如果仅在恢复 24 小时后（即每天）进行运动，就会造成短期糖原赤字，进而迫使肌肉酶增强其分解和代谢脂肪的能力。这种情况可能导致长距离跑步运动员和越野滑雪运动员等耐力型运动员在 60%～70% MHR 这个范围内有多达 80% 的燃料是脂肪。你是否想过为什么出色的耐力型运动员都这么瘦？原因之一是他们燃烧了大量脂肪。

请记住：一旦你感受过 100% MHR 那种竭尽全力的疲惫不堪，就永远不会再有比这更糟的感觉。在那之后的比赛中，每次承受 100% MHR 的体力负荷都会有相同的感觉——同样痛苦和几乎无法呼吸，但是这些体力负荷并不会让你感到更加辛苦。如果训练有效并且使你的运动速度更快，那么竭尽全力的疲惫所带来的疼痛、折磨和痛苦就不会持续太久。100% MHR 的体力负荷是人类能力的极限，使我们不得不让自己休息。超出极限承受 110% MHR 的体力负荷是体育作家虚构的故事。

好消息是你在其他训练区间也会有同样的感觉。你对 70% MHR 慢配速的体力负荷仍然有相同的感受：轻松。从这个角度理解，如果在 100% MHR 下的 5 千米成绩比以前好了，那有什么理由在 70% MHR 下进行训练时的速度不会加快，并且仍然感觉像过去的个人纪录时那样轻松呢？如果能在更艰苦、更快的配速下保持良好状态，那么在较轻松、较慢的配速下也会更快。对吧？因此，不要误以为要提高配速就必须以更高的 MHR 百分比进行更艰苦的训练。如果在轻松的一天中将体力负荷从 70% MHR 提升到 80% MHR，就无法从之前的艰苦训练或比赛中完全恢复。较艰苦的训练（典型的例子就是可怕的过度训练综合征）会不可避免地导致腿部受伤和过早老化。

那么，如果不能承受更艰苦的训练却想要有所提高，该怎么办？简单——跑多一点儿，在你的训练计划中增加运动时间。如果你已经知道不能通过更频繁地进行更艰苦的训练来提高自己的速度，那么就要调整持续时间这个变量，延长训练模式中轻松部分的时间，同时使各部分的运动强度保持在相同的 MHR 百分比。在进行艰苦训练之前的热身和之后的放松时要跑更长时间。在恢复日跑更长时间，并将长距离跑的时间拉长。当你在较低的运动强度下跑更长距离时，你会变得更强壮，因为你有更多步数要克服重力，使额外阻力逐渐增加。使用较轻的重量做更多次重复训练也可以使你变得更强壮，渐进式阻力训练与这种方法是相同的原理。你可以将几乎脚不离地的轻松慢跑与举起较轻的重量相类比。如果不需要每一步都高高弹起，那么你并没有太多的重力需要克服。冲刺则具有来自重力的更大阻力，可被视为类似于举起较重的重量，你不需要举起那么多次就可以变得更强壮。因为你可能已经超出了自己可以完成高强度训练的极限频率，所以更安全的选择就是单纯增加长距离慢跑（LSD）训练，即长时间（Long）、慢速度（Slow）、长距离（Distance）。简而言之，越强壮，跑步速度就会越快。在达到这个能量效率阶段时，你还应在 60% ~ 75% MHR 的区间进行足够的有氧运动，使心血管系统、呼吸系统和肌肉系统产生所需要的适应。

与发动机（肌肉）使用燃料的能力同样重要的是变速箱（结缔组织）的力量。与肌肉相比，韧带、肌腱、骨骼、软骨和关节要花费更长的时间才能变得更强壮，因为它们的血液供应并没有那么富足。强大的肌肉发动机可以轻易破坏精密的结缔组织，因此很容易出现过劳性损伤，如跟腱炎、足底筋膜炎、髂胫束综合征，甚至是应力性骨折。我们后续将讨论阶段 I 需要持续多长时间，还会介绍如何规避上述风险。

发展耐力的训练技巧

将更多时间花在 60% ~ 75% MHR 的区间中进行训练可以发展并增强耐力。为此，你可以使用两种基本训练类型中的任意一种，或两种都使用。最常见的是 LSD，在 60% ~ 75% MHR 范围内进行稳定、连续的运动。但是，心率训练的研究表明，改变训练的配速也是一种有效的技巧。在本书的第 1 版中，我们将这种训练称为"心率法特莱克（Heart Rate Fartlek）"。其思路是通过速度的变化使心率迅速达到上限，即 75% MHR，然后减慢速度，使心率恢复到下限，即 60% MHR。考虑到本书的主题，并对发展和普及法特莱克训练的瑞典人（他们将其定义为"速度游戏"）表示歉意，我们更喜欢使用"心特莱克（Heartlek）"一词，这是我们几年前创造的词。

根据我们的经验，初学者不应该进行心特莱克训练，因为速度变化会增加其受伤的可能性。如果可以完成连续 30 分钟的 LSD，即使运动强度较低也没问题，那就是最好的起点。

要执行一次心特莱克训练，请想象一下心率像波浪一样上下起伏。为此，你可以先慢跑，使心率达到 75% MHR，然后步行，使心率达到 60% MHR。或者，如果你的身体状况更好，则可以跑步，使心率达到 75% MHR，然后通过慢跑将心率降下来。你可以随心所欲地发挥创造力，在目标心率区间内升降心率并改变配速。你的目标就是利用这些低强度运动模式中的任意一种来增加运动量，使跑步时间从至少 30 分钟延长到 60 分钟，甚至更长，例如你的目标运动可能是马拉松。

至此，你已经获得了足够扎实的耐力基础，可以让你跑步 30 ~ 60 分钟并在各种地形上保持配速。例如，你可以迫使自己跑上山坡，使运动心率上升，并能够保持这种配速，然后在平地上重新降低心率。在使用心特莱克方法时，你应该能够在 30 分钟的跑步过程中加入 3 轮或 4 轮较高强度的加速，每轮加速持续 30 ～ 120 秒，而全过程的心率都不应低于 60% MHR。

在体能训练的基础阶段，你可以单独使用配速不变或变化的训练，也可以将两者结合，以增强有氧耐力。这就是我们所说的"逐渐进入状态"。使用这些方法将使肌肉每次受到刺激的时间足够长，经过足够长时间的训练以后，就可以诱发适应。

如果你刚刚进入良好的状态，或者你的训练曾经中断，你就需要重新建立耐力基础。对于久坐的普通成年人来说，体能训练的阶段 I 通常长达 16 周。如果你已经经过了体能训练，就应该能够在 6 ～ 8 周内重建耐力基础。如果在赛季后的积极性休息后进行恢复训练，4 周就应该足以恢复耐力。无论如何，经典的心特莱克训练稍做调整就会非常适合作为 60% ～ 75% MHR 区间的训练。

如果要建立新的耐力基础，请注意以下部分的讨论。我们的心特莱克训练是心率训练的核心。如果你一直相当积极地运动，并且早年有过运动员经历，那么你可以将 LSD 视为最有吸引力的状态恢复活动。请阅读以下内容，了解如何发挥心率训练的优势。无论你选择何种运动（如慢跑、赛艇、自行车等），心特莱克训练都非常适合。心特莱克训练是一种很好的方法，将快速运动的小元素引入你可控制时长的训练中，同时可将受伤风险降至最低。

我们将心特莱克训练改编为使用心率监测器的方法，这正是个性化训练的典范。以下是一节 20 分钟的训练课的例子。

1. 计算目标心率区间，上限为 75% MHR，下限为 60% MHR。
2. 选择一种运动模式：步行、慢跑、跑步、自行车、赛艇或使用健身中心有氧运动区中的任何一种器械，如椭圆机或爬楼梯机。
3. 开始缓慢而轻松地运动，让心率慢慢进入 60% ～ 75% MHR 区间。当完成热身开始正式训练时，你可能会发现自己逐渐提高了配速和体力负荷。心率将上升，并最终达到 75% MHR 的上限。
4. 此时，为了保持有氧运动，要迅速慢下来，直到心率下降至尽可能接近 60% MHR。
5. 在训练中逐渐调整速度，直到重新上升至 75% MHR 的体力负荷。我们的意思是，你应该尝试不同的速度，直到自己熟知多快的运动速度才能引起所需的心率反应。

在建议的周数内坚持此训练方案，将极大地提高耐力和体能的整体水平。提高心率将需要速度更快和时间更长的提速跑。最终你将能在20 分钟的训练中完成更长的距离。你还将体验到非常安全的速度提升，可将受伤的风险降至最低，因为在上限为 75% MHR 的情况下，提速跑仍属于有氧运动，所以肌肉不会堆积乳酸。

在完成了最初几次的训练之后，你对训练的体力负荷已心中有数，让心率上升或降低并不难。你自己可以决定需要花多长时间让心率上升到 75% MHR，然后降至 60% MHR。这让你可以选择各种动作。你可以加快速度将体力负荷迅速提升到 75% MHR，也可以逐渐放慢配速，从而慢慢地恢复到 60% MHR。心特莱克训练是间隔训练的创新版本，并不严格要求重复相同的距离。法特莱克体系可用于培养所有 4 个体能组成部分：耐力、体力、经济性和速度。

法特莱克体系起源于 20 世纪 30 年代，在 20 世纪 40 年代因冈德·哈格（Gunder Hagg）和阿恩·安德森（Arne Andersson）而闻名，他们试图突破 1 英里跑的 4 分钟大关，并在此过程中轮流缩短 1 英里跑的世界纪录时间。哈格最终将时间缩短至 4:01.4，这一纪录保持了 9 年，直到罗杰·班尼斯特（Roger Bannister）在 1954 年跑出了 3:59.4 的新纪录。

此外，LSD 训练的重点是配速和体力负荷的一致性。你不必像过山车那样提高和降低心率，只需在指定时间内保持相同的慢跑配速。逐渐恢复状态的过程将从强度范围（60% ～ 75% MHR）的下限开始，且应在指定的时间和距离中保持相同的配速。随着训练的继续，心率将逐渐上升到 75% MHR。随着体能水平的提高，你会发现你可以更轻松地以更高强度进行训练，并且体力负荷感相同，从而可以在相同的时间内跑完更长的距离，或者在更短的时间内跑完相同的距离。

要注意的一点是，也可能会发生相反的情况，具体取决于你的身体状态。你可能一开始就训练得太艰苦，并在非常短的时间里就达到了目标心率区间的上限。如果是这样，你就需要将余下的训练时间全部用来减速，以使心率保持在该区间内。记住那位伟大的哲学家沃尔特·斯塔克（Walt Stack）在 20 世纪 70 年代初期关于跑步热潮的建议："开始要慢，然后逐步停止。"

LSD 训练是低级别心特莱克训练的自然后续活动。在通过心特莱克训练提高体能水平后，你就能够将提速跑中的心率保持在 75% MHR左右的水平，并保持越来越长的时间。最终，你将能够在 75% MHR 左右的水平保持配速并完成整节训练课，而无须通过放慢速度来防止心率缓慢升至 75% MHR 以上。至此，你就可以将 LSD 训练添加到训练方案中了。LSD 训练将以较低的运动强度进行，这使你可以坚持更长时间，但是其原理与心特莱克训练是相同的：在所要求的持续时间内保持有氧运动，并逐渐延长持续时间，以增强耐力。在完成 12 ～ 16 周扎实的 LSD 训练之后，你就可以进行更高级、运动强度更高的心特莱克训练。

要注意的另一点是，为防止过劳性损伤，运动医学专家建议每周的运动量仅增加 10% ～ 15%。当然了，你应该根据具体情况而定，例如，如果开始时是每周 10 英里，那么一周仅增加 1 ～ 1.5 英里可能有些保守。

发展耐力的训练的持续时间

在执行本章列出的训练方案时，你将会安排更长的持续时间。但是，为使训练课可以提供足够的刺激来提升体能训练效果，每节课必须持续至少 20 分钟。在一次心特莱克训练中，在 60% ～ 75% MHR 的体力负荷范围内提高和降低心率的次数取决于个人的整体体能水平。随着你越来越强壮，体能水平越来越高，将心率提高到目标心率区间上限的时间会越来越长，而恢复所需的时间则越来越短。那么，20 分钟的训练时间似乎就太短了，而且你可能会认为如此低的运动强度太轻松了。你可能会怀疑按这样的速度，自己能否达到理想状态。但是，坚持一下。这是一个微妙的适应期。得益于良好的血液供应，肌肉将很快变得更强壮，这可能会让你以为自己已准备好执行更大、更全面的训练方案。在这个训练阶段开始时，你可能会感到肌肉僵硬和酸痛。但是，你会发现自己很快就克服了这些小小的痛苦，并且你的发动机（肌肉）将开始增大马力。为避免受挫，我们建议你遵循难易结合的训练模式，直到完成适合你的建议运动周数。

建立耐力基础的训练模式示例

从最基本的层面来说，典型训练计划就是从遵循艰苦和轻松训练日结合的经典模式开始的。我们相当随意地使用艰苦这个词来描述执行心特莱克训练的日子。其余的训练日则是轻松的，以 60% ～ 65% MHR 的水平连续运动，或全天休息（没有什么比真正的全天休息更轻松的了）。

在研究这些训练模式示例时请记住，它们旨在说明所涉及的原则，它们不是训练计划。本书第 3 部分介绍的训练计划示例将包含你在实际中可能期望遵循的训练量、强度和频率的变化。

对于第 1 周和第 2 周，请遵循以下训练模式。

- 艰苦训练日（周一和周四）：60% ～ 75% MHR 区间内的 20 分钟心特莱克训练。这 20 分钟不包括进行运动强度低于 60% MHR 的缓慢、轻松的热身活动或类似的放松时间。

- 轻松训练日（周二和周六）：20 分钟恢复性运动，在 65% ～ 70% MHR 区间内保持稳定的配速。遵循在艰苦训练日使用的热身和放松运动模式。

- 休息日（周三、周五和周日）：休息。这些是全天休息的日子，没有活动。

如果你感到身体疼痛或酸痛，或者感觉需要更长时间来适应此训练方案，就将此方案的执行时间延长一两周。如果你感觉良好，做好了准备并且迫切地想进阶至更艰苦的训练，请继续下一个训练模式。

对于第 3 周和第 4 周，请遵循以下训练模式。

- 艰苦训练日（周二和周四）：60% ～ 75% MHR 区间内的 20 分钟心特莱克训练。

- 轻松训练日（周一和周五）：65% ～ 70% MHR 区间内的 25 ～ 30 分钟恢复性运动。

- 长时间训练（周六）：开始增加在 65% ～ 70% MHR 区间内连续轻松运动的时间，每周这一天的训练时间都比周一和周五的训练时间多 5 分钟，甚至可以达到 45 分钟。

- 休息日（周三和周日）：休息。

重复这种模式，每周将心特莱克训练时间增加 3 ～ 5 分钟，直到你可以进行 30 分钟的心特莱克训练。根据腿部的感觉评估自己是否准备好延长训练时间。心特莱克训练是一种颇具艺术感的训练，可让你自由决定自己的训练。一个很好的适用法则是"四分之三"法则——每个第 4 周都应该是运动时间较短或运动强度较低的恢复周。

一定要用非常保守的速度来增加在这些区间中的运动量，以使那些结缔组织有强化的机会，而又避免破坏它们。准备好进入下一级别训练的信号是，体能水平已经提高到一定程度，在训练课中完成的距离已经稳定下来。

准备就绪后，请开始接下来的 2 ～ 4 周的训练计划，并在训练模式中增加另一项耐力训练：LSD。LSD 中的体力负荷不要超过 75% MHR。

在接下来的 2 ～ 4 周内，请遵循以下训练模式。

- 艰苦训练日（周二和周六）：65% ～ 75% MHR 区间内的 30 分钟心特莱克训练。
- 艰苦训练日（周四和周日）：60% ～ 75% MHR 区间内的 45 ～ 60 分钟 LSD 训练。
- 轻松训练日（周一和周三）：65% ～ 70% MHR 区间内的 30 ～ 45 分钟恢复性运动。
- 休息日（周五）：休息一天，使身体完全恢复。

从之前的模式开始，在你轻松恢复的日子里，将每次训练的时间增加 5 分钟。周四最多运动 45 分钟，周日最多运动 60 分钟。

在这几周中，训练课的频率每周增加至 6 节，这将使工作肌群累积几天的疲劳。我们还将恢复目标心率区间的下限从 60% MHR 提高到 65% MHR，从而提高心特莱克训练的强度。减少恢复时间将使训练更加艰苦。所有这些做法都是由于我们想造成肌肉中的短期慢性糖原赤字，以刺激细胞使用更多的脂肪作为燃料。你可以在轻松训练日中进行恢复，但是你必须要下定决心放慢速度，轻松地完成恢复性训练。为确保尽可能快地恢复，将目标心率的上限保持在 70% MHR。你会注意到，这些训练肯定要艰苦得多，但仍处于受伤风险较低的区间内。

如果你认为在轻松训练日如此轻松似乎有负罪感，那么请记住这句话：训练越轻松，血液循环中的氧气就越多。这样，肌肉就可以使用氧气，就可以更多地燃烧脂肪，从而使你吃下的碳水化合物转化为糖原。

过渡到增强耐力

通过较低的运动强度、较轻松的训练来增强耐力的结果是肌肉、韧带和肌腱未完全强化。根据有氧运动的定义（不允许喘气和急促喘息），其另一个结果是呼吸系统的肌肉刚刚开始进入良好状态。现在是时候让身体的各个部分进入过渡阶段，并保持在有氧运动能力的上限了。额外的体力负荷和速度会给这些系统带来更多压力，并使你为承受高强度无氧体能训练的压力做好准备。当你向上移动到训练金字塔中的体力、经济性和速度区域时，你将体会到这种压力。

过渡训练将在 75% ～ 80% MHR 的稳态区间内进行。这两个百分比分别是有氧区间的上限和无氧区间的下限。此区间中的训练可以给呼吸系统带来适度的压力，同时迫使生物力学系统达到更大的活动度。

为了解释得更清楚，下面以 28 岁的汉娜（Hannah）为例。她从慢跑和轻松、低强度的 LSD 过渡到稳态跑步。

- 在轻松训练日中，她不再只是迈着小小的步幅，用细碎的步伐慢跑，也没有穿插轻松的大跨步跑来产生短暂的心特莱克刺激。
- 她能轻松、舒适地跑更长时间，并且步幅更平稳、更大，但不是最大步幅。
- 她没有呼吸困难，但可能必须用海明威式的句子讲话，这些句子比她慢跑时使用的福克纳式的长句子要短得多。
- 她觉得自己可以以这种配速永远跑下去，这就接近于她在状态良好时跑 10 ～ 13 英里的目标。

想象一下自己在与本示例相当的体力负荷下进行所选择的活动，然后将以下训练模式示例应用于你的运动项目。

增强耐力的训练模式示例

在本章的前面，我们介绍了难易结合的训练模式，即在艰苦训练日中穿插低强度运动日和全天休息日，以帮助完全恢复。当然，轻松训练日可能不需要很多时间来恢复。但是，这些训练日对于让双腿有时间锻炼更强壮的肌肉和肌腱非常重要。随着慢慢向上进入训练金字塔中更高的体力负荷级别，轻松训练日将变得更加重要。在 75% ～ 80% MHR 的稳态艰苦训练日里，有效恢复需要你将体力负荷保持在 70% MHR，在轻松训练日里，这个水平更低。在此级别上，你在轻松训练日中仍然要训练，其重点是将脂肪作为燃料。看看以下训练模式，然后将其与你的耐力训练模式进行比较。想象自己在所选择的运动项目中追求进步时遵循这些原则。由于各运动项目存在差异，以下示例中的时间差异很大。请参见本书第 3 部分中你感兴趣的运动项目的对应内容以了解相应的训练模式。

建立基线，控制体重

你可能像我们一样，休完寒假后体重可能会增加几千克，并且错过了一堆训练课。但是，在急于解决体重问题时，你应切切实实地放慢运动速度，并考虑以下几点。首先，尽管你可能会担心体重问题，但在冬季采用正确类型的基础训练方式能更好地解决体重问题。其次，每年的这个时间应该以建立和发展有氧基础为重点。最后，要做到这一点，你必须选择正确的比较低的强度。这不仅有助于建立有氧基础，还有助于燃烧脂肪和控制体重。

为了简化，我们假设身体仅燃烧碳水化合物和脂肪。在任何时候，身体都会燃烧这两者，而绝不会单独燃烧其中一种。我们可以进一步简化这种解释：将更多使用脂肪的运动定义为有氧运动，将更多使用碳水化合物的运动定义为无氧运动，尽管脂肪和碳水化合物在所有形式的运动中都产生能量。

骨骼肌有两种基本的纤维类型：快缩型肌纤维和慢缩型肌纤维。它们具有不同的募集模式，这些募集模式随运动强度的变化而变化。快缩型肌纤维比慢缩型肌纤维大，而较小的肌纤维总是先被募集。我们将其称为"大小原则"。随着运动强度的提高并需要更多的力，将会有更多快缩型肌纤维被募集。随着作用力的不断输出或运动速度的加快，在呼吸更加沉重的同时还需要产生更多能量。换句话说，你开始使用更多的无氧能量或碳水化合物。模式如下：增加强度，即增加快缩型肌纤维的募集；增加快缩型肌纤维的募集，即增加无氧代谢；增加无氧代谢，即增加碳水化合物的消耗并减少脂肪的消耗。因此，要燃烧脂肪，就需要减慢运动速度。

如果以85%～90% MHR进行30～40分钟的运动，则会以燃烧碳水化合物为主。碳水化合物几乎每天都会恢复，这意味着这种方法几乎不会使脂肪减少。因此，许多人努力锻炼而又没有成功减重，甚至还增重了。被燃烧的能量底物（脂肪或碳水化合物）在很大程度上取决于可用的氧气。心血管系统和呼吸系统的整体状况在燃料经济性中起着重要作用。增强有氧体能意味着燃烧更多脂肪。因此，你应该花费适当的时间以适当的强度发展心肺系统。以下是要考虑的因素。

- 形成和发展新血管需要12～16周。
- 形成和发展新血管需要每周4～5次持续的有氧刺激，每次至少持续40分钟。

- 运动强度必须主要对有氧系统造成负担而不是无氧系统。
- 这个过程需要时间和耐心。

换句话说，有氧基础建设和体重控制需要长期的低强度稳态运动，非常适合休赛期。

最后，我们来讨论运动持续时间的概念和氧亏的概念。每当新陈代谢强度发生变化（开始运动或在运动过程中改变运动强度）时，你都会有短暂的不适感或呼吸加重。这是因为身体经历了从依赖有氧代谢短暂地转变为依赖无氧代谢的过程。几分钟后，呼吸和心血管系统迎头赶上（达到稳定状态），这种短暂的氧气短缺情况得以修正。这个氧气短缺的时期被称为氧亏，它发生在运动开始时和在运动过程中运动强度改变时。

这是什么意思呢？在运动开始时体验到的氧亏增加了你对无氧代谢和碳水化合物的依赖。10～15分钟后，身体稳定下来，如果运动强度足够低，身体就会恢复对脂肪的依赖。即使进行了这种调整，也需要在约30分钟后，消耗的脂肪才开始比碳水化合物多。因此，必须稳定运动30～40分钟才可以控制体重。系统地设计休赛期训练计划，以建立基础为重点并保持耐性，就可以获得上述两种好处。

我们假定长时间训练课是在周末，因为大多数人在周六或周日会有更多时间可用。本例将其安排在周日；如果你的长时间训练课安排在周六，则将所有内容依次向前移一天。

- 周日：在 65%～75% MHR 区间内训练 45～90 分钟。由于此训练课时间较长，即使运动强度很低，考虑到所燃烧的燃料量，我们也视之为艰苦训练日。
- 周一和周三：在 65%～70% MHR 区间内进行 20～45 分钟轻松恢复性运动。
- 周二和周六：在 75%～80% MHR 区间内进行 30～45 分钟稳态运动。这包括 60%～70% MHR 区间内的 5～10 分钟的热身。放松几分钟，进行非常轻松、缓慢的活动。
- 周四：在 65%～70% MHR 区间内进行 5～10 分钟热身，然后在 70%～80% MHR 区间内进行 15～20 分钟心特莱克训练。
- 周五：放松。你已辛苦了很长时间，因此休息一天。

经过数周的训练后，你可能想进行一次计时测试或直接参加比赛，看看自己的状态如何。但是，无论是否进行测试，你都已准备好将训练

提升到阶段 Ⅱ 并达到无氧阈水平。

保持有氧耐力

我们提供了一个相当大的目标心率区间（60% ~ 75% MHR）来发展耐力，同时提供了一个相当小的目标心率区间（75% ~ 80% MHR）来增强耐力。耐力范围内的其他两个目标心率区间均具有其用途。它们被称为恢复区间。这些区间内的训练有助于保持耐力，同时肌肉可以利用新的糖原供应来重建和自我修复。糖原是在时间更长或更艰苦的运动中使用的最重要的能量来源。

除了使用脂肪作为燃料外，肌肉还可以燃烧一种被称为糖原的碳水化合物燃料。有一个好方法可以区分这两种燃料，就是将脂肪视为柴油，将糖原视为火箭燃料。脂肪（柴油）是一种油腻的、燃烧缓慢的燃料，需要大量的氧气才能高效燃烧。糖原（火箭燃料）是一种挥发性很强的燃料，可以在没有氧气的情况下燃烧，但其有效时间不会很长。再以汽车发动机比喻，假设肌肉是发动机的汽缸，化油器将汽油和氧气输送给发动机，火花塞发出电火花点燃，受控的燃爆驱使活塞上下运动，从而使汽车移动，就像肌肉使骨骼来回移动一样。但是，我们假想的发动机与身体之间存在一个重要区别：肌肉细胞的燃料效率更高，因为它们可以同时燃烧两种燃料。柴油和火箭燃料一起燃烧，因此燃烧比较慢的脂肪燃料会被灼热的糖原点燃。

所有这一切都在 65% ~ 70% MHR 的体力负荷范围内发生，因为在此较低强度下进行配速较慢的运动可获得更多的氧气，从而可使更多始终可用的游离脂肪酸被燃烧，节省糖原。

当然，在 60% ~ 65% MHR 的体力负荷区间内可以实现更有效的恢复，但是此水平下的配速变得过慢，以至于要发出"配速警察会逮捕违规者"这样的威胁才可以使人放松到那么慢的配速。因此，我们只会在一种情况下建议保持在该区间：如果你是那些强迫症运动员，担心如果少训练一天就会无法保持状态，那我们建议你在重要比赛的前一天将运动强度保持在该区间。

如果你已经习惯了合理地运动并希望提高体能水平，我们会在接下来的内容中提供一些指南，帮助你增强体力、提高经济性和加快速度。现在你应该遵循这一句古老的格言：如果你想在比赛中更快，就必须在训练中更快。

休息、恢复和回归

休息和恢复对肌肉和心血管系统的刺激同样重要。如果未充分恢复，训练会变得更加困难，受伤的风险会增加，适应会进入瓶颈状态。残余的酸痛和疲劳已经被基于研究的训练方法所取代，这些方法规定了适当的运动负荷和正确的恢复训练方法，从而带来更好的运动表现。恢复涉及营养、睡眠、轻松训练日、拉伸、补剂等。但最重要的是，肌肉组织的恢复和再生需要时间。肌肉需要一段时间（通常为 24 ～ 48 小时）的低强度活动，以修复组织中的微撕裂并恢复能量供应。简单来说，我们可以通过静息心率来衡量恢复的状态。

处于修复状态的肌肉骨骼系统会导致体内出现更多生理活动。这意味着更大的血流量，更多的组织修复，更多的能量转换和存储，清除更多的废物，等等。因为心脏是驱动所有身体活动的发动机，所以此时发动机的转速将高于正常水平。因此，如果你全天候监测心率，就可以追踪到平均静息心率的微小增减。心脏在 24 小时内增加一两次搏动就足以让你知道自己可能还未完全恢复。当然，你必须首先建立一个稳定的静息心率数据基线，以便获得可靠的平均静息心率。建议在清晨醒来时就测量该数据（请参见第 1 章和第 2 章）。

请记住，仅靠静息心率可能无法确定身体是否仍处于高度活跃的状态且未完全恢复，我们还需要使用其他心率数据。由于对心脏健康数据有了新的理解，心率变异性（HRV）是一种新工具，可以为运动员和运动人士提供更多有关恢复的信息。过去需要使用心电图仪器来测量 HRV，其原理是通过跟踪心肌的电活动来测量心跳之间的实际间隔。但是现在我们有更便宜的胸带和腕式心率监测器及智能手机应用，这使得测量和使用 HRV 成为可能，也更加实用。

心脏科医生长期以来一直使用 HRV 作为衡量心脏健康状况的指标。HRV 分值的范围从 0 到 100，低分（变化很小）表明健康状况不佳，高分（变化较大）表明健康状况良好。HRV 分值往往在 20 ～ 30 岁之间达到峰值，此后会下降。健康个体的平均 HRV 分值通常约为 60，但这同样是与年龄有关的。

这是什么意思？通常，HRV 可反映人体的健康状况、体能水平，以及处理运动负荷的能力。较低的 HRV 分值表示体能水平不佳，身体无法适应压力，而较高的 HRV 分值表示体能良好，身体可以承受压力或已经从先前的压力中恢复过来。在恢复期间，不运动或睡觉时，你会希望看到静息心率反应的变化。跟踪心跳间隔的这种变化可获得有用数据，以便与平均静息心率结合使用。测量 HRV 已在临床人群和竞技运动员中广泛使用，这有助于确定身体在训练后的恢复状况。尽管你每日需要进行更多的分析，但这项工作是值得的，因为你可以根据自己是否恢复来更有效地调整训练课。

表 5.1 显示了整个生命周期中的 HRV 分值。数据来源包括运动人群和非运动人群。计算 HRV 分值并非易事，因此我们建议你购买一个可以完成此计算的设备。

表 5.1　各年龄段健康状况的 HRV 分值

	年龄段（岁）	HRV 分值
男性	18～25	68
	26～35	64
	36～45	60
	46～55	56
	56～65	53
	66～75	52
	75+	53
	年龄段（岁）	HRV 分值
女性	18～25	65
	26～35	61
	36～45	58
	46～55	57
	56～65	53
	66～75	49
	75+	49

源自 Umetani et al.（1998）；Voss et al.（2015）。

接下来，我们将讲解针对不同体能类型（即有氧和无氧）的训练方法。通过本章的学习，你已知道不同的运动强度针对的是特定的能量系统，因此也针对特定的适应。但是，实际上，大多数训练课涉及的运动强度各不相同，即使重点关注某个特定的能量系统，所使用的能量系统也会频繁变化。传统的训练方法主要集中于对特定的能量系统提供持续而稳定的刺激，以达到最佳效果。但是，现在越来越多的研究表明，对于增强整体体能甚至减重而言，在给定的训练课中改变运动强度是非常有用的，具体效果取决于你的目标。运动强度变化的训练包括间歇训练、循环训练和心特莱克训练。这些方法会在整个训练过程中改变运动强度，从极量水平到轻松的水平，迫使你一次性发展和平衡多个系统，并学会应对大量使用特定的能量系统所带来的各种生理挑战。

总的来说，所有这些方法都类似于间歇训练（将较艰苦的训练与恢复性运动相结合），具有以下好处。

* 单位时间内消耗更多的能量。
* 有氧和无氧系统的适应。
* 更快的运动速度。
* 不那么沉闷。

当然，并不是每个人都适合间歇训练。运动强度越高，身体会越快疲劳，不适感越强，甚至还会受伤。因此，应先达到足够的基本体能水平，再考虑使用这种训练方法。一节间歇训练课可能包括 2 ～ 10 次运动强度变化。成功的间歇训练课需要你充分恢复，以便在正确的运动强度下完成训练内容。

间歇训练的一个常见错误是运动部分的强度过高而休息间隔太短，导致恢复不佳和训练无法完成。一般的规则是，剧烈运动部分的时间越短，强度越高，而休息间隔的长度取决于所使用的能量系统。例如，如果要执行 10 组 100 米冲刺，就需要在每组冲刺之间安排 3 ～ 5 分钟的慢跑或步行进行恢复。为什么？因为这些冲刺主要使用 ATP-PC 系统，而 ATP-PC 能量需要 3 ～ 5 分钟的时间进行补充。

间歇训练的设计通常要关注运动与休息的比率。因此，如果某人在 15 秒内跑完 100 米，并且有 3 分钟的恢复时间，则其运动与休息的比率为 1 : 12。如果某人在 90 秒内跑完 400 米，并且有 3 分钟的恢复时间，则其运动与休息的比率为 1 : 2。间歇训练很有趣且很有用，但是必须仔细设计，以在运动与休息之间保持适当的平衡。你需要以正确的强度完成训练。如果休息间隔太短，你将无法恢复，并且最后 3 次冲刺可能只达到 80% 的最大速度。后续内容将介绍更详细的间歇训练指南。

第 6 章

提高无氧阈

我们将尽力按逻辑顺序组织各章内容。换句话说，在关注无氧阈（AT）之前，如你在前一章中所了解的那样，发展并理解有氧能力是有意义的，因为无氧阈的训练需要建立在一定水平的有氧体能之上。正如你将在本章中看到的那样，AT 是竞技体能中最重要的变量，因为它决定了运动员可以承受多大的运动强度和坚持多长时间。它并不能精准地被确定为 MHR 的某个静态百分比，它是反映体能水平的浮动点。运动员一旦完成耐力发展，心率通常可以从 75% MHR 提高到 85% MHR，并且可以从阶段 II 开始进行体力训练。

第 1 章至第 4 章提供了有关心率反应和心率测量，以及使用心率监测器的背景知识。第 5 章让你通过阶段 I 的基础训练踏上健身之路。你还学习了如何通过低强度或混合强度的训练来发展和增强耐力，这些训练可以大大改善心血管系统、呼吸系统和肌肉系统的功能。这些训练为发展有氧耐力奠定了良好的基础，这是每位专业运动员都需要进行的基础训练，以使自己表现得更好。在某种程度上，无论你进行多少训练，你的有氧体能的变化都极小。但是，你可以提高体能水平和运动速度，提高 AT 可能就是你努力的方向。在本章中，我们将更详细地讨论 AT。

在将训练强度提高到 75% MHR 以上时，你将开始形成更强壮的肌肉。你会注意到，阶段 II 的训练（强度为 75% ～ 85% MHR 的体力训练）使你无法通过对话测试。即使是说海明威的短句，你也嫌它太长了。在最好的情况下，当你专注于呼吸时，对于训练伙伴提出的问题，你也许能在每次喘息之间回答"是"或"否"，或者急促地回一句"现在不能讲话！"在阶段 III，进行强度为 85% ～ 95% MHR 的经济性训练简直会让你无法呼吸。

本章将帮助你通过发展体力来做好运动准备，在所需的持续时间内保持目标配速，并教你一些技巧，通过在发展经济性（使用最少的氧气和能量保持比赛配速的能力）的同时组合运动距离、运动速度和运动强度等变量来提高自己的运动水平，实现极具挑战性的巅峰表现。

到现在为止，我们希望已赢得了你的信任，你确信我们能够帮助你提高你的体能水平。当我们帮助你发展体力和经济性（在本章中介绍）及速度（在第7章中介绍）时，你对我们的信任将变得更加重要。我们都知道，如果想让比赛速度更快，就必须在训练中加快速度；但是我们也都知道，你担心更大量和更密集的训练可能会带来受伤的风险。通过遵循我们的建议，你将减少受伤和疾病的风险。所以，准备好以更高的运动强度去游泳、跑步、骑自行车、滑雪、赛艇或进行你喜欢的任何活动吧。现在我们要加快步伐了。

体力（AT）训练的生理适应

我们为什么要接受特定类型的训练？了解其中的原因很重要。在第5章中，我们深入探讨了耐力训练期间发生的变化以及该级别训练的预期效果。这些最初的适应是后续适应的基础。最初的适应是广泛的；后续阶段的那些适应可以被看作其细化的结果。我们已经讨论过 $\dot{V}O_{2max}$ 和 AT 这两个术语。在本节中，我们将重点更多地放在 AT 上，因为它是耐力型运动员能否取得成功的有力预测指标。对竞技运动员来说，高 $\dot{V}O_{2max}$ 是一个基本要求，所有人都具备这一素质，但决定其名次的因素通常是 AT，AT 以极量体力负荷的百分比表示。简而言之，如果两名运动员的 $\dot{V}O_{2max}$ 相同，则 AT 较高的运动员更有可能获胜。对耐力型运动员进行无氧训练的目标就是提高其 AT。提高 AT 的方法将会在接下来的内容中进行讨论。

体力训练的适应有很多，包括肌肉骨骼、心肺和内分泌（激素）系统的改变。耐力阶段的训练对内分泌系统的影响还不是很大。肌肉骨骼系统的适应来自因长距离运动而增大的收缩力。在此训练阶段，运动速度加快。这意味着肌肉更用力地收缩，从而导致肌肉整体力量和各种肌纤维所占比例发生更大的变化。这为阶段Ⅲ和Ⅳ将发生的其他生化变化奠定了基础。收缩力的增大促使肌肉募集更多所需的快缩型肌纤维，这为提速铺平了道路。到目前为止，除了短暂的心特莱克训练，大多数训练只需要募集慢缩型肌纤维。

心肺系统会得到进一步强化，因为它在每一阶段的运动过程中均以更高的总体水平工作。具体而言，更高的呼吸率可以提供更多氧气，更重要的是，可以清除更多二氧化碳。此外，呼吸肌活动度更高、收缩率更高，这再次为在第Ⅲ阶段和第Ⅳ阶段进行更高强度的运动打下基础。

在第Ⅱ阶段中，人体开始发生细微的生化变化，这些变化与能量的使用和乳酸耐受性都有关。工作率上升会导致身体对碳水化合物的依赖有所增加，因而运动员需要更有计划的休息和营养补充。此外，乳酸耐受能力开始增强，使你能够在更高的工作率下运动而不会感到不适。

在此阶段发生的各种变化使人体可以达到稳定的工作率，并且此工作率可以维持数英里或数小时。这很关键，因为它表明人体具有调节温度、维持血液流动、清除废物和持续提供能量的能力，从而能够在更长时间内保持更高的工作率。

阶段Ⅱ的目标是巧妙地增强所有系统在更高水平上工作的能力，最终目标是为在第Ⅲ阶段和第Ⅳ阶段完成更高强度的工作做好准备。实际上，你可以将阶段Ⅱ视为中间步骤或过渡步骤。下面我们来看看如何实现这些目标。

体力发展

现在是时候通过向系统施加更大的压力，让身体穿过一个过渡区，这一区域关注无氧阈（AT）运动的合成代谢（建造）效果。耐力训练的一个明显好处是能够在更长的时间内保持配速，这种类型的训练在帮你应对高强度无氧条件下的压力时同样重要；当你从训练金字塔中第Ⅱ阶段的体力训练过渡到第Ⅲ阶段的经济性训练（强度为 85% ～ 95% MHR），再到第 7 章中介绍的第Ⅳ阶段的速度训练（强度为 95% ～ 100% MHR），都伴随着这种压力。目前，重点是通过在你的 AT（或乳酸阈）附近进行训练，提高你的有氧系统的上限，这是能量系统从依赖有氧能量到依赖无氧能量的转折点。

AT 这一术语被广泛用于各种训练环境中。教练员、运动员和训练员通常以 AT 为中心确定训练强度。因此，人们极为关注如何准确测量及解释 AT，以将其应用到训练计划中。相关文献使用了几个术语来表示这个 75% ～ 85% MHR 的区间，包括无氧阈、乳酸阈和通气阈。（注：在精英运动员中，AT 通常超过 90% MHR。）

　　所有这些术语描述的都是同一个现象：在该运动水平上，无法再观察到稳态血乳酸浓度，并且乳酸不断堆积，在肌肉中形成酸性更强的环境。乳酸阈解释了肌肉活动中的几种情况，并且有许多理论可以解释这几种乳酸增加的情况。乳酸是无氧代谢的产物，因为没有足够的氧气将其还原为一种名为乙酰辅酶 A 的底物。它在高代谢工作率下会大量出现，因为此时可用的氧气较少。因此，它似乎与运动强度有关。其他理论认为，乳酸的堆积需要达到临界运动强度和一定的爆发力输出水平。满足该爆发力输出要求的唯一方法就是募集更多快缩型肌纤维，这会燃烧更多的碳水化合物，从而产生更多的乳酸。快缩型肌纤维更喜欢无氧环境，这就解释了为什么乳酸含量会增加。

　　不管具体强度如何，乳酸堆积都会以非线性速率发生，最终阻碍肌肉收缩。因此，人体的肌纤维分布可能会影响 AT。另外，乳酸含量的增加表明二氧化碳含量的增加，通气率也随着运动强度的提高而上升，因此我们也会看到通气量（通常使用术语"通气阈"）呈非线性上升趋势。运动强度是乳酸堆积的主要决定因素，运动强度越高，乳酸堆积得越多。与 3 000 米或 10 000 米跑相比，人体在 400 米和 800 米跑等田径项目中所产生的乳酸浓度要高得多。请注意，身体总是在产生乳酸，训练有素的运动员的静息乳酸水平通常为 1.5 ～ 2.0 mmol/L，而出现 AT 的水平为 4 mmol/L。

　　在继续训练之前，我们还需要解决一个重要问题。AT 因个人条件和运动项目不同而有很大差异。在整个体力训练过程中，训练效果的个体差异很大，具体取决于你的体能水平。AT 可能出现在 65% ～ 95% MHR 区间内。未经训练的人通常会在该心率区间的下限（65% MHR）达到 AT，而训练有素的人可以一直运动到 95% MHR，然后才会达到 AT。

AT 训练的主要好处

　　AT 很重要，因为在超过 AT 后，个体可以运动的时间有限。因此，提高 AT 可使你稳定地在更高强度下运动更长时间。此外，超过 AT 后，糖原成为主要的燃料，这意味着能量供应有限。要评估 AT 是否已提高，你应该不断地提出并回答以下问题。如果你对这 4 个问题中的任何一个或全部回答"是"，那么你的 AT 可能正在提高。

- 随着时间的推移，当我以相同速度跑步时，我的心率降低了吗？
- 我可以在相同的绝对心率下跑得更快吗？

- 我能以自己的最大速度跑更长的时间吗？

此外，如果你可以对"我可以更快完成 5 千米或 10 千米比赛吗？"这个问题回答"是"，那么你的 AT 绝对已有所提高。

在这里，我们必须注意，AT 训练的价值尚未得到普遍认可。测量误差、个体差异、饮食和其他因素都会影响训练效果。而且，局部肌肉动作会明显影响该肌肉中的乳酸浓度，而这不一定能反映出整个身体中的乳酸量。无论如何，了解你的 AT 都会保障更高强度训练的进行，从而改善对给定运动负荷的心肺反应。这种简单的方法将帮助你确定自己的运动表现是否正在提升。在任何情况下，能否成功地提升运动表现都取决于你监测和评估自己对给定运动负荷的反应能力。

过渡到体力训练

第 5 章介绍的所有耐力训练都有一个局限：无法帮助你达到比赛状态。你可以按照训练速度在比赛中慢慢地跑，但是如果你稍稍加快速度，身体所产生的僵硬和酸痛就会让你觉得不值。本节会回答以下两个可以帮助你克服这一障碍的问题。

1. 如果你的目标只是微笑着跑完，不担心名次和时间，该如何准备参加比赛。

2. 如果你的目标是与时间及其他运动员比赛，该如何准备所需的更艰苦、更高强度的训练？

体力训练的主要目的是通过运动更长时间来增大呼吸系统的压力。你想增强自己的能力，这样就不会那么容易喘不过气。你希望能够快速深呼吸，而不会陷入极限的氧债。所有其他系统也将处于更好的状态，但是体力训练的目的主要是为下一个训练阶段做好准备并提高 AT。

你应根据以下一般准则来确定是否准备好从阶段 I（耐力）训练过渡到阶段 II（体力）训练。

- 阶段 I 需要稳定且持续的 8 ～ 12 周训练，每周至少训练 3 次（如果频率增加到到每周 5 ～ 6 次，则可以缩短训练周期）。
- 在与开始时相同的速度（配速）下，持续 30 分钟或更长时间的连续运动所产生的疲劳感明显减弱。
- 静息心率降低 10 ～ 20 bpm（这里很难给出确切数字，因为每个人的情况不一样）。

- 以阶段 I 训练开始时的速率、速度和配速运动，心率显著下降 5 ~ 7 bpm。
- 在相同的目标心率下达到更快的速率、速度和配速。
- 有信心提高运动强度而不必担心受伤或感到疲劳。

如果你已观察到这些变化，请放心，阶段 I 训练已使你准备好将训练推进到 75% ~ 85% MHR 的水平。

确定 AT 心率

那么，如何确定 AT 时的心率？为了获得更高的准确性，你可以去实验室参加付费测试，但是也有一些简单的方法可以提供比较准确的结果。第一种方法是对话测试，它既快速又简单。你可以与你喜欢聊天的朋友在平坦的地面（最好是跑道）上完成 30 分钟的跑步。开始时，慢慢地跑并保持该配速 5 分钟，始终监测自己的心率，同时保持活跃的对话。5 分钟后，略微提高速度，并继续监测心率和聊天。每 5 分钟重复一次此过程，直到觉得难以维持对话。此时，你的心率已在 AT 附近，你可以记录你的心率。

第二种确定 AT 的方法可以提供更加准确的结果。与对话测试类似，每 5 分钟提高一次速度，但是这次只有你一个人跑步并且不聊天。此方法的关键是密切监测心率。每次加快速度时，心率都会在最初的 60 ~ 90 秒内上升，然后趋于平稳。但是，在进行第 3 次、第 4 次或第 5 次加速后，心率不会稳定下来，而是会继续爬升。你所观察到的最后一次平稳心率（也称为稳定状态）就是 AT。你也可以在骑自行车、游泳和赛艇时使用此方法。

现在你确定了 AT 心率，这个数字是什么意思？你该如何使用它？如你所知，此心率指示一个阈值，以高于或低于此阈值的强度运动就会发生不同的适应。对此有一个简单的指导原则：在阶段 I 和阶段 II 训练时，心率低于 AT；然后，在进入阶段 III 和阶段 IV 时，心率高于 AT。换句话说，可以使用 AT 心率来衡量不同阶段的运动强度。这将有助于确保在每个阶段都产生所需的适应。

我们的目标是通过一段时间的训练来提升 AT。你应该大约每 8 周重新测试一次 AT，然后相应地重新设计运动强度。

发展体力的训练技巧

体力训练可以使用多种方法，但是我们将重点关注 3 种方法，在发展体力的同时有效利用心率监测器。在训练中，你可以选择只使用一种方法，也可以组合使用这些方法，还可以交替使用两种甚至全部 3 种方法。请记住，此讨论假定在 60% ～ 75% MHR 的区间内进行 5 ～ 10 分钟的轻松活动来热身，并且用同样多的时间放松，将心率降低到 60% MHR 以下。

- *方法 1*：简单调整一下心特莱克训练就可将其用于体力发展。扩展第 5 章中提供的目标心率区间，使心率上升到 85% MHR，再恢复到 70% MHR 以下。在 15 ～ 30 分钟的时间内，在这个区间内像过山车一样提高和降低心率，按照自己的节奏进行调整即可，从而确定多艰苦（多快的速度）才能使心率进入 75% ～ 85% MHR 区间，以及多轻松（多慢的速度）可以恢复到 70% MHR 以下。

- *方法 2*：第二种提高 AT 从而增强体力的方法是节奏训练，我们将其定义为普通运动员进行 15 ～ 30 分钟的连续运动。时间范围根据体能水平和运动项目而变化。在运动项目中可以完成更长距离的高水平运动员（如自行车运动员）可以将此时间段延长到 60 分钟，但很少有人会超出这一时间段，因为营养和水合反应带来的其他挑战开始造成阻碍。开始训练时，以 60% ～ 70% MHR 的轻松至中等强度热身 5 ～ 10 分钟。加快配速，使心率达到 80% MHR。此时可以开始对训练的 AT 时间段进行计时。一旦心率达到 80% MHR，就尝试提高运动强度，直到心率达到目标区间的上限，即 85% MHR。心率达到 85% MHR 后，保持训练的节奏。心率监测器提示超过 85% MHR 时，请务必放慢配速。

- *方法 3*：间歇训练是发展体力的另一种有效方法。由于有恢复间隔，间歇训练可以使你轻松移动得更快，并且通过较短时间或距离的重复训练将心率更快地提高到 75% ～ 85% MHR 的目标区间。只需将要完成的距离划分成较短的几段，然后每完成一段就进入恢复间隔，使心率恢复到 70% MHR 或以下。例如，将 20 分钟的节奏跑改为跑 3 次 1 英里，每完成 1 英里之后就进入慢跑间隔，直到心率恢复。因为在 400 米的跑道上进行跑步间歇训练几乎是最方便的，所以训练计划可以是跑 1 600 米，配合 400 米慢跑间隔。

本章后面的"提高经济性的训练模式示例"部分将更详细地介绍间歇训练的应用。该部分将间歇训练作为唯一的训练方法，其中介绍的原则与此处的发展体力的间歇训练也有所关联。

尽管大多数教练和运动员都宁愿通过达到或接近 85% MHR 的目标强度的不间断节奏训练来增强体力，但上述 3 种方法均可用于增强体力。无论是跑步、赛艇、游泳、自行车，还是其他运动项目，与阶段 I 的水平相比，每种训练类型都要求更快的速度。关键是必须提高强度水平（尝试更高的强度），这意味着速度会更快。话虽如此，但每种训练类型都会产生特定的好处。

心特莱克训练对于那些具有艺术性、创造力和哲学优势并且对间歇训练方案持保留态度的人来说是理想的选择。对于那些志在参与并微笑着跑过终点的人来说，它也是理想的选择。选择用多快的速度将心率提高到 85% MHR 的目标强度，它可以带来速度训练的好处。心特莱克训练对于那些总是不耐烦慢慢跑步的人也很有效，因为它提供了按规定加快速度的选择，但没有间歇训练里停下再重新开始的特点。

节奏训练适合游泳、自行车、跑步、赛艇和越野滑雪项目的运动员。节奏训练可以在 AT 配速下极大地增强主观疲劳感。由于节奏训练的紧凑性，它们通常比心特莱克或间歇训练更省时。它们确实对意志力有更高的要求，因为你必须在 20 ~ 30 分钟的时间内保持较高的运动强度。在心特莱克和间歇训练中，保持较高运动强度的时间要短得多，通常短于 5 分钟。

在体力区间内进行间歇训练还有额外的好处，当你试图匹配配速和心率时，可以提高你对配速的感知。另外，由于需要在较短的时间内提高心率，训练的配速或速度会更快，因此经济性也提高了。

发展体力的 AT 训练模式示例

为了最大限度地提升训练效果，你应考虑在艰苦训练日中轮流使用一些技巧。你将受益于每周训练模式的多样化。此模式根据目标和体能水平使用两种或全部 3 种训练方法。

我们假定长时间训练课安排在周末，因为大多数人在周六或周日会有更多时间可用。本示例中将其安排在周日；如果你的 LSD 训练课安排在周六，则将所有内容依次向前移一天。由于各运动项目存在差异，以下示例中的时间差异很大。请参见你感兴趣的运动项目的相应内容了解更多训练方案。

- 中等强度训练日（周日）：在 65% ～ 75% MHR 区间内进行 45 ～ 90 分钟 LSD 训练。根据训练时间的长短，训练效果可以是维持或增强耐力。由于此训练课时间较长，即使运动强度很低，考虑到所燃烧的燃料量，我们也视之为中等强度训练日。

- 轻松训练日（周一和周三）：在 65% ～ 70% MHR 区间内进行 20 ～ 45 分钟的轻松恢复性运动。这种缓慢而轻松的运动可以让你节省摄入的碳水化合物，并提供充足的时间将其转化为糖原。同时，你将以脂肪作为主要能量来源。

- 艰苦训练日（周二）：在 75% ～ 85% MHR 区间内进行 15 ～ 30 分钟不间断的节奏训练。这不包括 5 ～ 10 分钟的热身，也不包括过渡到 80% MHR 的几分钟。放松几分钟，并进行非常轻松、缓慢的活动。

- 艰苦训练日（周四）：热身后，在 75% ～ 80% MHR 区间内进行 45 ～ 60 分钟更偏向中等强度但时间更长的稳态训练。如果是每周可以上 3 节艰苦训练课的高水平运动员，你可以改为在 80% ～ 85% MHR 区间内进行心特莱克训练；但是，要小心，因为艰苦的训练会增加过度训练和受伤的风险。要谨慎选择是否持续每周上 3 节艰苦训练课。实际上，你应该先过渡到每隔一周上 3 节艰苦训练课，如此进行 8 周后，再改为持续每周上 3 节艰苦训练课。

- 休息日（周五）：放松。你已辛苦了很长时间，所以休息一天。

- 轻松至中等强度训练日（周六）：如果知道第二天将进行长时间的中等强度训练，你可能会像周一和周三那样完成另一次轻松训练。或者，在热身后，你可以在 80% MHR 的强度下进行 3 轮、每轮 6 分钟的间歇训练，配合 3 分钟的轻松恢复性活动，使心率降至 70% MHR 以下。

在接下来的 3 ～ 4 周中重复这种训练模式。通常，在 2 ～ 4 周内以相同强度完成相同的训练之前，不要增加或进阶至更高强度的训练。

请注意：AT训练很容易就会超出适当的强度。不小心让体力负荷进入85% MHR以上的经济性区间可能会阻碍你的进步。如果你的心率开始超过该上限，请降低体力负荷、配速、划水频率、踩踏板速度等。

非常重要的一点是，你必须接受一个观念：以有氧运动为导向的运动表现训练通常并不是要培养坚韧的意志，因此你不必迫使自己陷入筋疲力尽的疲劳状态。是的，总会有一个训练的时间和强度让你跪地不起或几乎从自行车上摔下来，但现在还远远没到那个时候。训练时使用心率监测器并遵循我们的准则，是掌握分寸的艺术。分寸就是在达成目标与不超越目标之间的那条界线。分寸可以带来训练的一致性，因为你在结束训练后会感到振奋和刺激，而不会感到深度疲劳，以至于不得不将自己拖进淋浴间然后瘫倒在沙发上小睡。遵循这些准则，你就可以根据你当前的体能水平和目标量身定制完美的训练计划。关键就是回答"如何符合'我'的个性化需求？"这个问题。

奋力超越你的目标区间会使你像其他人一样，错误地认为越辛苦越好。你不必比竞争对手更辛苦，你只需要比他们更聪明。

关于这一点，似乎需要解释一个悖论。AT训练有一个较少人意识到的事实：在相同的主观疲劳感知等级下，AT训练会使你的速度更快。这是因为AT及其发生时的实际心率非常不稳定。你可能在65%～95% MHR的强度下达到AT，具体取决于你当前的体能水平。阶段Ⅱ强调在75%～85% MHR区间内发展体力，这似乎让我们显得有些疯狂，但是你可以在每一个训练阶段中提高AT。是的，在训练过程中，达到AT时的心率会逐渐升高，但具有讽刺意味的是，你不会注意到体力负荷的增加，因为你始终会在达到AT时急促呼吸。你的状态将变得更好。

下面是真正的好消息：这自然而然使运动速度更快。一旦进入AT区间，你将不想说话。这种体力负荷会让你感到不舒服，但在你选择的训练核心阶段里仍可持续。在完成放松活动的几分钟内，你在步行中会有强烈的弹跳感。进入阶段Ⅱ后，在这个富有成效的75%～85% MHR区间内的训练不会引发太多的乳酸堆积，因此肌肉不会紧绷，也不易造成肌肉劳损、拉伤和撕裂。如果精准地完成训练，第二天你就不会感到肌肉僵硬和酸痛。

接下来将介绍过渡到经济性训练的准则，在第7章中，我们将为何时进入更高强度的间歇训练提供更明确的指导。现在是时候有意识地进入下一个训练区间，并仔细研究发展经济性这个训练目标了。

经济性训练的生理适应

在训练金字塔中上移至下一个体能训练阶段时，将通过强度为85% ～ 95% MHR 的压力更大的训练来提高体能水平。正确的刺激将产生以下适应。

- $\dot{V}O_{2max}$ 进一步提高，因为对呼吸系统的压力增强了肋间肌和膈肌的力量。
- 肌肉中的毛细血管床会增大，这是对堆积了更多乳酸的反应。这有利于让更多血液流入和流出肌肉，从而输送更多氧气并清除更多废物。
- 柔韧性有所提高，肢体的活动度更大。
- 力量增强，因为更大的体力负荷会促使肌肉募集更多肌纤维，尤其是快缩型肌纤维。
- 大脑、神经和肌肉之间的协调性得到改善，因为在较高的强度下运动需要更加集中注意力。
- 对脑垂体的刺激会增加生长激素的释放，促进肌肉发育。

经济性发展

我们将体能中被称为"经济性"的组成部分定义为在保持比赛配速的同时肌肉使用尽可能少的氧气和能量的能力。训练足够快速和艰苦，进入 85% ～ 95% MHR 的心率区间，就可以形成更强壮、更大的肌肉。换句话说，将负荷分散到肌纤维，并募集更多肌纤维，以减少单个肌纤维上的负荷。可以将其想象为汽车发动机，设计的最高行驶速度为每小时 120 英里。在此最高速度下，汽车的油耗会很大，而且驾驶成本很高。但是，在每小时 65 英里的速度限制下，油耗要小得多，汽车的行驶变得更加经济。

区分效率和经济性可能会对你有所帮助，人们往往会混用这两个词。我们喜欢将效率与人体运动的生物力学联系起来，而经济性则更多地与人体运动时所使用的氧气和燃料有关。我们再次使用汽车的类比，如果在手离开方向盘时，汽车的行驶路线会偏左，那么校正汽车的车轮定位就可以消除低效的移动，从而使行驶更加经济；通过研究生物力学来改善体形可以得到相同的结果。以高于目标配速的速度训练，可以获得更高效的发动机，运动员在比赛的初期和次极量配速下需要的燃料和氧气更少。这将有助于节省燃料并延缓疲劳的发作。

过渡到提高经济性

经济性训练将重点更多地放在高强度无氧运动的分解代谢作用上，这种作用是系统在更长时间内承受了更大的压力引起的。经济性训练会导致一些肌肉分解。很明显，你将从经济性训练中获得身体上的好处，同时也会获得心理上的好处。你将体验到缺氧导致的深度疲劳以及痛苦和疼痛。简而言之，你会培养出坚韧的意志。

对于准备接受更高强度的无氧体能训练、承受更高风险的分解代谢压力的运动员来说，经济性训练是非常重要的，你从训练金字塔的阶段Ⅲ进入以 95%～100% MHR 强度进行的阶段Ⅳ（速度）训练时就要面对这种压力。目前的重点是教会身体如何处理在高强度无氧运动中堆积起来的乳酸。

确定是否准备好从阶段Ⅱ（体力）训练过渡到阶段Ⅲ（经济性）训练的一般准则如下。

- 在 75%～85% MHR 的区间内完成稳定、持续的 4～6 周的阶段Ⅱ训练。
- 即使速度更快且心率更高，对到达 AT 时的主观疲劳感知等级也没有明显变化。
- 当以与初次训练相同的速率、配速和速度运动时，心率显著下降 5～7 bpm。
- 在所有原始心率训练区间内达到更快的速度、配速和速率。
- 有信心提高强度而不必担心受伤或感到疲劳。

你也可以通过参加几场比赛来衡量当前的体能水平，结果会告诉你是否已准备好接受更高级别的训练。突破自己的时间纪录或轻松击败竞争对手，就是你已为更高强度的训练做好准备的明确信号。

提高经济性的活动

完成 4 ～ 6 周的体力训练后，你就可以在训练方案中添加经济性训练。要从一个训练区间转移到另一个训练区间，我们最喜欢的训练就是常说的心特莱克训练。遵循与体力训练部分相同的每日训练模式（跑步、骑自行车或越野滑雪），可以让艰苦训练日更加艰苦，例如跑上坡足够长的时间，将心率提高到 95% MHR；游泳运动员可以穿着阻力服来增加阻力或进行背带训练；赛艇运动员可以增大划船测力计上的阻力系数或在水上提高划水速率。下坡和平地的恢复应该足够慢，以使心率降至 70% MHR 以下。在平坦表面上的其他活动必须完成得足够快，以达到相同的目标心率。

一节 30 ～ 45 分钟的典型的心特莱克训练课应该包括应对数次这样艰苦的体力负荷，每次持续 20 ～ 30 秒，最长持续几分钟。

尽管我们喜欢心特莱克训练，因为它很容易调整，但对于发展经济性而言，最有效和最受欢迎的训练可能是间歇训练，因为它特别有利于心率监测。以下信息似乎超出了你需要知道的范围，但是请保持耐心，仔细分析我们如何组合心率区间训练，然后看看你如何将它们调整为间歇训练。

以兰切塔（Lancetta）为例，她是一名自行车运动员，需要发展经济性，即她的身体在比赛配速下消耗更少的氧气和能量的能力。假设要赢得 20 英里的自行车计时赛，兰切塔的平均速度需要达到每小时 20 英里。意识到自己很可能无法每天都以比赛配速骑行 20 英里，她决定将此距离拆分成多个 2 英里的小段距离。她将在一节训练课中完成多个小段距离。兰切塔猜测，如果她每次仅骑行 2 英里，并且每段距离之间用短暂的休息来恢复呼吸和能量，那么她在每段 2 英里中的平均速度可能会达到每小时 24 英里，甚至每小时 25 英里；然后，通过将速度减慢到每小时 20 英里，她也许能够在没有休息间隔的情况下以每小时 20 英里的目标速度完成全部 20 英里的骑行，从而赢得比赛。果然，通过较短的分段训练配合分段之间一定的休息间隔，她可以骑完目标距离。

但是，兰切塔如何知道以每小时 25 英里的速度完成 10 段 2 英里骑行的训练是否太艰苦，是否会很快把自己练趴下？或者，如果她感觉太轻松了，很想尝试多重复几段 2 英里的距离，她应该尝试吗？我们将尽快解答这些问题，但是首先我们要讨论她正在尝试做什么。

　　在阅读这个例子时，我们希望你注意到间隔一词被频繁使用。是的，我们正在讨论间歇训练，这是非常有效和受欢迎的训练体系。你可能已经注意到，间隔一词指的是重复进行高强度训练之间的恢复期。我们专门说明这个词是因为实验室和运动员更衣室中对该词的使用都不准确。在相当短的时间内对高质量训练间的恢复期进行监测，意味着你要在恢复时间间隔内监测心率。通常，间隔一词是指在较高强度下要重复的距离或时间，而恢复期应使用其他术语，但在这里不是这样的！这很重要，因为我们要为你提供有效、可靠、科学的方法来回答"如何符合'我'的个性化需求？"这个问题。

　　如果你认同每次训练都是一次实验，那么就从这里开始寻找答案。我们认为每次实验都是由若干给定值和一个变量组成的，如果你相信我们，你就离答案更近了。我们的解释是，变量是你在尝试了解自己时必须测量的指标，并且给定值在实验过程中保持不变。由此，你可以很容易明白，间歇训练的妙处就是"如何符合'我'的个性化需求"的完整答案。最棒的是，它非常适合使用心率监测器，因为心率监测器可以测量你对给定值和变量的反应。也许现在你可以明白间歇训练（重复次数乘以要在目标时间内重复完成的距离，配合用于恢复的活动间隔）为何变得如此普遍。

　　让我们回到兰切塔的间歇训练，看看在不使用实验形式（正是该实验形式导致间歇训练体系的出现）时，其训练效果如何。在这一训练阶段，兰切塔的目标是提高经济性。兰切塔完成了每位运动员或教练在设计间歇训练时必须做的工作：她将总距离划分成较短的小段。2 英里并没有什么特别之处；她也可以选择 1 英里来重复。这并不重要，只要距离足够短，让她可以在该距离内尽可能保持 85% ～ 95% MHR 的强度水平。她只是挑选了足够短的距离，确信自己能够以远远快于比赛的速度完成骑行。接下来，兰切塔决定尝试完成其目标比赛的总距离，即20 英里。当然，这意味着她必须以给定速度（每小时 25 英里）骑行 10段 2 英里的距离。为了确保自己能够保持这种速度，她必须决定每次重复之间休息多长时间，以使心率降至 70% MHR 以下。她希望慢慢地骑行 1 英里就足够了。以下就是她的间歇训练公式。

　　10×2 英里（速度为 25 英里 / 时），恢复间隔为轻松缓慢地骑行 1英里（速度为 10 英里 / 时）。

　　如果她在训练期间不能达到这些标准（重复 10 次以 25 英里 / 时

的速度骑行 2 英里），情况会怎么样？她可能会觉得训练过于艰苦，以至于她无法完成全部 10 次重复，或无法在 10 次重复中都保持 25 英里 / 时的速度，或在轻松骑行的短短 1 英里内无法恢复，需要 2 英里才够；又或者，她可以达到所有标准，但已疲惫不堪，需要全力以赴的100% MHR 的体力负荷，而这种负荷并不适合于训练日。

如果兰切塔发现需要竭尽全力才能达到该标准，她可能会为自己有勇气面对挑战而感到自豪，但可能并没有意识到正在拿自己的健康或整体训练适应冒险。如果她的结果属于前 3 种情况之一，我们的猜测是她会有挫折感。不管怎样，她都不快乐，因为她的状态明显不如她的预期，或者她觉得这一天过得很糟糕。我们都知道，训练不成功肯定无法建立信心。

具有讽刺意味的是，专业运动员在这个训练阶段面临的问题很少与运动员的体能、能力或意志力有关，通常是其训练仅提供给定值，而没有变量。这样就没有办法找出训练无法达到期望效果的原因。在分析兰切塔的训练时，我们发现她需要 3 个给定值和 1 个变量才可以真正衡量自己的训练效果。她不知道体力负荷就是答案。她怎么知道每小时 25英里太艰苦还是太轻松？她怎么知道经过 1 英里的慢速恢复骑行，自己是否准备好了再次重复高强度骑行？ 20 英里是太长还是太短？要回答这些问题，我们首先必须回顾兰切塔的训练目标。在她沿着训练金字塔逐渐升级完成 4 个训练阶段的过程中，每个体力负荷级别都必须具有调节作用。

她目前在阶段Ⅲ，目标是提高经济性，这要求体力负荷在 85% ～95% MHR 的区间内。因此，训练方案的设计必须从以下假设开始：速度和重复距离的组合会使她的心率进入目标区间。现在目标心率区间已经是一个给定值，并且已知她想骑 2 英里的路段，因此，重复的距离也成为一个给定值。计划的恢复间隔为以每小时 10 英里的速度骑行 1 英里，这是另一个给定值。因此，在训练过程中，变量肯定是她的速度。

现在我们知道了变量是什么，她的间歇训练公式就可以遵循实验形式，我们可以填写详细的给定信息。她的给定值是重复次数、骑行距离和间隔时间，因此她需要知道的是配速是否正确。兰切塔测得的 MHR为 181 bpm，她的目标心率区间为 85% ～ 95% MHR，即 154 ～ 171bpm。那么，间歇训练公式如下。

10×2 英里，速度为（？）英里 / 时，目标心率区间为 154 ～ 171

bpm，恢复间隔为 1 英里，速度为 10 英里 / 时

问题是，她需要以多快的速度骑行才能达到适当的体力负荷水平？如果兰切塔无法在不超过其心率上限的情况下以每小时 20 英里以上的速度骑行，那么她显然还没有准备好赢下比赛。如果她每小时能骑 25 英里，那么她可能已经准备好参加比赛。如果她在整个训练过程中甚至能骑得更快，她可以改变目标，也许可以考虑成为专业运动员。

如果她无法完成该训练，在此阶段花费更多的时间将使她在再次尝试此训练方案时进入更好的状态。几周后，她的速度变快了，这应该使她的配速能够达到每小时 25 英里的目标。到那时，她应该能够将目标配速降低至每小时 20 英里，并且在没有恢复间隔的情况下骑完全程，即 20 英里。实验形式和心率监测相结合的好处是，兰切塔每周重复相同的训练，并敏锐地追踪体能的进步。在相同的体力负荷下，她可以骑得更快。请记住，她一直以心率作为指导。

你现在可能已经意识到，这种形式很可能也会提高体能的其他组成部分的水平。我们可以通过以较低的运动强度完成较长时间的重复来增强体力，间歇训练公式如下。

（？）×5 英里，速度为 20 英里 / 时，恢复间隔为 1 英里，速度为 10 英里 / 时

我们还可以将兰切塔的目标心率区间降为 75% ～ 85% MHR，那么，间歇训练公式如下。

（？）×5 英里，速度为 20 英里 / 时，目标心率区间为 136 ～ 154 bpm，恢复间隔为 1 英里，速度为 10 英里 / 时

在此场景中，兰切塔可以确定自己是否为保持目标配速做好了充分准备。如果她只有一两次骑行时心率不超过 154 bpm，那么她需要花几周的时间来执行该训练方案，直到她的体力有所增强。

第 7 章介绍的练习可以为赛季末做准备，届时兰切塔需要达到其巅峰状态；她需要增强爆发力和乳酸耐受性。同时，她可以使用恢复间隔作为变量进行运动强度更高的训练。

提高经济性的训练模式示例

为了让训练多样化并尽量提升训练效果，用于提高经济性的训练模式包括在艰苦训练日里进行 3 种不同的训练。我们假定长时间训练课安

排在周末，因为大多数人在周六或周日会有更多时间可用。本示例将其安排在周日；如果你的长时间训练课安排在周六，则将所有内容依次向前移一天。由于各运动项目存在差异，本示例中的时间范围很大。请参见你感兴趣的运动项目的相应内容了解更多的训练方案。

- 艰苦训练日（周日）：在 60% ~ 75% MHR 区间内进行 60 ~ 90 分钟 LSD 训练。
- 轻松训练日（周一和周五）：在 65% ~ 70% MHR 区间内进行 20 ~ 30 分钟轻松恢复性运动。
- 艰苦训练日（周二）：在 70% ~ 95% MHR 区间内进行 30 分钟心特莱克训练。
- 休息日（周三）：休息。
- 艰苦训练日（周四）：12×400 米，90% ~ 95% MHR，配合休息间隔，使心率低于 70% MHR。
- 中等强度训练日（周六）：在 75% ~ 80% MHR 区间内进行 20 ~ 30 分钟中等强度的稳态运动。

在较高的运动强度下进行训练需要特别注意恢复日的安排。任何人都可以进行刻苦训练，但是聪明的运动员也知道何时应该放松。在轻松的恢复间隔中保持足够慢的速度是一项挑战，运动员需要自律。几乎每个我们认识的运动员都抱怨很难做到足够慢，以保持在如此低的恢复心率区间内。但是，如果没有完全恢复，你可能很快就会因过度训练而生病或者受伤。

令人意想不到的是，运动员还需要非常自律地避免在间歇训练的第一部分速度太快。在刚开始训练时，你会感到新鲜又兴奋（就像在比赛当天一样），很容易养成出发太快并因此用力过猛的坏习惯。你是否有过起步太快的经历？我们大多数人都有过。毕竟，谁不想在感觉良好时将配速提高到 95% 或以上呢？

当你起步得太快时，你很快就会体会前快后慢跑法的挫败感。前快后慢跑法是指比赛后半段或最后 1/4 赛段的速度慢于第一部分赛段的速度。勉强完成比赛只是因为你起步太快，这不仅令人尴尬，还令人非常沮丧。如果你为自己感到难过，很容易就会放弃比赛并且跑得更慢。

不幸的是，间歇训练恰恰提供了这种诱惑。你需要意识到，间歇训练旨在模拟比赛条件。你需要在训练中做到需要在比赛中做的事情：开始时要有所保留。开始时采用较慢的速度没有任何问题，这只是意味着你将有能量用于最后加速。

为此，预期在整个训练的前 1/3 或 1/4 结束时仅达到目标心率区间的下限。在继续进行训练时，达到上限应该不会有太大的困难。但务必不要超过它，否则会使训练太像真正的速度比赛，并可能导致你过早达到速度峰值。我们将在第 7 章介绍这种训练强度。

确保一开始的速度不要太快，并在训练分段内创建子分段，以便你可以从分段的中间开始衡量自己的配速（而不是仅在结束时衡量）。例如，假设你用 3 分 30 秒做 800 米重复跑，你可以进一步把它分成 200 米和 400 米的子分段。400 米子分段用时 1 分 45 秒，而 200 米子分段用时 52 ～ 53 秒。如果用 46 秒完成前 200 米，则可以立即调整速度，而无须在最后 200 ～ 300 米才进行调整。

此时，体能水平已经提高到竞赛水平，你的个人纪录应该会稳定提高。你已将体力负荷提高到了 95% MHR，并且已成功完成这些运动挑战。避免因过度训练而受伤或患病的关键是在恢复训练日中进行轻松、缓慢、低强度的训练，其有氧程度很高，你的心率会低于 70% MHR。公开课运动员的训练标准是每个艰苦训练日搭配一个恢复训练日。对于年龄较大或天资平庸的运动员来说，明智的做法是连续安排 2 ～ 3 个轻松训练日。

在第 7 章中，你将学到一些技巧和科学知识，它们能帮助你在赛季末达到巅峰状态和实现冠军级表现。这些训练要求在训练过程中以及每次训练之间安排较长时间的恢复期。

第 7 章

提高速度和增强爆发力

速度为王！你即将进入第 4 个也是最后一个训练阶段。你将要进行使你的身体能力达到巅峰的训练。你将跑出个人的最佳成绩。为此，你需要加深对速度的理解，我们还要介绍其"近亲"：爆发力。

速度训练至关重要，如果不接受这种训练，你永远也不能跑得更快。你想跑得更快吗？很简单，你必须练习跑得更快！如果你在训练时只是以每英里用时 10 分钟的配速跑 5 千米，那么你将非常擅长按每英里用时 10 分钟的配速来跑。如果你想以每英里用时 9 分 30 秒的配速来跑，那么在某个时候，你将必须以该速度或更快的速度来训练。到目前为止，你已经建立了良好的有氧运动基础，花了一些时间以较高强度的运动刺激无氧代谢并提高无氧阈，并且应该完成了 16 ～ 20 周的正规训练。这些成就很重要，因为它们为速度阶段的训练打下了基础，速度阶段的训练要求高速执行高强度的肌肉收缩，并且肌肉的压力明显增大。这个基础将让你获得可观的回报，因为它可以提高踢腿速度、经济性和效率。好的运动表现的关键就是快，为了在比赛中快，你必须在练习中快，现在你已经为这种练习做好准备了。

在第 5 章中，我们建议目标区间低于 75% MHR 以提升初始耐力，75% ～ 80% MHR 的目标区间可增强耐力，而 65% ～ 70% MHR（甚至是 60% ～ 65% MHR）的目标区间可维持耐力。耐力训练为高强度运动打下了基础，并帮助身体在运动后恢复。第 6 章讨论了在无氧阈训练中，通过提高 75% ～ 85% 的负荷来提升体力；还介绍了如何通过超过无氧阈（85% ～ 95% MHR）的足够艰苦的训练来提高经济性，从而大幅提高配速。在逐步引导你完成前 3 个阶段的训练之后，我们现在开始讨论以 95% ～ 100% MHR 发展的体能的组成部分：速度和爆发力。

术语"速度"和"爆发力"通常可以互换使用，但实际上它们有很大的区别。有时令人困惑的是，速度训练和爆发力训练使用相同的心率区间：95% ～ 100% MHR。但是，速度训练可以低于 95% MHR；而爆发力训练仅限于 95% ～ 100% MHR 的区间，简单地说就是极量运动。爆发力训练包括爆发性运动，需要全力以赴，而速度可以在一系列次极量心率区间内提高。换句话说，爆发力训练会以更高的强度（最大强度）进行。举一个简单的例子：以 400 米为一次重复的间歇训练是速度训练，而 40 米冲刺则是爆发力训练。许多运动员会在同一节训练课中进行爆发力训练和速度训练。本章后面将提供这类训练方案的示例。

有趣的一点是，爆发力训练有助于提高速度，但相反的情况不太可能发生——速度训练不一定对发展爆发力有所帮助。对于耐力型运动员来说，速度比爆发力更重要。要在耐力比赛中获胜，关键是平均速度快，而不是具有较强的间歇性的多轮爆发力。速度训练可以是有氧的和无氧的，爆发力训练几乎完全是无氧的。了解两者之间的区别有助于确保你恰当地设计训练计划。

本章会介绍如何提高速度和增强爆发力，因为这样做可以使你在比赛全程以更快的平均速度跑步、骑行或赛艇。为了辨清两者之间的区别，你可以假定爆发力训练需要少于 10 秒的全力以赴，而速度训练则可能需要持续 10 秒至 10 分钟，具体取决于赛事的比赛配速。你可以回想一下前文的 400 米间歇训练和 40 米冲刺的例子。

这里可能有一个容易混淆的领域，它与在爆发力训练和速度训练中看到的心率反应有关。有意思的是，这两种训练方式虽然有所不同，但通常会产生相同的结果——这两种训练方式在每轮运动结束时的心率是相同的。不同之处在于，在爆发力训练中，心率反应更快；而在速度训练中，心率会在整个运动过程中逐渐上升，直到最后才达到最高值。

在这两种训练方式中，你可能都需要重复几次才能达到真实的 MHR。例如，如果今天的训练是仅持续 10 秒的冲刺上坡，那么你可能必须进行几次冲刺才能达到真实的 MHR。在爆发力训练的一次重复结束时，即时心率可能会低得出乎意料。对这种现象的解释是，冲刺类型的运动会在短时间内发生，并且在心率跟上所产生的大额氧债之前就结束了。因此，在恢复间隔开始时，你必须不断观察心率监测器，以查看心率峰值有多高。即使在那个时候，心率仍可能没有进入95% ～ 100% MHR 区间。如果是这样，你无须担心；只需确保仍然将每一分钟都完全花在恢复上，直到心率降至 60% MHR 以下，并且在继续进行爆发力训练的过程中竭尽全力。

爆发力与在一段时间内做功的能力有关，也与可以多快产生作用力有关，或者用健身术语来说，与加速并启动"后燃器"有关。爆发力越强的人可以越快地完成运动。尽管爆发力不是耐力训练的主要组成部分，但它是必需的。自行车运动员在爬坡、向终点冲刺或在追逐赛中尝试摆脱对手时都需要爆发力。跑步运动员在最后冲线时或在上坡路段保持速度时都需要爆发力。因此，你的训练计划应包括爆发力训练。这就是为什么我们将其作为最后一个阶段。

请记住，训练可以反映出你在比赛中的心率反应。你在开始训练时精力充沛，会觉得训练很轻松，因此心率可能会出乎意料地低于预期。你可能觉得呼吸有点儿困难，但是心率在训练初段、短时重复结束时，或在这两种情况下都可能会低于预期。

在提供训练计划示例之前，我们来了解一下重要的背景知识。不同类型的训练会以不同方式影响肌肉。有些类型的运动会形成肌肉（合成代谢）；另一些类型的运动会分解肌肉和脂肪（分解代谢）；某些类型的运动会引起合成代谢和分解代谢反应的组合。因此，在最初开始执行训练计划时，你会看到肌肉形成和脂肪分解。但是，即使在低强度下运动，也可能会出现肌肉分解的情况。例如，马拉松和铁人三项运动员以 75% ～ 80% MHR 的中等强度进行长距离慢跑耐力训练，如果拉长训练时间可能会导致肌肉分解，因此他们必须仔细监测心率。实际上，这些项目的运动员往往体重较轻，这是因为他们的体脂量少，肌肉量也少。

总而言之，达到或低于无氧阈的训练被认为会在最初对肌肉起合成代谢作用。因此，它的风险不是很大。（但是，即使经济性训练的强度达到 85% ～ 95% MHR，也会对肌肉起分解代谢作用，尤其是在训练课时间超过 60 分钟的情况下。）在 95% ～ 100% MHR 区间内的速度和爆发力训练（体能的最后一个类别）会使身体更加辛苦，你必须谨慎地使适当的休息和营养保持平衡。这就是一周可以慢跑 6 ～ 7 天，但应仅安排 1 天或 2 天的速度和爆发力训练的原因之一。这个级别的训练才能充分发展冲刺速度和乳酸耐受性，两者都是帮助你获得最佳运动表现的必要条件。当你在冠军赛季结束前的最后几周增加速度和爆发力训练时，你肯定会有肌肉在燃烧的感觉。

速度和爆发力训练的生理适应

进入速度和爆发力训练阶段在某种程度上说明你已准备好战斗了。你已经经历了操练和建立基础的艰苦，现在你需要做的是微调发动机，然后开动，但还需要多一点儿耐性。从阶段 I 到阶段 III 的整个过程中，你的速度一直在稳步提高，这是可控、可管理的，最重要的是安全的。在最后这个阶段，你需要全速前进，只有确信自己在前面各个阶段已经适当发展了体能，才应该进入此阶段。稍后，我们将详细介绍如何评估自己是否已经准备就绪。现在，让我们看一下这个阶段的生理调整和适应，配合前 3 个阶段的基础训练，共同创造出运行良好的机器，并在高能量速度下慢转，同时保持完美的结构和机能。

阶段 I 和阶段 II 主要创造心肺适应；阶段 III 创造了更多的生化适应，还有其他心血管适应；阶段 IV 将继续发展这些生化适应，以增强心血管和呼吸系统，并最终增强整体体能和提升运动表现。以下是可以预期的适应。

- 在高强度训练后更快恢复。
- 加速能力增强、最高速度明显提高。
- 肌肉的生物化学性能得到改善，可实现更强的耐受性并清除更多的代谢废物（如乳酸）。
- 改善神经功能，以及快缩型肌纤维和慢缩型肌纤维的募集。
- 提高能量产生率并增加糖原的储存。
- 改进力学和结构。
- 提高灵活性和柔韧性，可以更快地在更大范围中移动。
- 因高强度训练和募集更多快缩型肌纤维而使力量略有增强。
- 因总训练量减少而改善情绪状态。
- 因总训练量减少而使肌肉酸痛减轻。
- 通气功能改善，在极量运动时可获得更高的通气率。
- 运动表现有所提升。

我们还会有一种适应，这是更偏向于心理方面的适应。在阶段 IV

中，由于反复进行高强度的极量训练，你的意志力可能会进一步增强。正如身体学会忍受更高水平的乳酸含量一样，当所有的肌肉都在"哭着喊着"要缓解压力时，大脑也将学会告诉身体放松，继续运动，不要放弃。即使在接近终点线时速度可能会变慢，但速度和爆发力训练仍可帮助你学会避免在加倍努力时肌肉变僵。这可能被称为"垂死挣扎的艺术"，在肌肉已绷紧时，你要以尽可能慢的速度优雅地慢下来。有时我们会说："是的，就算你要爬，你也必须比别人爬得更快。"速度训练不仅可以帮助你提高速度，还可以帮助你在更长的时间里保持高速。接受速度和爆发力训练，你将会有极坚韧的意志。

总而言之，这些最终的适应将使你进入最佳状态。此时，你将享受训练并清楚地看到自己的训练结果。你的身体会变得结实；你会显得精瘦，移动快速（希望如此）；配合适当的营养摄入即可实现你的目标。

速度和爆发力发展

你必须在向顶峰进军的过程中放慢进度，以免受伤。你的心理健康可能取决于保持身体健康，并避免去训练室或运动医学诊所看医生。这就是为什么我们建议你在训练的所有阶段都要循序渐进。在这些有一定风险的训练级别上，挑战就是仔细组合较高的训练强度与较小的训练量，同时在训练中以及两次速度和爆发力训练之间安排尽量长的恢复间隔。

这使我们回到了本书中最重要的概念——体力负荷就是答案，并且你可以使用心率监测器有效地衡量体力负荷。当然，学会衡量自己的配速是一项重要技能，也是训练带来的一项真正的好处。准确衡量体力负荷的难易程度以及恢复期的质量是保证身体产生所追求适应的最佳方法。

你可以选择训练所使用的运动配速或速率，但只有通过测量训练有多辛苦或多轻松，你才可以知道自己是否做出了正确的选择。这是你想从心率监测器中获得的反馈。它总是试图帮助你回答至关重要的"如何符合'我'的个性化需求？"的问题。

为了帮助你理解这一点，并说明监测体力负荷的意义，最佳方法是提供真实训练的典型示例，示例中的运动员使用速度训练来增强整体耐力。我们的示例综合了本书的所有概念，因此你会对后续内容提供的训练计划示例有所预期。我们提供了一个跑步的示例和一个骑自行车的示例，两者均详细解释了其策略及计划的形成。

我们的第一个示例是以提高整体速度为目的的训练课。训练方案包括速度和爆发力两个方面。表7.1列出了分别针对速度和爆发力的训练。为跑步示例选择的分段时间针对的是目前可以用5分30秒跑完1英里的中等距离的跑步运动员。

这个高强度的间歇训练在每次重复之后提供了足够的恢复时间，以平衡快速、艰苦的负荷。它仅要求完成3 300米的距离，但安排了很多时间进行强度很低的活动，如慢跑或步行，以确保清除氧债和乳酸堆积。（随着跑步运动员的体能水平提高，速度加快，可以添加其他训练内容。）分段时间应足够短，使状态正常的跑步运动员用5分30秒跑完1英里后的心率可以上升到95% MHR或以上。如果配速太慢而无法将跑步运动员的心率提高到95% MHR或以上，跑步运动员可以跑得更快一点儿，但是我们不建议在未达到所需的恢复间隔目标心率的情况下开始下一次重复。

在此间歇训练课中，速度随着距离的缩短而提高。当距离缩短到75米，然后又缩短到40米时，跑步运动员都要以最大冲刺速度进行，以发展爆发力。800米和400米的训练则不需要跑步运动员使用最快跑步速度完成，因为他无法全程都保持这种配速。现在，我们希望你已理解速度和爆发力训练之间的区别。我们的第二个示例也是一个速度和爆发力训练的组合，专为我们愿意刻苦训练的对象兰切塔设计。如前所述，兰切塔是一位女性自行车运动员，很幸运，她住在山地国家。她的训练方案如表7.2所示。与跑步和越野滑雪运动员一样，自行车运动员也可以用相同的训练内容发展速度和爆发力，因为他们也要爬坡。

表 7.1　中距离跑步运动员的速度和爆发力训练示例

训练内容	分段时间 *	休息间隔（%MHR）	重点	%MHR**
热身	10:00			<75
2×800 米	2:30	<65	速度	>95
3×400 米	0:65	<65	速度	>95
4×75 米	全力负荷	<60	爆发力	>95
5×40 米	全力负荷	<60	爆发力	>95
放松	5:00			<75

* 分段时间：为计时器上显示的时长（分：秒）。
** 心率超过95% MHR后可能会一直上升到100% MHR。速度训练和爆发力训练都可能发生这种情况。

训练内容	分段时间	休息间隔（% MHR）	重点	% MHR
热身	10 英里，速度 14 英里 / 时			<70
6×4:00 爬坡	4:00	4:00 ~ 5:00 <60	速度	95 ~ 100
放松	10 英里			<70

表 7.2　自行车运动员的速度和爆发力训练示例 *

* 对象是一名 39 岁的女性自行车运动员。

4:00 与 5:00 为计时器上显示的时长 4 分钟、5 分钟。

关键数据

　MHR：181 bpm

　95% ~ 100% MHR = 172 ~ 181 bpm

　<60% MHR： < 109 bpm

在本例中，兰切塔会在最大体力负荷下用力快速地骑行非常短的距离，然后用教练口中所谓的"假期"（即休息时间很长，甚至休息一天）来恢复。在休息间隔内，由于她在每次重复中越来越接近几乎要摔下自行车的疲劳程度，因此她的心率需要更长时间才能恢复到 60% MHR，其训练方案如下。

6×4 分钟，心率区间为 172 ~ 181 bpm，不指定恢复时间，用非常慢且轻松的蹬踏和滑行使心率恢复到 109 bpm 以下

这种方法的好处是，它允许兰切塔客观地监测自己的恢复情况。随着她需要更长的时间才能从越来越困难的爬坡中恢复过来，她的心率将下降得更慢，休息间隔将变得更长，这是监测正确变量的另一个好处。请记住，要求运动员在没有充分休息的情况下重复速度或爆发力训练只会减弱刺激，因为重复是在较慢速度下进行的。

短跑运动员的训练方案与兰切塔的训练方案之间的主要区别在于，前者使用最大爆发力（40 米和 75 米冲刺）来发展速度和爆发力；后者则使用次最大速度（而不是最大爆发力），其目标更偏向于发展速度，而不是爆发力。同样，如果我们回过头去用时间参数来指导爆发力与速度训练课，你会发现自行车训练可以持续几分钟，而不是几秒。这两种方法在不同的方面体现出其价值。使用哪一种方法通常取决于个人在最大体力负荷下以最大速度运动的舒适度和安全性。

埃德温·摩西（Edwin Moses）：早期的心率监测先锋

这是使用心率监测器来确定训练中的给定值和变量的一个例子。这是一个很好的真实的例子，说明了基于体力负荷的训练如何为埃德温·摩西带来回报。他可以称得上是世界上有史以来最伟大的400米栏运动员。在1976年和1984年的奥运会上，埃德温·摩西均赢得了奥运会金牌，同时保持了无人逾越的122场比赛连胜战绩。他对客观性和数字具有极大的兴趣，他也根据心率监测调整训练方案，就像我们所认识的其他人一样。

当20世纪80年代初出现遥测式胸带心率监测器时，摩西就佩戴着心率监测器强迫自己进行几乎每个短跑运动员都不擅长的训练：耐力和体力训练。具体来说，他在皮埃蒙特公园（Piedmont Park）的草地和斜坡上进行节奏跑，以此作为无氧阈训练；他将心率保持在其AT区间进行越野式连续训练；在春夏的田径赛季中，他改为监测在跑道上进行两次速度训练之间的恢复间隔。在他的心率完全恢复到低于60% MHR之前，他都不会开始重复下一次速度或爆发力训练或者跨栏冲刺。

在田径赛事里较难的这个项目中，摩西除了获得奥运会金牌和取得122场连胜之外，还4次打破400米栏的世界纪录。了解了这些，你一定已经爱上了那些工程师和他们发明的心率监测器。

聪明的运动员会一直监测心率。你需要了解多种可用于提高体能水平和提升比赛表现的方法。接下来，我们将专门研究提高速度和增强爆发力的技巧。

过渡到速度和爆发力训练

在进行高强度训练之前，你必须问自己一个重要的问题：我准备好进行间歇训练或高强度训练了吗？在大多数情况下，运动员必须先达到良好的体能状态，然后才能进行高强度训练。对于跑步、越野滑雪、赛艇和其他耐力项目的运动员来说，一个简单的指导原则是对自己尽全力完成约5 000米距离的活动进行计时。在这个过程中，你要注意1 000米分段时间。如果最后的1 000米分段与第一个1 000米分段的时间大致相同，那么你就可以进行高强度训练了；如果变化幅度超过 3% 或 4%，则需要进行更多的持续稳定的耐力训练。相同逻辑（即第一英里的分段时间与最后一英里的分段时间相近）对自行车运动员也适用，但他们需要骑行更长的距离，大约要在平地上骑行 16 000 米。对于游泳运动员来说，合适的距离是 1 600 米，同时要监测第一个 200 米和最后一个 200 米的分段时间。

发展速度和爆发力的训练技巧

过渡到高强度训练对于提升比赛表现至关重要。有几种训练方法可以帮助你实现目标，包括用于建立有氧基础的连续长距离训练，过渡到无氧训练的稳态节奏训练，以及针对比赛速度和 AT 变化的经济性训练。要提高速度和增强爆发力，就需要提高 AT 和运动速度。速度训练可以采取以下多种形式。

- 高强度连续运动（通常称为"配速跑"）。
- 不同强度负荷的间歇训练，达到 80% ～ 175% 的最大有氧速度（即你可以维持约 3 分钟的最大速度）。
- 上述两种形式的组合。

间歇训练和高强度连续运动都需要运动员在超过 AT 后坚持运动指定的时间。为此，你需要用一段时间来反复测试才能确定正确的运动强度（例如第 6 章中兰切塔的训练课）。尽管心率是反映运动强度的最佳指标，但有时必须将心率与速度和配速结合使用。

在非常高的运动强度下，你监测并使用心率作为指导的能力会被削弱，因为你会在超过最大有氧运动速度的一系列强度范围内引起 MHR 反应。由于体力负荷非常大，心率反应也会延迟。运动员（尤其是自行车、跑步、游泳和赛艇项目的运动员）可以很容易地利用速度（每英里或千米的分钟数，或每小时的英里或千米数）作为替代度量。许多手表、计算机和 GPS 都可以实时监测速度。对于通常以达到或高于比赛配速进行的间歇训练，你很快就会发现在多个水平的规定训练内容中，心率都会达到 MHR。如前所述，心率反应通常会延迟，并且无法提供足够的信息来让你准确地确定运动强度。因此，对于极量运动和接近极量运动的训练内容（速度和爆发力训练），你应该同时使用速度和心率来监测运动强度。你还可以使用心率来监测恢复间隔并确定是否准备好进行下一项训练。

　　现在，你已经熟悉如何使用心率来监测运动强度。使用速度监测运动强度时，你需要注意完成的距离及完成该距离所花的时间。你可以使用时间分割方法来监测运动强度。例如，假设你是越野滑雪运动员，对于相当平坦的 5 千米距离，目标时间应少于 21 分钟。

自行车运动员在难以从心率监测器中获取准确读数的高强度运动中可以测量速度或功率（瓦），而不是心率。

　　我们将其分为 5 个 1 千米的分段。你必须以平均每千米用时 4 分 12 秒的速度完成。以 4 分 12 秒为目标时间，你可以在此目标时间或更短的时间内完成 1 千米的训练，这可以让你达到所需的速度。这是一个使用速度而不是心率来确定运动强度的例子。然后，你可以使用心率来指导恢复。

高强度连续运动

　　发展速度的第一种方法是高强度连续运动（HICE）。这种训练类似于节奏训练。但是，节奏训练要求保持体力负荷和心率恒定，同时减慢后半部分的配速；HICE 则不然，它保持配速不变，并使心率升高，直至达到 MHR。简而言之，HICE 就像计时测试，甚至像比赛一样。

一次 HICE 需要持续 20 分钟或更长时间（具体取决于运动项目），并且其强度水平远高于 AT，例如以 90% ~ 95% MHR 的强度开始，结束时则接近 100% MHR。训练课持续的时间长短因运动项目而异，并且还取决于强度水平。自行车运动员似乎能够比跑步运动员在极量水平坚持更长的时间，而赛艇和游泳运动员的数据则落后于跑步运动员。我们不确定为什么会这样，但这可能与赛艇和游泳运动所要求的技能更复杂有关。所规定的强度水平应使你在疲劳或疲惫发生之前完成训练课。因此，HICE 使用的距离通常会短于比赛距离，因为其强度水平更高。HICE 模拟比赛的节奏和体力负荷，但要求速度更快。它还可以让你巩固正确的姿势，因为在开始感到疲劳时，你要尝试保持正确的姿势。运动员经常犯的一个错误是，在 HICE 训练课中的速度太快，以致持续时间太短。

在确定 HICE 训练内容的强度和持续时间时，我们喜欢使用三分法思路。在第一个 1/3 中，你应该比较舒适，以至于你可能对自己说："我其实可以跑得更快"。在第二个 1/3 中，你应该开始感到疲劳和考虑保持姿势，且疼痛还在可忍受的程度。在最后一个 1/3 中，你只是在坚持，试图阻止自己崩溃。选择配速是非常重要的，因为每种配速所引起的反应在跑步结束和开始时截然不同。对于普通人来说，每周安排一节 HICE 训练课就足够了。

下面是一节 HICE 训练课示例。假设一名男性跑步运动员的目标是在 50 分钟内跑完 10 千米（大约为每千米用时 5 分钟）。我们可以合理假设他可以在 25 分钟内跑完 5 千米。但是，由于 5 千米短得多，因此其总体强度较低。如果这名跑步运动员要完成超过 5 千米的 HICE 训练课，他可能会将 5 千米的目标时间改为 23 分 45 秒，从而将 1 英里分段时间缩短为 7 分 38 秒。

乳酸大辩论

在运动表现和训练领域，也许没有其他变量会像乳酸一样得到那么多负面的评价。乳酸是造成疲劳、力竭、肌肉酸痛、肌肉损伤、训练过度等的罪魁祸首。但它真的那么糟糕吗？它值得这么多关注吗？

　　高水平的教练和运动员普遍使用血乳酸分析来监测训练的质量和数量。乳酸测量需要知道运动员的乳酸阈（LT），它通常被定义为一个运动强度，高于此强度时，乳酸就会明显堆积。为什么知道这个指标很重要？从理论上讲，如果乳酸浓度不断增加，那么运动员保持高水平表现的时间就非常有限，因为乳酸浓度最终会变得很高，会影响能量的产生和肌肉的动作。该理论基于一个观点，即乳酸浓度会限制能量产生和肌肉动作。

　　运动员的乳酸峰值浓度差异极大，这取决于他们的训练状态、肌纤维组成，甚至饮食。有些运动员产生的乳酸峰值浓度为16～17 mmol/L，而有些运动员产生的乳酸峰值浓度为11～12 mmol/L。显然，这种反应存在很大的个体差异。如果要完全使用乳酸监测，则必须独立于标准指南来进行个体分析。不幸的是，无论个体差异或测量结果如何，人们普遍将4 mmol/L作为LT。此外，运动员的静息乳酸值从0.9 mmol/L到2.9 mmol/L不等，因此达到4 mmol/L的乳酸反应量也存在很大的个体差异。17岁以下运动员的乳酸数据准确性更低。

　　乳酸测量已经变得相对容易和廉价。但是，缺乏精度和准确性是大多数教练进行的乳酸测量的主要缺点。对血液量、汗液污染、空气暴露时间和运动员休息时间缺乏控制都会导致乳酸数据不一致和不准确。最好在实验室条件下进行初始分析，因为在实验室中可以更好地控制大多数变量。

　　那么监测乳酸是否值得？值得，也不值得。如果你确定能获得良好的数据，就值得；否则，答案就是否定的。我们在17岁以下运动员中收集的大多数乳酸数据均不一致，并且从中获取的信息极为有限。另外，乳酸数据能反映什么？

　　我们在佛蒙特大学完成了一项研究，研究内容是在主动恢复和被动恢复两种条件下观测连续几轮训练的爆发力产生情况。我们还在连续6轮训练中监测乳酸。主动恢复可产生更大的爆发力输出，但两种条件下的乳酸并没有差异，这表明仅仅是高浓度的乳酸本身并不能导致疲劳。那么这对训练有什么影响？

　　有些科学家断言，达到LT时的速度是运动表现的最准确的预测指标。如果是这样，则有两种可能的情况。第一种情况是，乳酸峰值浓度低的人也许能够在达到LT（以4 mmol/L为标准）之前更快地移动。第二种情况是，乳酸峰值浓度高的人在达到LT时也许能够移动得更快，因为他们可以承受更高的 LT。这看来很矛盾。然而，矛盾源于认为所有运动员的 LT 均为 4 mmol/L。这可能是不正确的。其实每个运动员的 LT 都不一样，需要使用其他生理指标（如通气量和二氧化碳生成量）科学地确定 LT。必须综合考虑这些因素以确定真正的 LT，然后才可以依靠乳酸测量。即使这样，将乳酸作为监测运动强度的唯一指标也是不明智的。

乳酸始终会产生，即使在高度有氧的低强度条件下也是如此。爆发力型运动员产生乳酸的能力各不相同，而且与有氧运动员相比，他们更有可能产生更多的乳酸，这是因为其快缩型肌纤维的收缩更强。但是，这并不意味着他们可以在给定的乳酸浓度下运动更长时间。乳酸受许多因素影响，包括饮食、温度、休息状态和海拔高度。如果要使用乳酸监测强度，请与其他生理指标（如心率、主观疲劳感、工作率和摄氧量）结合，并以尽量可控的方式进行测量。例如，如果两节训练课的热身时间相差 2 分钟，并且测量时间也相差 2 分钟，那么乳酸值肯定会不一样。这将提供不正确的结果，可能会造成误导。

运动员完成 10 千米和 5 千米时的最终心率可能是相同的——都是 MHR，但会在 23 分 45 秒之后达到，而不是在 50 分钟之后达到。如果理解了这个逻辑，你就可以按自己需要的时间长度组织 HICE 训练课。

再举一个例子，有人想在不到 2 小时 10 分钟的时间内完成半程马拉松。这样一来，每英里的分段配速约为 9 分 55 秒。HICE 训练课可以设计为 7 英里，每英里的分段配速约为 9 分 30 秒，甚至可达每英里 9 分 15 秒。同样，在半程马拉松和 7 英里结束时，心率都将达到 MHR。

下面是赛艇运动员的例子。假设赛艇运动员将 10 千米的目标定为 40 分钟。赛艇运动员通常使用 500 米分段时间，那么，500 米分段时间约为 2 分钟。这意味着赛艇运动员可以在 20 分钟内轻松完成 5 千米。但是在设定 HICE 目标时，500 米分段时间可能会缩短为 1 分 52 秒，从而将赛艇运动员的 5 千米时间缩短为 18 分 40 秒。同样，在完成 10 千米和 5 千米时，都要求达到最大体力负荷，最终心率都会达到 MHR，但是它们是在两种不同的条件下进行的。

因此，我们可以看到，HICE 是引入速度训练和高强度训练的好方法。但是，它对于发展爆发力的效果不佳；为此，我们将转向间歇训练。

间歇训练

在间歇训练中，你要花费不同的时间超过 AT，但通常整体强度会高得多。实际上，训练速度始终明显高于比赛速度，因为它的持续时间较短。这与 HICE 非常相似，只是间歇训练通常以更高的速度进行，更重要的是，它包括恢复活动或达到较低目标心率的时间。

回顾一下中距离跑步运动员的速度和爆发力表（表 7.1），这就是一个间歇训练的示例。间歇训练与 HICE 的不同之处在于，间歇训练不是在规定的时间或距离内连续运动，而是包括由恢复间隔分隔开的一系列训练内容。其中运动与休息时间的比例是可变的，可以进行相应的调整，允许在一节训练课中增减训练内容。再回顾一下兰切塔和埃德温·摩西的例子，他们是以心率作为恢复指导的示例。在这些例子中，我们使用了 60% MHR 作为该运动员已恢复的指标。教练经常使用时间和心率来指导恢复；心率是恢复的最低标准，而间隔的持续时间可确保恢复。例如，教练可能会以心率降至 60% MHR 以下所需的时间，及他认为可以确保完全恢复的间隔时间来指导恢复。

如果不安排这段额外的休息时间，有些人的技术动作可能会变形。此外，如果你的技术动作变形，那么教练会发现另外一个问题——你无法在更高的工作率下维持良好的姿势。（游泳运动员已经成功使用这种训练方法多年。）时间长度不一的重复可以产生更好的效果，因为这样做可以帮助你评估体力负荷、配速和策略，同时还可以帮助你集中精神应对不同的情况。

请记住，间歇训练要求的速度要高于比赛速度，你必须策略性地安排训练内容。速度的提高是间歇训练的核心，因为训练速度快于比赛速度，所花费的时间少于实际比赛的时间，因此你也许有应付比赛的能力（再次回顾兰切塔的例子）。

表 7.3 显示了某男性跑步运动员的实验室数据。该示例说明了如何使用收集到的生理数据来设计适当的高强度训练。

表 7.3　男性跑步运动员的生理数据	
年龄	41
体重	71 千克
身高	170 厘米
MHR 预测值（220 - 年龄）	179 bpm
真实 MHR	182 bpm
% 最大 AT	80%
$\dot{V}O_{2max}$	58 ml · kg^{-1} · min^{-1}
在 AT 处的心率	163 bpm
在 AT 处的 $\dot{V}O_2$	47 ml · kg^{-1} · min^{-1}
400 米分段时间上限	58 秒
在 AT 处的 1 英里配速	7 分 45 秒
5 千米最佳时间	20 分 46 秒

　　该运动员的 AT 出现在心率大约为 163 bpm 或用 7 分 45 秒跑完 1 英里时。（如果你无法科学地测量 AT，可以使用一个简单的方法，就是进行对话测试。当对话出现问题时，或者你变得安静时，AT 将出现了。）我们可以使用这些数字来制订阈值训练。随着为训练效率选择的心率增加，训练内容所需的时间通常会减少。或者，跑步运动员可以以每英里低于163 bpm 的强度跑 60 分钟以上。无论如何，我们都知道对于这位运动员来说，有效的速度和阈值训练必须以大于 163 bpm 的强度进行，并且 1 英里分段时间必须少于 7 分 45 秒。

　　在 HICE 中，即使速度相同，心率也会在整个训练过程中缓慢上升，这种现象称为 *心血管漂流* 或 *心脏蠕变*。在大多数情况下，这是由体温升高引起的。我们可以通过定期补液来消除这一现象（第 2 章对此进行了讨论）。因此，我们可能必须通过调整训练强度以补偿心血管漂流，这很容易，只需稍微降低训练强度即可。对于持续时间较短的连续运动训练，我们必须增大训练强度。例如，如果训练只有 20 分钟，则示例中的运动员可能会选择从 170 bpm 或更高的心率开始。请记住，在HICE 中，运动员应在训练结束时达到最大体力负荷。

何时开始间歇训练或 HICE

　　进行间歇训练和 HICE 需要扎实的有氧基础，运动员通常需要通过12 ～ 16 周的训练来建立有氧基础。通常，运动员会将休赛期或冬季的时间用于建立扎实的有氧基础。由于高强度训练的要求更高，因此运动员有必要减少训练量，并且执行递减式训练计划。实际上，许多成功的运动员使用间歇训练作为其递减式训练计划的一部分，并且大量科学研究已经证实了仅使用高强度、低训练量的递减式训练计划的有效性。因此，运动员应严肃对待高强度训练，并在比赛前的 8 ～ 10 周内进行这些训练。这些训练的成功还需要一定程度的代谢酶适应，与基本的肌肉骨骼适应相比，人体只需要更少的时间就可以对增大的强度产生代谢酶适应。间歇训练或 HICE 的目标是模拟比赛的强度和精神状态。如果我们将之前的例子放入为期 24 周的训练计划中，训练安排如下。

- 16 周低强度稳态训练：每周进行 5 天，以建立有氧基础。
- 4 周：4 个稳态训练日和 1 个 HICE 训练日。
- 4 周：3 个稳态训练日，1 个 HICE 训练日，以及 1 个间歇训练日。

发展速度和爆发力的训练模式

刚开始进行高强度训练时，每周应该只安排 1 节训练课，持续 3 ～ 4 周，以实现对新速度的适应。然后每周安排 2 节训练课，中间至少隔 3 天。通常每周 2 次这样的训练对于任何级别的运动员都是足够的，并且训练强度升级的形式可以是缩短休息间隔或使用更快的训练速度。

当编排训练计划时，你就会发现训练类型的数量通常比一周中可用于训练的天数更多。我们通常建议，当每周训练 5 天能够达到满意的体能水平时，你应该将 3 天用于稳定的耐力训练，2 天于速度训练。其结果可能是在 5 天的训练周期中，有一个间歇训练日和一个 HICE 训练日。年龄较大的运动员会发现，如果每周的高强度训练超过 2 次，就很难有足够的时间用于恢复。

高强度训练之间的恢复

经常有人提出这样的问题：两次训练课之间需要多长的恢复时间？自然，这取决于训练强度、体能水平、一天是否有多节训练课、年龄，以及也许是最重要的，饮食习惯。可以说，最重要的进食时间就是运动后即刻，尤其是在进行主要依赖碳水化合物的高强度运动后要立即进食。食物的质量会影响肌肉碳水化合物的补充。一般准则是碳水化合物的补充至少需要 24 小时。因此，不建议连续几天进行艰苦的间歇训练；训练课之间通常隔两天（如周一和周四），这样可以使你充分恢复。年龄较大的运动员在间隔时间的安排上需要更加保守，因为其恢复需要更长的时间。表 7.4 是此训练阶段的每周计划示例。

针对表 7.4 列出的计划，你可以组合进行速度、爆发力和耐力训练。通过安排一天为 HICE 训练日，然后安排另一天为间歇训练日，你就可以同时针对最大速度和次最大速度训练。每周安排两个耐力训练日，你就可以维持来之不易的耐力基础；还要安排一个速度稍有加快的经济性跑步训练，以提醒比赛的配速。像这样平衡好各个方面的计划也可以提供足够的恢复时间，因此你可以在所有训练课中投入适当的体力。你可能会注意到，我们在两次速度训练之后都插入了恢复日，因为这种训练通常需要更长的恢复时间。

表 7.4 结合高强度训练的每周计划示例

训练日	重点	方法
周一	速度	HICE
周二	休息	
周三	耐力	LSD
周四	速度	间歇训练
周五	休息	
周六	经济性	速度训练
周日	耐力	LSD

请记住，在训练期间你需要跑得更快，比赛时才能跑得更快。快速的赛艇、跑步、骑行、游泳等都会产生生理、心理和生物力学方面的负荷。这样的负荷是不舒服的，对于许多运动员而言，这可能是极大的挑战。在较高的训练强度下，呼吸不适、双腿沉重和手臂、胸部灼热都有可能出现。这些都是与比赛时相似的症状。在高于 AT 的强度下花时间练习快速移动，并达到 MHR 和最高的呼吸频率，同时承受体力负荷，这将帮助你为比赛做好准备。完成所有基础工作后，下一步就是进行更

高强度的训练，更好地为比赛做准备。但是，你应该制订适当的计划，并根据自己独特的数据安排训练课。

最后，请仔细考虑并计划间歇训练的恢复时间。恢复时间比运动时间更重要，因为恢复时间可用于调节运动输出的质量。如果休息太少，你很快就会疲劳；休息得太多，就会减少可以引发变化的刺激。任何人都可以使运动员感到疲劳，但并非所有人都能帮助运动员提高速度。

第 3 部分

训练计划

第 8 章

设计有效的训练计划

你准备好自己来设计训练计划了吗？到此阶段，我们已经介绍了准确使用心率监测器所需要的大多数背景知识。在本书的第 3 部分中，我们针对几种运动项目提供了训练计划的示例。但是，为了帮助你充分利用这些计划并优化自己的训练，我们需要讨论精心设计的计划中的每一个必备要素，以及设计训练计划时要考虑的每一个因素。现在，你已经熟悉了相关的运动术语，并且能够组织好既可以产生适当的刺激又保证充分恢复的进度。

训练计划作为日常指导，必须提前数周甚至数月进行规划。你需要考虑许多因素，从频率、时间和持续时间（我们很快会提出更广泛的定义）这些比较简单的要素到能量系统等更复杂的方面，并确保各能量系统得到适当发展，以达到最佳运动表现。回顾第 1 章中的训练金字塔，它阐明了要在其他任何训练之前先培养扎实的有氧（或耐力）基础。训练金字塔表明，培养该基础要花费最多的时间。所有计划都从建立坚实的有氧（或耐力）基础开始，其中包括许多低强度或轻松的运动。然后进入较高强度的阈值训练，最后进入强度很高且速度非常快的速度区域。

还要记住有 4 个训练阶段，分别针对耐力、体力、经济性和速度。这 4 个阶段涵盖了整个能量系统范围：从高度有氧到轻微无氧（经济性），再到高度无氧（爆发力）。训练金字塔强调了依次发展各个系统的重要性。只有建立了适当的有氧（或耐力）基础后，才能发展无氧系统。

建立坚实的有氧基础可能需要 4 ～ 20 周，这取决于运动员最初的体能水平。作为一般规则，我们根据最大摄氧量对有氧体能进行分类，并在第 10 章中的表 10.2 和表 10.3 列出了相关数据。但是，由于大多数人都没有机会使用测得这些数据所需的技术，因此我们提供了一个分类表（见表 8.1），它以 5 千米竞赛时间作为一个比较容易测得的数据。你可以使用该表确定自己的水平属于初级（需要 16 ～ 20 周）、中级（需要 12 ～ 16 周），还是高级（需要 4 ～ 12 周）。

表 8.1 不同级别跑步运动员的 5 千米竞赛时间 *	
级别	时间
初级	>29:30
中级	22:30 ～ 29:29
高级	<22:29

* 时间：为计时器上显示的时长（分：秒）。

现在你已经了解如何制订计划，是时候看看与计划设计相关的其他因素和术语了。

计划设计中要考虑的原则

在继续进行有关训练和心率的讨论时，我们要确保你了解制订训练计划时必须考虑的相关训练概念和变量。心率虽然是一个非常重要的变量，但它仅仅是一种测量工具。为了设计一个好的计划，你还应该了解以下 8 项基本的运动处方原则。

1. 频率。
2. 强度。
3. 持续时间。
4. 运动模式。
5. 超负荷。
6. 特异性。
7. 可逆性。
8. 持续性。

总的来说，这 8 项原则决定了你当前的体能水平。让我们更详细地了解每一项原则。

频率是衡量一周训练多少次的指标。基础体能指南建议每周训练 3 ～ 5 次，但是，频率可能因强度和持续时间之间的相互作用而发生较大的变化。

通常，初级运动员应该每周训练 3 ～ 4 次，隔天安排休息日；中级运动员每周应训练 4 ～ 7 次；高级运动员每周可能训练多达 15 次。竞技级别较高的运动员通常每天进行两次训练，包括一次有氧训练和一次举重训练，或者一快一慢两次训练。最重要的是，几乎所有竞技级别较高的运动员每周都至少训练 7 次。

强度是衡量训练艰苦程度的指标，我们必须对强度进行规划，并且确保其与实际进度相关联。在第 1 章中，我们介绍过强度可以用 MHR 的百分比或 $\dot{V}O_{2max}$ 的百分比来表示。心率是简单、有效的强度指导指标。选择适当的强度可以确保在训练期间产生机体所需的适应。人们经常在训练计划中过早开始强度较大的训练，以致受伤或未能为以后进行更高强度的训练奠定适当的基础。从一开始就确定自己的级别，这将指导你选择正确的强度。

持续时间是训练课、恢复间隔或重复的时间长度。通常，持续时间越长，强度增加的幅度就越大。经过一段时间后，持续时间成为一个强度因素，因为训练期间的疲劳会积累，除非运动员放慢训练的速度或配速。即使这样，持续时间最终仍将成为强度因素。持续时间很重要，因为要经常对其进行调整以确保维持一定的刺激。它还可以决定在运动过程中是否需要补充能量。持续时间和强度关系密切，互相影响。

运动模式是指所进行活动的类型。例如，跑步、游泳和自行车都是运动模式。运动模式与效率有关，特别是力学效率和代谢效率。它也对能量消耗有影响，因为即使心率相同，不同类型的活动也会以不同的速率消耗热量。在不同的运动模式中，我们也可能在不同的强度或主观疲劳感下表现出相同的心率。铁人三项运动员通常会发现，心率在 140 bpm 时，跑步要比骑自行车或游泳更舒适。

到目前为止讨论的 4 项原则（频率、强度、持续时间和运动模式）是在任何训练计划的初始设计中都必不可少的 4 项核心原则。接下来的 4 项原则更关注训练计划的进度。

超负荷是指对肌肉系统的要求提高，这只是意味着要求肌肉系统完成更多工作。超负荷（有时也被称为进程）也与随时间增加多少训练量或强度有关。一般而言，初级和中级运动员在 2 ~ 3 周的时间内，在任何给定训练课中运动量的增加不得超过 10%，但有一个例外情况，当每周总距离不超过 10 英里时，运动量增加 15% 可能更合适。该增幅有一个假设前提：每周至少训练 3 次；或者在增加运动量之前，应该至少以相同的负荷连续完成 8 次训练。

例如，假设一个初级运动员在周一、周三和周五跑步，每天跑 3 英里，一周一共跑 9 英里。两周后，该距离将增加到每周约 10.5 英里；

或跑 3 次，每次 3.5 英里。这种渐进模式虽然很慢，但是它有助于防止受伤和肌肉损伤，同时还为多个系统留出了足够的时间来适应新的超负荷。由于训练量的增幅很小，因此很难以训练量百分比作为指标来增加超负荷，这种情况下可以改为使用时间，这更易于测量和跟踪。

特异性有两个组成部分——代谢特异性和肌肉收缩特异性。特异性与对代谢系统和肌肉骨骼系统施加正确的应激有关。例如，你见过非常出色的跑步运动员在游泳池中难以游完 400 米吗？从本质上讲，通过训练，我们特定肌肉的收缩会变得更高效。对于跑步运动员而言，这可能是冲刺训练；对于自行车运动员而言，这可能是爬坡训练；对于铁人三项运动员而言，这可能是不同项目之间的过渡训练。总之，特异性与协调中枢神经系统有关，以配合肌肉收缩过程中的代谢需求。对于许多运动员而言，这需要在重要的运动模式中进行各种速度和强度的训练。其中，特别重要的是速度训练，但前提是运动员已建立耐力基础。勒布朗·詹姆斯（LeBron James）不会通过灌篮来练习罚球，马友友（Yo-Yo Ma）不会通过拉小提琴来为大提琴音乐会做准备，他们的训练都是特定的。

可逆性与已达到的任意体能水平下降有关。体能水平下降的时间因运动员和体能类型而异。例如，如果不训练，有氧体能在约 10 天后开始下降，肌肉力量大约可以保持 30 天不下降。运动员通常很难理解这个概念，他们认为，如果不进行训练，其系统将开始倒退，体能水平在一两天内就会下降。因此，许多运动员在准备参加重要的比赛时都没有适当地休息，尤其是在准备参加马拉松或铁人三项等长距离比赛时。实际上，训练有素的有氧运动员的体能水平至少在 7 天内都不会下降。在适当休息的情况下，他们的运动表现会有所提升，这就是递减训练阶段会发生的情况。记住，最困难的部分是提高体能水平，而保持体能水平要容易一些。

持续性和可逆性有某种程度的联系。持续性是指保持当前的体能水平。与提高体能水平相比，保持体能水平所需的训练和花费的精力要少得多。如果目标仅仅是保持体能水平，则在当前强度下减少 30% ～ 40% 的训练量即可实现该目标。此外，在训练的某些特定时期，你可以通过减少训练量和增加强度来提升运动表现。

在递减训练阶段，如果保持非常高的强度（通常大于 90% MHR），训练量最多可以减少 80%。因此，许多运动员会在参加大型比赛前的几周内大幅度减少运动量，但提高速度和强度，这可以使其在比赛中仍然保持更快的速度。这通常被称为"达到巅峰状态"，是在临近赛季末为获得冠军级运动表现做准备的训练。

现在，你已经了解了编制训练计划的原则，下面介绍在训练过程中如何使用心率对训练计划进行调整。请记住，你正在尝试制订一个合乎逻辑且条理清晰的训练计划，以培养所需的爆发力、速度和耐力要素，并且防止受伤。

周期化

在深入了解制订训练计划的细节之前，我们想讨论一下训练计划的总体安排。我们将其称为周期化，它描述了整体训练计划的组织安排，训练计划可能为期 12 周、6 个月或 1 年。对于奥林匹克运动员来说，训练计划可能为期 4 年。不论时间长短，训练计划都是按照科学的进度原则编排的。如果正确地规划训练计划的进度，你就会发现大部分时间都可以使心率强度与周期中的各个阶段相匹配。时间较长、速度较慢的基础建立周期的特点是总体（在休息和运动过程中）心率要低得多，并落在阶段 I 耐力区间中。在为比赛做准备时，你需要进入较高强度的周期，运动过程中的心率将明显升高。

条理清晰的训练计划在不同时期——大周期、小周期和中周期关注体能的不同组成部分。训练的 4 个阶段（耐力、体力、经济性和速度阶段）需要分配到这些周期内。通常，大周期时间更长或更全面，没有小周期和中周期的特异性和细节。例如，在为期 6 个月的训练计划中，一个大周期可能包括前 12 周的简单、低强度的有氧训练，旨在建立耐力基础。

小周期时间较短，更加关注体能的其中一个组成部分。例如，在为期 6 个月的训练计划中，前 12 周是一个大周期，之后也许是 2 个小周期，每个小周期为期 6 周。这些小周期可能侧重于速度训练、爬坡训练、节奏跑或灵活性训练，以增强体力。在小周期中，我们往往将重点更多地放在特定能力组成部分上，例如比赛中所需的运动表现经济性。

中周期是周期化过程的最后一个部分，包含针对特定能力组成部分的单独训练课。跑步运动员的中周期可能侧重于配速、速度和爆发力的发展，或力学方面的改善；对于自行车运动员来说，中周期可能侧重于身体姿势或爬坡姿势方面的改善；对于游泳运动员而言，中周期的重点可能是训练划臂技巧。

周期化迫使你详细考虑与训练计划的特定阶段所对应的适应类型。它迫使你更加有条理，考虑适应所需时间，并决定比赛在你的整体训练计划中占什么位置。在设计训练计划时，你应该考虑所需达到的目标或效果。你要问问自己："在训练计划结束时，我希望我的运动表现达到什么程度？"当你可以回答这个问题时，就可以反向推算，以确保安排正确的时长来保证获得所需的适应，这可以防止你犯下进度太快并导致受伤风险增加的常识性错误。

如果从周期化的角度去查看训练计划的总体结构，你就会发现常规的体能训练安排在前面（大周期），并且这些训练逐渐变得更加有针对性（小周期和中周期）。在每个周期中，你还将看到强度、距离、恢复等方面的变化。同样，心率是指导工具，可确保你处在获得适当适应所需的强度范围之内。显然，训练计划的组织策划至关重要。

渐进阻力原则

渐进阻力原则既适用于慢速运动，又适用于快速运动。运动生理学的主要定律是，为了增强肌肉，我们可以重复动作使肌肉处于疲劳状态，然后再重复几次使它们超负荷。

该原则最常见的应用是举重训练。众所周知，举重训练可以使我们变得更强壮。也许你已熟悉两种举重训练方法：轻举许多次或重举几次。两种方法都有效，但只有举起足够多的次数或足够重的重量才可以使更多的肌纤维被募集，几乎要达到力竭状态，使肌肉超负荷，并出现颤抖和灼热感时，这两种方法才有效。

尽管两种重量训练对提升体能都有重要的好处，但我们以一组 10 次重复为标准，一组 10 次重复对于增强力量既安全又有效。通过反复试验，选择可以使肌肉在 7 次重复内疲劳的重量。第 8、9、10 次重复中的超负荷可以刺激适应。一旦肌肉足够强壮，可以在不达到超负荷的情况下移动该重量 10 次，就应增大阻力以达到下一个体能水平和力量水平。这个过程持续多长时间取决于你的目标，但是为了变得更强壮，你必须以更大的重量增大阻力。例如，如果拉里·莱夫特（Larry Lifter）发现，在进行卧推时，他可以用 95 磅达到超负荷水平，如果他能完成一组 10 次重复，他就会增加 10 磅以达到新的超负荷水平。一旦他使用 105 磅不能达到超负荷水平时，就继续增加到 115 磅。

现在，我们将渐进阻力原则应用于步行、慢跑和跑步。实际上，你可以发挥创意，将此示例扩展到任何耐力运动。这些活动的阻力是体重与重力。但是，你没有通过移动更重的重量来增大阻力。实际上，随着状态的改善你的体重可能会减轻。因此，增大阻力有 3 种选择。

1. 延长训练时间——以相同的速度步行、慢跑或跑更长距离。
2. 增大强度——更快地步行、慢跑或跑步。
3. 通过更改坡度来增大强度——跑上坡。

换句话说，通过步行变得更强壮并提高体能水平就像多次举起非常轻的重物一样；慢跑就像依次举起重量递增但仍然较轻的重物，但次数没有那么多；跑步就像举起较重的重物，且次数更少；跑上坡就像举起几次最大重量一样。

在低强度心率区间内以较慢的速度进行训练将花更长时间，而在高强度心率区间内进行速度较快的训练将会更快结束。心率、耐性和目标将决定你要花费多少时间。

监测进度和恢复

到目前为止，你已经很熟悉心率监测的概念。你还知道，如果配速保持不变，则持续时间的增加表示强度的增大。通常，持续时间的增加需要更长的恢复时间。但是，由于我们知道心率的用途极广且反应极灵敏，因此我们可以使用它来监测急性和慢性恢复以及适应。接下来，我们将研究急性和慢性心率反应，并考虑如何在训练过程中将其用于调节强度和恢复，指导训练课之间的恢复，以防止过度训练。

使用急性心率指导训练课中的恢复

运动过程中的心率反应通常能反映出运动强度。在训练课中，你可能会经历数次强度增大，从而导致心率升高的情况，例如，在爬山之后。在跑道上进行的速度间歇训练也会发生这种情况：在短暂的强度增大之后，你可能必须放慢速度或停止，以恢复到某个程度。此时的一个重要问题是：你什么时候准备好进行下一次训练？运动中的恢复心率可以为你提供安全的指导。

你可以通过监测心率的恢复情况来确定何时准备好重新开始。通常，心率降至 65% MHR 是充分恢复的标准，但这并不是一成不变的。如果你进行仅持续几秒的高强度速度或爆发力训练，教练可能会在 800 米的间隔内选择 50% MHR 作为恢复心率。底线是必须充分恢复，以使你能够以足够高的质量完成整个训练，而不是使速度或体力负荷明显降低。通常，体能水平更高的运动员在恢复时会使用更高的 MHR 百分比。

恢复心率取决于你需要在两轮训练之间达到的恢复程度。通常，训练速度越快或强度越高，恢复就应该越充分。例如，与强度为 95% ~ 100% MHR 的重复跑步相比，强度为 85% MHR 的重复跑步所需的恢复时间较短。

举一个例子，教练可能会选择 50% MHR 作为恢复心率。当运动员的心率降到该水平时，就可以恢复负荷或进行下一项训练。举一个简单的数学示例。一名 20 岁的跑步运动员的 MHR 为 200 bpm，其训练包括跑道上的 10 次 200 米重复。在完成一次重复之后，教练可以使用时间或心率来确定该运动员何时应该再次开始，有些教练结合使用这两个指标。在本示例中，教练直到其心率降至 100 bpm（MHR 的 50%）以下时，才让运动员跑下一个 200 米。这是在一节给定训练课中只监测心率的情况下，在恢复过程中考虑急性心率反应的示例。

使用慢性心率指导训练课后的恢复

现在，心率测量技术的进步使我们收集的数据时间可以更长，远超训练课的时间范围（甚至一次可超过 24 小时）。因为可以在更长的时间内监测心率，所以我们可以非常好地收集到在训练日之间的休息和恢复数据（你可以将此数据称为日常心率恢复）。这可以用于调节日常训练强度。如果运动员还没有从上一轮运动中完全恢复过来，则可以对训练进行相应调整，这样可以降低过度训练甚至受伤的可能性。

回顾图 1.2，该图正好描述了这种情况。举一个例子。假设你已养成了记录静息心率的习惯，早晨起床时的平均心率是 52 bpm。你在周日跑了 10 英里，周一起床时的静息心率为 55 bpm。你选择在周一按计划进行跑道上的速度训练课（训练量小但强度高），在周二早上醒来时，你的静息心率是 56 bpm。这表明你在周日训练后尚未完全恢复（周一的训练则让你更加为难），你应该在周二进行非常轻松的训练，或者最好休息一整天。这个例子说明了为什么坚持记录静息心率是有用的。使用这种方法，你可以调整周一（和周二）的训练，以在这一两天内让静息心率恢复正常。否则，你可能会面临更严重的问题：过度训练或心理疲劳，这将需要更长的休息时间并有策略地补充营养。

如果你不仅关注运动心率，还密切关注全天的心率，那么你将获得大量反馈，知道自己的总体恢复状态以及是否准备好进行下一次训练。同样，这也有助于降低受伤的可能性。

避免过度训练和心理疲劳

你可以通过监测静息心率和训练心率来避免过度训练和心理疲劳。尽管过度训练是一个复杂的问题，但是你可以使用心率数据在训练初期发现训练过度的时间。当你在达到巅峰状态后还要继续跑步时，你就需要注意心理疲劳的风险，心率数据也会有所反映。

另一个重要的概念是过量训练，它指短期的过度训练，可能会在特别艰苦的训练之后发生，通常是在长时间、艰苦的训练之后的几天发生。过度训练出现在更长期的过于艰苦的训练或比赛频率过高的时期，在数周或数月的训练中没有足够的休息和营养补充，就会导致这种情况发生。这是一种更为严重的情况，需要长时间的休息和营养补充，并且可能需要医疗干预。相比之下，过量训练一般可以通过几天的休息和丰盛的餐食来解决。

使用心率监测器可以防止出现这两种过度训练的情况。为了有效利用心率监测器，你需要做两件事。

1. 尽可能经常记录并监测静息心率，以及对给定运动负荷的运动心率反应。这些数据应以天、周和月为单位进行记录。
2. 了解休息和运动过程中的心率反应，确保心率按预期升高或降低。

第一件事非常简单。第二件事则要求你继续阅读下去。在正常情况下，静息心率应在训练后 24 小时内恢复正常。你应该在第二天继续进行更高强度的训练之前，确保静息心率是正常值。但是，如果经过一段时间之后，静息心率和对固定运动负荷的心率反应均下降，那么，心率反应降低就是心肌功能改善的结果——心脏更强壮，每次搏动可以运输更多血液，我们将其称为每搏输出量升高。如果没有完全恢复，那么静息心率将升高，因为身体仍在努力修复组织和补充燃料。更重要的是，如果还没有完全恢复，运动过程中的心率将不会升高到能够供应所需血流量的水平，这会导致运动员在早期过量训练中经常感到懒散或心理疲劳，感觉好像有人在限制他的心率。由此，你虽然尝试完成更艰苦的训练但却做不到，因为心率无法升高，无法为你提供所需的血液供应。结果是训练变得令人沮丧并对心理造成伤害，双腿和双臂很沉重，此时最好的办法就是回家、吃饭和睡觉。

能够确定为期12周的训练计划很不错。但是，根据身体的需要，你要有足够开放的思维去改变每日的训练计划。问题是，如果心率表明已过度训练，该怎么办？很明显，答案就是减少目前的运动量，尤其是接下来的几天。某些运动员并不能总是这样做，但是他们可以采取其他一些措施，如降低艰苦训练的强度或频率。

第一步是确定是否处于过量训练和过度训练的急性期，或者这是否是更长周期慢性问题的早期症状。为了确定这一点，我们向运动员提出3个问题。①你觉得训练课变得越来越困难还是轻松？如果你觉得越来越困难，并且使用相同的训练方案（即速度相同），则说明你已过度训练。②你是否很累，但总是睡不好？如果是这样，则说明你已过度训练。③你是否觉得在常规训练中很难全力以赴？如果是这样，则说明你已过度训练。回答这3个简单的问题将帮助你确定是否过度训练。

过度训练的早期阶段其实是过量训练。当强度或训练量大幅增加时，通常会发生过量训练，参加训练营的运动员通常会出现这种情况，因为训练营会在短时间内大幅增加运动负荷。关于过量训练的好消息是，通过3～4天有计划的休息以及适当的营养干预就可以相对快速、轻松地解决这一问题。

忽视这些症状并以只要熬过训练课就好的心态继续训练，将不可避免地导致过度训练。过度训练是一个更长期的问题，其后果更加严重。它通常表现出过量训练的所有体征和症状，还会有其他症状：静息心率继续升高；尽管训练更艰苦，但运动心率持续被抑制。接下来，你往往会感觉不适或患病，因为你的免疫系统已受损。此时，你显然已训练过度，将数周或数月无法上场运动。

幸运的是，通过在休息和运动过程中定期监测心率，你可以及时发现这些早期症状。你可以采取适当的措施，改变训练的强度和持续时间，以确保不会从过量训练状态发展到过度训练状态。

确保不会过度训练的关键之一是在设计训练计划时就考虑自己的能力、营养、年龄和恢复状况。设计个性化的训练计划使你能够及早发现自己是否过量训练和过度训练。要制订适当的训练计划，你就需要了解进度、持续时间、强度和其他因素，你还需要清楚地确定训练计划的时间长度。你应该使用第 1 章中介绍的基础知识来制订训练计划。

制订完整的训练计划

我们已经介绍过训练计划设计过程中要考虑的要素。现在我们可以考虑将各个部分组合在一起。图 8.1 所示的流程图列出了各个体能组成部分的时间安排。我们发现，比较有帮助的方法是首先一般性地规划时

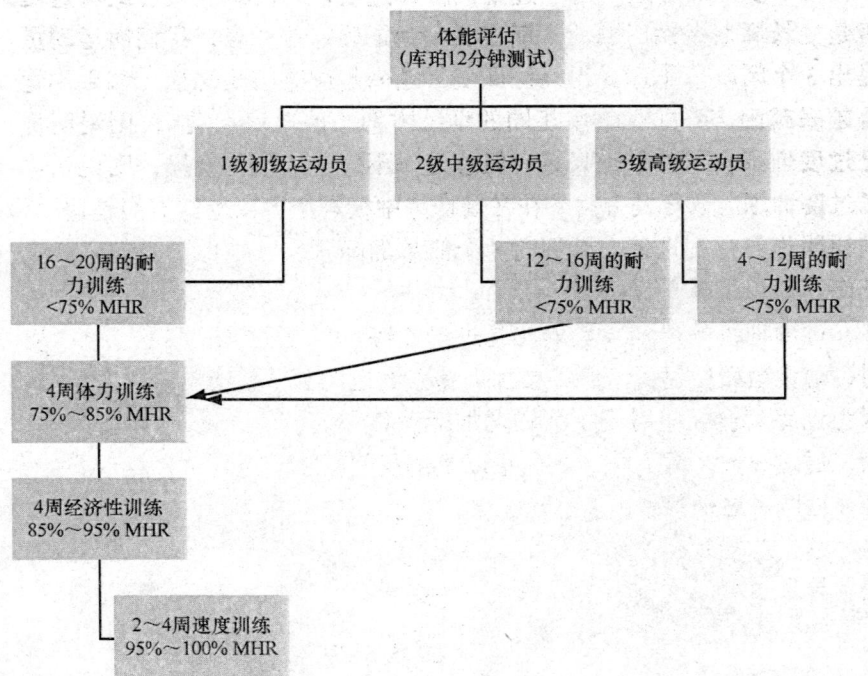

图 8.1　设计训练计划的流程图

间框架，然后回到各体能部分添加更多细节。这样做可以编制出更详细的训练计划，例如为 1 500 米跑步运动员提供的计划（见表 8.2）。小周期训练课通常会包括更具体的针对运动表现的单个或特定要素（如起跑姿势）的训练，此类训练的细节将在小周期单元格（表 8.2 最后一行的单元格）中进行说明。

表 8.2　1 500 米跑步运动员的一年期周期化计划

子阶段	阶段							
	准备：耐力和体力 （12 ～ 16 周）		比赛：速度 （4 周）		恢复 （4 ～ 8 周）		早期过渡 （12 ～ 20 周）	
大周期	训练量 耐力	强度 体力	速度 HICE 经济性	爆发力 冲刺 速度	趣味 / 交叉训练 积极性休息		有氧 / 技能发展 低强度 / 高训练量 耐力	
小周期								

为了设计一个有效的训练计划，你需要知道在训练计划的各个周期内必须发生哪些类型的适应。总的来说，我们要确认在整个训练计划中必须经历的几个阶段：基础阶段（耐力基础建立阶段）、比赛阶段，以及恢复和过渡阶段。明确定义每一个阶段的计划将使进度更合理，它可以让你在正确的时间达到巅峰状态，也可以确保你会安排适当的递减阶段。请记住，在考虑不同运动项目的训练计划时，所有运动项目都可以运用同样的逻辑和组织方法：始终从低强度耐力（或基础建设）阶段开始，这是时间最长的阶段；然后有条不紊地、耐心地完成时间较短的、更具针对性的、更高强度的阶段。通用模型适用于所有运动项目，唯一的变化是具体运动项目所需的特定运动模式不同。例如，游泳项目可能会花更多时间进行技巧练习。

无论你的目标是进行持续的休闲锻炼、保持微笑完成活动，还是要赢得奖项，制订训练计划都更有可能帮助你实现目标。即使没有 100% 遵循训练计划，至少你有一个大纲，可以根据心率调整训练计划，这之中的运动心率和静息心率都很重要。为了使训练计划得以有效执行，你必须坚持记录心率。

第 9 章

步 行

前几章从整体上就心率监测及其在运动中的应用提供了大量理论知识和实践建议。本章介绍的活动是步行，其次极量性质有些特殊，需要有创意的替代方案。例如，尽管使用 MHR 的百分比来确定训练区间，但是此活动要使用特殊的、也许略低于 MHR 的值。其挑战是确定一个较低的强度区间用于完成增强耐力和体力的目标。

训练区间会很大，你可能需要依靠自己对训练的主观疲劳感来验证你看到的心率数字确实可靠且有效。你仍将使用心率来确定应该走多远、多快，以及需要多艰苦。这种方法既易于遵循，又具有挑战性，足以有效提高你的体能水平。

在本章中，你会学习将渐进阻力的超负荷原理应用于步行的方法。正如必须多次举起较轻的重量才能变得更强壮一样，因为步行对重力的挑战相当弱，所以步行的人必须走很远才能达到肌肉超负荷的程度。相比之下，冲刺就像只需举起几次较重的重物就可以使肌肉超负荷。无论哪种情况，我们都可以通过每分钟的心脏搏动次数来跟踪心血管系统反应，从而跟踪工作肌肉的氧气需求。

本章还将要求你成为科学的"单人研究"对象。在设计训练方案时，你将控制时间、距离、配速以及体力负荷，其中通过心率反应来衡量的体力负荷尤其重要。设计训练方案就像设计实验一样，这些组成部分将被指定为给定值（可控的部分）或变量（允许更改的部分）。

快速评估体能

在继续学习之前，我们必须先问一些问题：你目前是什么状态？你是否已进行了长时间的非常随意的步行，能够每周有2～3次至少20分钟的舒适的步行，并且每周有一次较长时间（30分钟）的步行？此外，在20分钟的步行中，你是否可以走完至少1英里？如果你可以，请跳过下一段。如果你无法完成该日常练习，请继续阅读下一段。

我们的训练计划不是为刚刚从沙发上站起来的新手设计的。如果你尚未满足每周2次或3次20分钟（其中一次至少步行1英里）和每周一次30分钟的步行时间这个前提条件，那么在计划开始时，你要选择平缓的路线并进行非常缓慢、轻松的步行，直到达到这些条件。我们建议你先尝试满足上述条件的一半，而不要关注走了多远。每周增加2～3分钟的步行时间，直到可以达到每周3次20分钟步行和1次30分钟步行的目标。在尝试用20分钟走完1英里之前，在每次步行之间至少休息一天，以确保充分休息。当通过我们的测试后，你就可以继续进行我们的结构化训练。

以下训练计划是个性化的结构化训练计划，可以用来提高你的步行体能水平。使用心率监测器来确保体力负荷足以提高所需要的素质，但更重要的是，务必不要过分努力，以免过度训练并出现戴胫骨夹板，甚至更糟的情况。

确定当前的体能水平

在获得驾照之前，你需要在适当的指导下进行练习，然后你必须参加并通过考试才能获得驾照。此时，你应该已获得驾照并进行了大量练习。现在，你需要参加测试来确定自己当前的体能水平，这将帮助你选择合适的训练水平作为起点。

仔细查看以下测试大纲，务必理解所有说明。记住要戴手表或秒表，以便给自己计时。另外，请佩戴心率监测器，以查看在计时步行时的心率。戴好心率监测器，将秒表重置为零，深呼吸，然后走上跑道。

在进行测试时，每分钟查看一次心率监测器。预计心率数字会平稳地上升，但是请注意，最高数字不一定出现在测试结束的时候，因为你可能会疲劳并且不得不在测试结束前放慢速度。

1 英里步行测试

1. 找一条跑道，或在表面平整的路径上测量出 1 英里 [在标准跑道上，一圈是 400 米，即比 1/4 英里短 7.5 英尺（1 英尺≈ 0.30 米，后文不再标注）。因此，如果步行 1 英里，就是 4 圈，再加 3 ~ 4 个大步]。使用内侧跑道，因为在外侧跑道上的步行距离会超过 1 英里，要避免这种情况。如果无法使用跑道，请使用汽车的里程表来测量路线。该方法可能不太准确，但是对于本测试而言已足够。

2. 通过几分钟的步行和拉伸运动热身。

3. 启动秒表，开始测试。刚开始不要走得太快。使用稳定的行军式配速，让自己感觉有一点儿压力。在接近 1 英里大关时，提高配速并有力地迈过终点。停止计时。测试结束后，你应该感到有些喘不过气，但不会筋疲力尽。

4. 通过几分钟轻松的步行来放松。与表 9.1 中的时间进行比较，确定你的步行类别。

源自 T. Iknoian, *Fitness Walking*, 2nd ed.（Champaign, IL: Human Kinetics, 2005）, 13。

表 9.1　基于 1 英里步行测试结果的步行分类		
男性（分）	**女性（分）**	**步行分类**
>16	>17	健康
13 ~ 16	14 ~ 17	健美
<13	<14	运动

如果你满足前面提到的前提条件，可能已经属于"健康"类别。如果你属于"健美"类别，请使用第 1 级训练计划来建立更好的耐力基础。如果你属于"运动"类别，则从第 2 级训练计划开始。第 2 级训练计划会以刺激肌肉和呼吸系统为重点，因为其目标是增强体力。

确定步行 MHR

我们必须承认，对步行人士进行 MHR 测试是一个难题。使用第 2 章中介绍的方法估算 MHR 并不是很可靠，对于其他运动项目和锻炼活动，标准做法是以 MHR 的百分比表示目标心率，而 MHR 的测定方法是让运动员在速度和坡度均设置为较高值的跑台上完成跑步。我们需要进行残酷且令人异常疲劳的测试，靠步行几乎不可能达到 MHR，因为低强度的步行不足以对肌肉和呼吸系统形成高应激测试所需的挑战。即使这样，你仍需要以某种方式进行测试，以计算自己的目标心率。这里介绍的自定义测试仍然有一定的强度，你只有得到医生的许可才能尝试。

针对步行人士的康诺利 - 本森（Connolly-Benson）应激测试需要用到跑台。在开始测试之前，请检查心率监测器是否受到跑台电动控制台的干扰。如果心率监测器的读数不稳定并且不合理，你可能需要请朋友将你的接收器放在跑台电动控制台的控制范围以外。

首先以每小时 3 英里的速度步行 3 分钟进行热身。将坡度升高 1%，然后步行 1 分钟；将坡度再升高 1%，然后步行 1 分钟；继续将坡度每分钟升高 1%，双手不要抓住护栏或扶手。仔细监测心率，每分钟读数若干次。当速度和坡度的组合使你无法跟上时，请再次查看心率，记下该数字，然后减慢速度并降低坡度，步行几分钟放松下来。这样，你就确定了步行 MHR。

步行 MHR 非常重要，可以帮助我们使用科学实验的经典设计来确定训练计划的进度，你的目标是在不超出目标心率上限的情况下步行更远的距离，从而提升自己的状态。实验的长期变量是在不超过目标心率上限的情况下完成给定距离所需的时间。随着耐力的增强，步行将变得更加轻松，心脏也将不再那么辛苦，从而使你走得更快。如果你能够将其他训练要素（如配速和地形）保持不变，你目前的体能水平就是短期变量。不可否认，在训练日中影响心率的因素每天可能都不一样，这些因素包括温度、风力等级、地面平坦程度、在之前的训练后恢复的程度，以及应激水平。只要不超过目标心率上限，就可以确保你处在耐力和体力发展区间。

经验丰富的科学家使用估算的因素来应对这些变化的条件，你可能也需要思路开阔一点儿，尝试各种步行速度，以适应训练时的条件。为了保持在目标区间内，你可能需要在状态不好的时候放慢速度或在状态好的时候加快速度。你可以将配速作为变量。你要把握好大方向，确保训练心率而非速度在一两周内保持恒定。

在 2 ～ 3 周内，你会发现在相同步行速度下的心率反应会下降，你的目标是跟踪到每分钟的搏动次数随着状态改善而逐渐减少。为此，你要将训练的目标时间作为另一个给定值。在每一个进度中，你都将重复相同的训练，直到可以在规定的时间内完成每个进度的训练而不会超出目标心率上限。

　　在第 1 级训练计划中，你将通过更多次重复来增强耐力，而随着步行时间更长，你的体重也会减轻。

确定步行训练区间

　　目标心率下限是步行 MHR 的 50%，而第 1 级训练计划的目标心率上限是步行 MHR 的 75%。如果你决定继续执行第 2 级训练计划，则目标心率上限将是步行 MHR 的 85%。只要保持在此范围内并且绝对不超过该上限，你就不会触碰到红线。其中的挑战是要走得足够快，至少要达到目标心率下限；然后要走得足够快、足够远，而又不超过目标心率上限。这些目标心率将在体能测量中给出。

　　随着步行时间的增加，距离将成为另一个给定值，变量将是配速。为了进行心特莱克训练，你应根据需要改变自己的配速，以使心率保持在目标区间内。

　　每次训练都将在 3 个心率区间内进行：下限区间、恢复区间和上限区间。

1. 你的目标心率下限是在跑台测试中测得的步行 MHR 的 50%。这是开始计时训练时应达到的每分钟搏动次数。在 5 分钟的热身步行结束时，你必须走得足够快，以使心率接近这个数字。记住，我们所要的是你在步行时体力负荷下的真实数字。

2. 你的恢复心率是步行 MHR 的 65% ～ 70%。如果你已超出目标心率上限，请使用此数字作为恢复目标。放慢脚步，直到心率下降到该区间内。然后，再次加快配速，继续前进，直到再次超过目标心率上限。

3. 你的目标心率上限始终是跑台测试中确定的步行 MHR 的 75%。如果你对该数字有所怀疑，则应再次执行测试并重新计算目标心率。

　　每个训练计划级别的进度设计是为了激励你走更长的时间。在到达目标心率上限时，放慢速度，让心率下降，直至达到恢复心率；然后再次加速。最终，你将完成整个训练，并且全程不会超出目标心率上限。在实现此结果时，你就可以准备执行下一个级别的训练计划了。

选择训练计划

从哪里开始取决于你在 1 英里步行测试中的测试结果。第 1 级训练计划将建立有氧耐力基础，第 2 级训练计划将增强体力，这是每种耐力型运动项目的前两个体能训练阶段。当这两个阶段针对的体能提高到某个水平时，你可能会决定尝试一些更具挑战性的事情。如果是这样，你将能够从一个整体上相当不错的体能基础开始。

在下文的第 1 级和第 2 级训练计划中，都以字母标示了进度的难度（按字母顺序难度逐渐增大）。当你能够完成一个进度而不超出目标心率上限时，就可以进入下一个进度。当你从一个进度进入另一个进度时，产生你所寻求的适应将需要越来越长的时间。当你能够完成第 1 级训练计划的最后一步时，就可以进入第 2 级训练计划。

随后的计划基于前面讨论的实验模型，始终以目标心率上限为主要给定值；在训练过程中，心率不应该超过该上限。变量是时间、距离和配速。例如，第 1 级训练计划要求你步行一段时间，配速不限，从生物力学的角度找到最优的配速即可。如果你不需要休息一周接受按摩治疗或药物治疗就可以让紧绷的肌肉骨骼系统恢复过来，则该配速应接近于 1 英里步行测试期间的配速。

在训练过程中，如果增加距离导致你的心率超过目标心率上限，则需要一个配速更慢、负荷更轻松的恢复间隔，使心率降低到目标恢复心率，即 65% ~ 70% 步行 MHR。显然，在恢复过程中，慢速步行花费的时间越长，在规定时间内可以完成的总距离就越短。随着体能水平的提高，恢复所需要的时间更短，并且在每个进度中你都会在相同时间内走得更远。最终，你的耐力将达到最佳水平，你的心血管系统也将更加强大。一旦能够在预定时间内，以生物力学上舒适的最高速度完成步行，你就会有所收获，你将了解到跟踪早晨静息心率和训练结束时的心率会让步行变得有多轻松。你能够在以相同速度步行时获得更低的心率，这表明你的体能水平有所提高。如果将时间作为实验给定值，则体能水平的提高量是需要被测量的变量。

步行训练计划的级别取决于在测试中确定的体能水平，每个级别的渐进式训练将使你的体能逐步上升到更高的水平。这些进步的基础就是更长的运动时间。你应使用最近一次的时间记录以及1英里步行测试结果来找到一个合理的起点。在查看进度时，你会注意到，计划并没有要求你在一定的周数内执行它们。在特定进度上花的时间长短将取决于你的心率反应。当你可以完成整个训练而不会超出目标心率上限时，就该进入下一个进度了。这就是该方案的优点：它提供了一个完全个性化的计划。这意味着它对"如何符合'我'的个性化需求？"这个问题的回答是个性化的。

第1级

第1级训练计划采用分钟级的时间范围，并参照1英里步行测试的成绩确定具体训练时间。由于在步行分类中，男性最短的时间是小于13分钟，女性最短的时间是小于14分钟，因此我们的进度以30分钟的目标时间开始，每周的步行时间增加10分钟。但是，你要根据当前的体能水平自定义时间范围，将测试时间加倍即可作为开始训练的目标时间。因此，如果测试时间为15分钟，那么训练时就要步行30分钟，这将帮助你尽快达到增强耐力的目标。

每次训练开始时先进行5分钟轻松的步行，逐渐将心率提高到目标心率下限（步行MHR的50%）。当你能完成这些训练而又不会超过目标心率上限时，请进入下一个进度。

进度A

周一到周五
在其中3天或4天步行30分钟。

周六或周日
在其中1天步行40分钟。

进度B

周一到周五
在其中4天步行35分钟。

周六或周日
在其中1天步行45分钟。

进度 C

周一到周五

在其中 4 天或 5 天步行 40 分钟。

周六或周日

在其中 1 天步行 50 分钟。

完成进度 C 后，你可以选择继续执行第 1 级训练计划，以保持心血管健康水平和长期的体重控制，停留在第 1 级训练计划的进度 C 即可。但是，如果你有兴趣提高体能水平，则应重复 1 英里步行测试，看看是否可以达到"运动"水平。如果你达到了"运动"水平，并且你希望更加努力训练以变得更健康，则可进入第 2 级训练计划。

第 2 级

在第 2 级训练计划中，你将面临强度更高的艰苦训练，要将体力负荷增加到步行 MHR 的 85%，从而增强心肺适能。步行时只有一种实用的方法可以将呼吸率和心率提高到体力训练级别：向上走。是的，这意味着要爬坡。这增强了你与重力的对抗性，并使你的运动心率大幅提高，你可以选择爬楼梯、体育场的台阶、山坡，或在跑步机上设置坡度。

第 2 级训练计划的目标是通过增大运动强度来增强体力。为了减少受伤和过度训练的风险，你需要遵循经典的难易结合的训练模式，用休息日或轻松训练日将高强度训练隔开，从而创造高强度训练后的恢复时间。在艰苦训练日里，你可能还需要在训练前增加 5 分钟热身时间。在恢复训练日里，体力负荷越接近目标心率下限，恢复就越有效。

在轻松训练日里，你需要步行至少 20 分钟，但不要超过 30 分钟，使心率保持在步行 MHR 的 50% ～ 60%。

开始某个进度之前，你要选择表 9.2 所示的其中一个难易结合模式，根据自己的喜好选择在周末的哪一天进行更长时间的步行训练模式。

两种模式都具有灵活性。你可以根据需要随时切换休息日和轻松训练日。但是，如果你不得不错过一个艰苦训练日，请不要在第二天补上，以致当天要紧张地连续完成两个艰苦训练日的训练内容。你可以忽略错过的训练并坚持既定安排，也可以将所有内容向后移一天。从长远来看，连续的轻松训练日不会出现任何问题。但是，伤病可能会因为你尝试在一天内完成两个艰苦训练日的训练内容而找上你。

第 2 级训练计划也使用我们的实验模型。每个进度指定了步行中要完成的上坡次数。上坡的持续时间以达到目标心率上限为标准，然后是下坡或平地的恢复间隔，直到心率降至目标心率下限。达到目标心率上限所需的时间取决于坡度。这提供了很大的灵活性：坡度越低，意味着达到目标心率上限的时间越长；坡度越高，表示达到目标心率上限的时间越短。但是，请在 3 个进度中保持相同的坡度，因为你必须测量初次达到目标心率上限所需的时间。达到目标心率上限的时间越来越长，这证明你的体能水平有所提高。重复上坡之间的恢复间隔的时间长短会发生变化，因为你会在数次重复中变得越来越疲劳。

如果你的目标是在第三个进度结束时显著提升你的体力，那么届时你就应该能够步入更剧烈的训练活动。为了证明自己的体力有所增强，你可以看看现在的速度比在 1 英里步行测试中的速度快了多少。

在第 2 级训练计划的难易结合模式中，艰苦训练日将使用较高的目标心率上限，可以用在跑台测试中确定的步行 MHR 的 85% 计算新的目标心率上限。如果在达到新的目标心率上限时无法完成对话测试，则新的目标心率上限是合适的。你应该会急促喘气，以至于没有说话的兴致，甚至连快速地说一句"是"或"不是"都不想。

表 9.2　第 2 级训练计划的难易结合模式						
每周模式 1						
周日	周一	周二	周三	周四	周五	周六
长途步行	轻松	艰苦	休息或轻松	艰苦	轻松	休息
每周模式 2						
周日	周一	周二	周三	周四	周五	周六
休息	艰苦	轻松	艰苦	轻松	休息	长途步行

只要继续在同一地点训练，时间就是艰苦训练日的变量。作为体力增强的证明，你将需要更长的时间才能使心率达到步行 MHR 的 85%。

进度 A

艰苦训练日

走上你所选择的上坡路线，直到心率达到目标心率上限。时间是一个变量，取决于上坡路线的坡度。一旦心率达到目标心率上限（步行 MHR 的 85%），就回头下坡或降低跑步机的坡度，直到心率降至步行 MHR 的 70%，重复 2 次。每次训练前后，要轻松步行 10 分钟作为热身和放松活动。

轻松训练日

在轻松训练日里，步行至少 20 分钟，但不要超过 30 分钟，使心率保持在步行 MHR 的 50% ～ 60%。

长途训练日

每周一次，步行 50 分钟，但心率不能超过步行 MHR 的 75%。你的目标时间不包括进行热身和放松所需要的任何更轻松、配速更慢的活动时间。

按照进度 A 进行 2 周训练。2 周后，安排一个没有上坡路线的恢复训练周。在恢复训练周内，周一至周五安排 4 ～ 5 次 40 分钟的步行，周末安排一次 50 分钟的步行。

进度 B

艰苦训练日

走上你所选择的上坡路线，直到心率达到目标心率上限。时间是一个变量，取决于上坡路线的坡度。一旦心率达到目标心率上限（步行 MHR 的 85%），就回头下坡或降低跑步机的坡度，直到心率降至步行 MHR 的 70%，重复 4 次。每次训练前后，要轻松步行 10 分钟作为热身和放松活动。

轻松训练日

在轻松训练日里，步行 30 分钟，使心率保持在步行 MHR 的 50% ～ 60%。

长途训练日

每周一次，步行 55 分钟，但心率不能超过步行 MHR 的 75%。你的目标时间不包括进行热身和放松所需要的任何更轻松、配速更慢的活动时间。

按照进度 B 进行 2 周训练。2 周后，安排一个没有上坡路线的恢复训练周。在恢复训练周内，周一至周五安排 4 ~ 5 次 40 分钟的步行，周末安排一次 50 分钟的步行。

进度 C

艰苦训练日

走上你所选择的上坡路线，直到心率达到目标心率上限。时间是一个变量，取决于上坡路线的坡度。一旦心率达到目标心率上限（步行 MHR 的 85%），就回头下坡或降低跑步机的坡度，直到心率降至步行 MHR 的 70%，重复 6 次。每次训练前后，要轻松步行 10 分钟作为热身和放松活动。

轻松训练日

在轻松训练日里，步行 30 分钟，使心率保持在步行 MHR 的 50% ~ 60%。

长途训练日

每周一次，步行 60 分钟，但心率不能超过步行 MHR 的 75%。你的目标时间不包括进行热身和放松所需要的任何更轻松、配速更慢的活动时间。

按照进度 C 进行 2 周训练。2 周后，安排一个没有上坡路线的恢复训练周。在恢复训练周内，周一至周五安排 4 ~ 5 次 40 分钟的步行，周末安排一次 50 分钟的步行。

只要你愿意，可以一直重复进度 C，但在每 2 个训练周后一定要安排一个恢复训练周。如果你的训练计划由于某种原因被打断并且错过了 2 周或更长时间的训练，则你至少要进行 1 周的第 1 级训练，然后再以较低级别的进度重新开始第 2 级训练。

继续训练

完成第 2 级训练计划后，你将成为一个非常健壮的步行人士，具有强大的心肺系统，喜欢在其他所有人都使用电梯时爬楼梯。在拥有更高水平的体能时，你可以决定是否要尝试慢跑与跑步的挑战。如果想尝试，请继续阅读。

第 10 章

慢跑与跑步

要提高对训练计划的依从性，没有什么比训练计划方便实用更重要的了，极少有运动比慢跑或跑步更便捷。你只需穿上跑鞋，站上跑步机或走出家门。如果你拥有成功的系统化训练方法和可以达到训练效果的结构化训练计划，你对其的依从性就会提高。本章中的慢跑与跑步训练计划考虑了对心血管系统、心肺系统和肌肉骨骼系统产生刺激的运动所带来的健康改善。不幸的是，在寻求将健康和体能提升到更高水平时，受伤或患病的风险也会在一段时间内逐渐增加。这些风险很少出现在心血管系统或呼吸系统中；但是，长期不科学的训练会导致肌肉骨骼系统过早衰老，尤其是腿部（如关节炎）。

因此，为了身体健康着想，你需要了解训练可能对健康以及参加比赛的能力造成的影响。美国运动医学会（American College of Sports Medicine）认为运动是良医，这不奇怪。他们也知道，尽管增加训练量和训练强度可能是有益的，但那些较艰苦的训练也存在健康风险。好的方面是，通过执行我们精心计划的可监测的、个性化的训练计划，你可以将这些风险降至最低。相关准则可作为训练强度的调节依据，以制订安全有效的训练计划。因此，无论你是 7 岁还是 77 岁，无论你是刚刚开始跑步还是已经跑了很多年，我们都希望你在余生中继续奔跑，好让你的双腿不会比心脏更早衰老。

休闲性或竞技性体能水平都需要花费一些时间才能提高。你可能需要数周或数月的时间才可以进入更好的状态。在前面的内容中，我们讨论了在所有类型的运动和活动中与体能水平提高过程有关的生理、生化和生物力学变化。本章将重点介绍通过慢跑、跑步来实现这些变化，在适用的情况下，还会涉及步行和交叉训练。

本章提供的计划是针对那些已经达到基本体能水平并且想要更有效地利用自己的时间和精力的人。如果你在最近的体检中证实自己的危险因素很低，或者你坚持每周进行 3 ～ 4 次 20 分钟慢跑，并且在一次锻炼中可以慢跑至少 30 分钟，那么你有资格使用第 1 级慢跑计划。如果这不符合你的情况，请你征询医生的建议。你需要花几个月的时间轻松、缓慢地慢跑和步行，以达到这些前提条件。如果你目前慢跑得更频繁或能跑更长时间，请务必进行下文介绍的 $\dot{V}O_{2max}$ 测试以对自己当前的体能水平进行分类，并根据当前的体能水平和跑步目标从第 2 级或第 3 级训练计划中选择一个跑步计划。

慢跑是控制体重的有效运动，但由于要跑很长的距离才可以燃烧大量脂肪，因此发生过劳性损伤的风险较高，例如足底筋膜炎、跟腱炎，甚至是应力性骨折。你应当对酸痛、僵硬的肌肉和关节带来的疼痛保持敏感，不要试图忍受疼痛。耐力型运动员所指的疼痛是在 100% 的体力负荷中达到峰值表现时，由于深陷氧债而出现的全身疲劳和力竭。但是，肌肉、韧带、肌腱和骨骼的疼痛通常是受伤的征兆，不容忽视。不要只是用非甾体抗炎药（NSAID）等非处方止痛药来缓解疼痛。休息一下，等症状消失后再恢复训练。请记住，当心率为 60% ～ 75% MHR 时，脂肪在燃料中所占比例最大。当心率在该范围内时，训练富有成效，但达到上下限时所实现的好处略有不同。

慢跑与跑步人士有一个重要的初始训练目标：通过在 60% ～ 75% MHR 区间内进行训练来增强耐力。对于许多慢跑人士来说，良好的心血管系统、体重管理以及无形的幸福感也是主要目标。对于部分竞技性跑步运动员来说，耐力训练仅是为有氧体能奠定基础，以支持后续的体力训练阶段。跑步运动员的训练模式需要更全面，且应包括对慢跑人士来说不必要的训练。

适合慢跑人士的第 1 级训练计划安排了一系列仅基于心率目标的进度，以增强耐力。你不必过度努力地执行这些计划即可增强耐力。如果你只想通过慢跑来提高体能水平和控制体重，你需要参加第 150 页介绍的 MHR 测试，但是无须确定 $\dot{V}O_{2max}$ 或无氧阈，因为第 1 级训练计划不涉及这么高水平的体力负荷。确定 MHR 之后，你可以继续执行从第 153 页开始的计划。

如果你是休闲跑步运动员，想要参加 5 千米、10 千米、半程马拉松或全程马拉松并微笑着跑过终点，但并不期望成为竞技运动员，那么第 2 级训练计划更适合你。如果你想在 5 千米、10 千米、半程马拉松或全程马拉松比赛中有竞争力，或者想寻求个人的巅峰表现，那么第 3 级训练计划非常适合你。

为了回答"如何符合'我'的个性化需求？"这个问题，你需要做一些自我评估和计算。首先，你需要确定自己当前的体能水平类别；其次，你需要确定自己的跑步 MHR；第三，你需要计算自己目前的无氧阈。（如果你仅对第 1 级慢跑计划感兴趣，并且符合前面所述的条件，则无须确定当前的体能水平类别或无氧阈。）这些信息将帮助你计算目标心率区间并建立最佳训练计划。

慢跑人士和跑步运动员都希望在低强度的负荷中逐渐增加其训练的持续时间，以建立良好的耐力基础。然后，跑步运动员将以此为基础来达到更高的训练级别。

确定当前的体能水平类别

如果你是休闲或竞技跑步运动员，请使用这个简单版的跑步机测试来预测自己的 $\dot{V}O_{2max}$。使用表 10.1、表 10.2 和表 10.3 来解读结果并确定自己的训练级别。为了获得可靠、有效的结果，在参加测试前几天，你应减少训练量。

在开始测试时，首先以非常慢的速度热身。如果你发现测试的起始速度相当轻松，如每小时 2 英里，坡度设定为 2%，则从该速度开始，并将其作为测试方案的热身阶段。

在跑步机上按每个阶段规定的速度跑步（见表 10.1）。每 2 分钟调整一次速度，直到无法完成某一个阶段为止。你完成的最后一个阶段是你的最终阶段或运动负荷。使用此阶段确定自己的体能水平等级并计算出 $\dot{V}O_{2max}$。如果要同时确定 MHR，则应佩戴心率监测器并在测试结束时记录心率。

阶段	持续时间（分钟）	速度（mph）	坡度（%）	$\dot{V}O_{2max}$（ml·kg^{-1}·min^{-1}）
0	2	6.0	2	38.54
1	2	6.5	2	41.46
2	2	7.0	2	44.38
3	2	7.5	2	47.30
4	2	8.0	2	50.22
5	2	8.5	2	53.14
6	2	9.0	2	56.06
7	2	9.5	2	58.98
8	2	10.0	2	61.90
9	2	10.5	2	64.82
10	2	11.0	2	67.70
11	2	11.5	2	70.60

表 10.1 基于跑步机跑步时间的 $\dot{V}O_{2max}$ 预测值

对 $\dot{V}O_{2max}$ 的这种预测基于美国运动医学会开发的公式（Williams & Wilkins，1995）。表 10.1 列出了跑步所需的近似 $\dot{V}O_2$、相应的速度及坡度设置和持续时间。获得结束时的 $\dot{V}O_{2max}$ 后，就可以使用 $\dot{V}O_{2max}$ 在表 10.2（男性）或表 10.3（女性）中查找你的体能水平类别。要确定训练级别，只需将表 10.1 中的 $\dot{V}O_{2max}$ 数据与表 10.2 或表 10.3 中的数据进行匹配。

表 10.2 基于 $\dot{V}O_{2max}$ 结果确定体能水平类别：男性运动员

年龄（岁）	差	一般	普通	良好	优秀
15～19	≤ 52	53～57	58～65	66～69	≥ 70
20～29	≤ 52	53～59	60～69	70～77	≥ 78
30～39	≤ 47	48～53	54～62	63～71	≥ 72
40～49	≤ 39	40～43	44～55	56～63	≥ 64
50～59	≤ 31	32～37	38～51	52～57	≥ 58
60～69	≤ 22	23～30	31～42	43～54	≥ 55
	第 1 级		第 2 级		第 3 级

注：此分类反映耐力型运动员的体能水平，非运动员的数据要低得多。

年龄（岁）	差	一般	普通	良好	优秀
15 ～ 19	≤ 48	49 ～ 54	55 ～ 61	62 ～ 67	≥ 68
20 ～ 29	≤ 49	50 ～ 54	55 ～ 62	63 ～ 71	≥ 72
30 ～ 39	≤ 39	40 ～ 49	50 ～ 55	56 ～ 64	≥ 65
40 ～ 49	≤ 28	29 ～ 40	41 ～ 48	49 ～ 59	≥ 60
50 ～ 59	≤ 19	20 ～ 28	29 ～ 40	41 ～ 50	≥ 51
60 ～ 69	≤ 7	8 ～ 14	15 ～ 25	26 ～ 41	≥ 42
	第 1 级		第 2 级		第 3 级

表 10.3　基于 $\dot{V}O_{2max}$ 结果确定体能水平类别：女性运动员

注：此分类反映耐力型运动员的体能水平，非运动员的数据要低得多。

例如，假设你是一位 30 岁的女性，并且完成了阶段 4。你的 $\dot{V}O_{2max}$ 预测值为 50.22 ml·kg^{-1}·min^{-1}。从表 10.3 中可得出，你的体能水平类别属于"普通"。我们建议你从第 2 级训练计划开始。

如果 $\dot{V}O_{2max}$ 达到第 3 级，你就可以立即执行高级训练阶段的心率监测训练方案。但是，我们强烈建议你检查第 1 级和第 2 级训练计划，以确保耐力、体力和经济性均得到充分发展，能够认真坚持一个赛季并在适当的时候达到巅峰状态。

确定跑步训练区间

接下来，我们将学习如何确定跑步的 MHR 和无氧阈，然后使用该信息来确定训练区间。

确定跑步 MHR

MHR 和目标心率均取决于运动项目。因为训练将以目标心率区间为基础确定方案，所以我们提供了两个针对跑步运动员的测试来确定跑步 MHR。在心脏病专家的工作室或生理实验室进行正式的跑台压力测试是确定真实 MHR 的最佳方法，但我们大多数人都无法参加这种测试。本书列出的测试可以提供较准确的估算值，是理想的替代方法。

第一个测试方案（见第 2 章）适合那些速度优于耐力的人。以非常高的强度和速度完成 3 次试跑而又没有明显的肌肉僵硬和酸痛，这需要非常高的体能水平。

第二个测试方案更适合那些耐力更强、更有耐心，且体能水平较低的人。第二个测试方案的设计基于一种分级式跑步机最大压力测试，而区别是这一测试方案不需要跑步机。它使用相同的分级增量来提高速度和强度，但不需考虑坡度因素。以下是具体的测试方法。

找到一条 400 米的跑道。穿好跑步的服装并戴上心率监测器。在直道结束、弯道开始的位置起跑。按照以下说明运动 8 圈。每 200 米检查一次运动心率。

第 1 圈：轻松地步行一圈，速度为正常的步行配速。

第 2 圈：加快速度步行一圈，速度接近行军配速。

第 3 圈：慢跑一圈，采用自己能控制的最低慢跑配速。

第 4 圈：轻松地跑一圈，采用能够对话的配速。

第 5 圈：跑到轻微地喘气，采用能够说短句子的配速。

第 6 圈：跑到喘粗气，速度快到连"是"或"否"这么简单的单词也不想说。

第 7 圈和第 8 圈：在最后 2 圈中的每一圈都跑得更快，在每个弯道开始处提高配速和体力负荷，在最后半圈达到全力以赴的最大负荷。

记住每 200 米检查一次运动心率。预计在前 6 圈的每一圈结束时，运动心率都会有稳定的增量。在最后 2 圈中，要注意读取至少 4 次运动心率。

当尽力奔跑并将心率监测器像手表一样戴在手腕上时，你将很难看到数字。尝试将心率监测器拿在手中，并在跑步时将其举起放在面前。为此，请扣起腕带，使其变成一个手环。将中间的 2 只手指穿进手环。将表盘的顶部和底部夹在拇指和食指之间，调整好位置，以便在自然向前摆臂时读数。

完成测试后，不要立即在跑道上停下。最后一圈结束之后，你应四处走走，同时再次检查心率。在测试过程中或测试之后立即看到的最高数字可能与真实 MHR 只相差几次。就我们的目的而言，这个值已经足够准确了。

在尝试任何一个测试之前，请确保医生已准许你进行运动。如果对测试的有效性抱有怀疑，则每周重复一次，直到对结果满意为止。请记住，你的真实 MHR 可能会远远高于或低于根据年龄调整公式算出的 MHR 预测值。

确定跑步的无氧阈

大多数专家认为，竞技状态良好的跑步运动员的 AT 为 85% ～ 90% MHR。AT 反映了人体吸收、分配和使用氧气的能力，并取决于呼吸系统、循环系统和肌肉系统的能力和适应能力。这 3 个系统虽然相互关联，但同时具有不同级别的工作能力。这意味着 AT 与心率之间存在直接相关性。如果 AT 极低，则心率将低于预期的 85% MHR。同样令人惊讶的是，在如此低的心率下，呼吸会变得很沉重和困难。

我们以完全专注于耐力训练的跑步运动员为例进行说明。因为几乎所有训练都是在 60% ～ 75% MHR 的目标心率区间中的有氧负荷下完成的，所以其心血管系统受到大量刺激。但是，轻松的训练对呼吸系统或肌肉系统的影响极小。

结果是，当训练变得更加困难时，即使心脏强壮了，后两个系统也并没有进入很好的状态，证据就是静息心率的明显下降。

经过长时间休息或大量轻松的长距离训练后，你可能会发现自己在 73% MHR 的轻松心率下呼吸困难，这意味着你的训练可能已达到当前的 AT。但不要担心。通过大量的体力训练，你可以将 AT 提高到 80% ～ 85% MHR，而经济性训练可以在几周内将其提高到 90% MHR。

还有另一种方法可以确定 AT，但不太准确。这种方法是跑步到感觉很辛苦的程度，并且喘气速度很快，无法讲出超过一个字的句子。尽管这会令人不舒服，但你可以在 2 ～ 3 英里距离内保持该配速。这可以帮助你对达到当前 AT 时的配速和心率进行粗略估计。

记住此说明和先前的讨论，戴着心率监测器出去训练。慢跑几分钟，然后加快配速，同时经常监测自己的心率。当感觉体力负荷达到只能说出一个字的句子的程度时，记下你的心率。实际上，这就是你的 AT。请放心，你的 AT 是一个在一定范围内上下浮动的点，它随着每分钟心脏搏动次数不断变化，并能体现出你所处的状态。你对体力负荷的感知将保持不变，但随着状态的改善，心率会更高，同时配速会更快。

一旦 MHR 有了可靠的估计值，你就可以确定训练区间。记住，训练区间是特定于运动项目的，因此不同的活动会使用不同的区间。使用 MHR 估计值和附录中的数据确定每个区间的上下限。

增强耐力的长时间跑步：60% ～ 75% MHR。

　　　　轻松的恢复性慢跑：65% ～ 70% MHR。

　　　　最大恢复和递减慢跑：60% ～ 65% MHR。

　　　　增强体力的跑步：75% ～ 85% MHR。

　　　　增强经济性的跑步：85% ～ 95% MHR。

　　　　提高速度和增强爆发力的跑步：95% ～ 100% MHR。

　　根据这些数据记录你的训练区间，并使用它们来计划和监测自己的训练。

选择训练计划

　　本节介绍了一套理想的训练计划，其中包括发展体能的所有 4 个组成部分（耐力、体力、经济性和速度）的训练，并且该计划会逐步升级至完成 4 个训练阶段，以安全地开发这些组成部分。第 1 级训练计划适用于希望增强耐力并提高健康水平和控制体重的慢跑人士。第 2 级训练计划有利于希望完成 5 千米、10 千米、半程马拉松和全程马拉松，但不参加精英级比赛的业余跑步运动员增强耐力和体力。第 3 级训练计划有利于建立经济性、速度和爆发力，非常适合那些渴望在 5 千米、10 千米、半程马拉松和全程马拉松中创造个人纪录并击败其他竞争对手的参赛跑步运动员。第 3 级训练计划可以使参赛跑步运动员像猎豹一样飞奔到终点，帮助他们在适当的时候达到巅峰状态。

第 1 级：慢跑，增强耐力

　　这可能看起来有些夸张，但以 60% MHR 作为目标心率下限，以 75% MHR 作为目标心率上限对于第 1 级训练计划是有效的。目标心率下限最适合保持耐力，而目标心率上限最适合增强耐力。目标心率上下限的好处略有不同，在此目标心率范围内训练都是富有成效的。

　　该计划使用由给定值或对照值以及变量组成的科学形式。在每个进度中，训练的持续时间和一周内的训练频率是给定值。最重要的给定值是一组以目标心率形式表示的强度。这让你可以通过测量作为变量的每日训练距离来跟踪自己的体能水平的提高情况。例如，如果使用跑道，在最初的 30 分钟训练中，你可能只能完成 3 ～ 4 圈。3 ～ 4 周后，你可能在 30 分钟内完成 5 ～ 6 圈，因为你需要跑更长的距离才会达到目标心率上限。你的步行时间将减少，因为你的心率将更快地进入恢复区间。

　　如果你希望在街道而不是在跑道上跑步，请使用地标来记录第一次完成训练的地点。很快，你就会越过那个地标，跑到拐角处的加油站。你还可以将训练的持续时间分成两半，然后日复一日、周复一周地记下开始向回跑的位置与起点之间的距离。

　　完成每个进度所需的周数是结束变量。简而言之，你可以衡量自己短期和长期的体能水平的提高情况。

　　你的慢跑速度及心率一旦超过目标心率上限，要步行多久才可以恢复，将决定你在指定时间内完成的距离。进行心特莱克训练的好处在于，你可以回答"如何符合'我'的个性化需求？"这个问题，因为变量反映了你当前的体能水平（有关心特莱克训练的更多详细信息，参见第 5 章）。

　　即使你能够完成的距离似乎已经比进度 A 要求的距离更长，你也可以进行进度 A 的训练，作为使用目标心率区间的尝试。如果你的身体状态更好，则你可以更快升级到进度 B。

进度 A

　　在训练开始后的前 5 分钟进行热身，使心率逐渐达到并且不超过 65% MHR。计划使用最后 5 分钟来慢跑或步行作为放松活动，将心率降到远低于 60% MHR。这 10 分钟算在训练总时间内。

周一到周五

　　在 3 个工作日中按心特莱克方案慢跑 30 分钟。安排 2 天用作休息和恢复训练。慢跑至心率达到 75% MHR，然后将心率降低到 60% MHR。按要求在 30 分钟内重复该过程。

周六或周日

　　在周末的其中一天按心特莱克方案慢跑 40 分钟。慢跑至心率达到 75% MHR，然后将心率降低到 60% MHR。

　　根据需要在多周内重复这种模式，直到在规定的训练时间内全过程中的心率都没有超过 75% MHR 且无须步行。如果你注意到自己在训练过程中完成的距离没有之前那么远了，则可以将一周的训练时间缩短 10% ～ 20%，因为你可能已过度训练。你的双腿会告诉你，听取其意见，不要鲁莽地遵循计划中的安排。

进度 B

在训练开始后的前 5 分钟进行热身，使心率逐渐达到并且不超过 65% MHR。计划使用最后 5 分钟来慢跑或步行作为放松活动，将心率降到远低于 60% MHR。这 10 分钟算在训练总时间内。

周一到周五

在 4 个工作日中按心特莱克方案慢跑 30 分钟。安排 1 天用作休息和恢复训练。慢跑至心率达到 75% MHR，然后将心率降低到 60% MHR。

周六或周日

在周末的其中一天按心特莱克方案慢跑 50 分钟。慢跑至心率达到 75% MHR，然后将心率降低到 60% MHR。

根据需要在多周内重复这种模式，直到在规定的训练时间内全过程中的心率都没有超过 75% MHR 且无须步行。仔细观察双腿是否有慢性疲劳的迹象，如双腿沉重。如果有需要，可以减少时间。

进度 C

在训练开始后的前 10 分钟进行热身，使心率逐渐达到并且不超过 65% MHR。计划使用最后 5 分钟来慢跑或步行作为放松活动，将心率降到远低于 60% MHR。这 15 分钟算在训练总时间内。

周一到周五

在周一、周三或周五休息 1 天，在其他两天（周一、周三或周五），慢跑 30 分钟，心率不得超过 75% MHR。在周二和周四，慢跑 45 分钟，并使心率保持在 70% ～ 75% MHR 区间内。

周六和周日

在周六，通过长时间慢跑来休息，在 20% ～ 65% MHR 区间内慢跑 20 分钟。在周日，将周末训练的时长增加到 60 分钟，心率不超过 75% MHR，并且不需要步行。

如果过度训练导致双腿沉重并且速度减慢，则应回到进度 B 进行一周的训练。为了降低过度训练的风险，每隔 4 周就应安排一个恢复周，并遵循进度 A 模式。

此时，你的耐力其实已足够，体重控制得也不错，并且达到了最佳状态。你可以随意在方案中组合搭配训练，可以包含不同的模式，以增强训练的多样性。考虑提高你的体能水平，并晋级到休闲跑步水平。如果你想成为休闲跑步运动员，需要进行 $\dot{V}O_{2max}$ 和无氧阈测试，然后继续阅读下面的内容。

第 2 级：以康乐为目标的跑步

对于这些计划，心率区间为给定值。这样你就可以跟踪能反映你的体能水平和能力水平的个性化反应。每个训练级别都可以根据需求切换变量，以实现每个级别的体能调节。

即使你确信自己当前的体能水平，并有能力从第 2 级或第 3 级训练计划开始，也请记住不要太早采用太快的速度。你必须先学会爬，再学会步行，然后才能够跑步。

使用当前的体能水平和 $\dot{V}O_{2max}$ 测试的结果来确定所属等级和起始级别。不要害怕从低级别开始，这样做可以建立新的有氧耐力基础。这可能正是建立该基础的理想时间。

表 10.4 所示的计划将帮助你提高体能水平，让你可以微笑着完成 5 千米、10 千米、半程马拉松或全程马拉松比赛，完全不担心名次或时间。你可能认为该计划的每周总训练量似乎不足。但是，它不包括在艰苦训练前后进行热身或放松的时间。每周的热身和放松时间加起来可能长达 30～45 分钟。热身慢跑至少要 10 分钟，而训练后的放松活动为慢跑 5 分钟。

如果你发现每周训练的总时间有些令人生畏，请放心，该时间包括在轻松训练日中进行热身和放松的时间。但是，较艰苦的训练日需要 10 分钟慢跑来热身，以及 5 分钟慢跑来放松。如果这样会使每周的跑步总时间过长且身体感到不适，则可将分钟数下调 15%～20%，或更多。当你看到过度训练的征兆时尤其应该调整时间。

该计划还安排了体力训练，因此它没有严格遵循 4 个训练阶段的原则。如果你的耐力水平不足以尝试这种混合模式，则应重新执行第 1 级慢跑计划。完成后，请升至第 2 级。

该进度说明了如何进入状态，以准备好进入更好的状态。该耐力训练模式对于所有 4 种距离均有很好的效果，但是希望进入竞技状态的跑步运动员需要遵循不同的计划，进行独特的高强度组合训练。那些选择短距离比赛的人必须在更高的 MHR 百分比下更艰苦地训练，而半程和全程马拉松运动员则必须通过在较低强度下跑更长距离来提高训练负荷。

表 10.4　第 2 级：休闲跑步运动员的 24 周计划（5 千米、10 千米、半程马拉松和全程马拉松）

周	阶段	每周时长 *	周一	周二	周三	周四	周五	周六	周日
1	I	150:00	休息	25:00 A	30:00 A	25:00 A	休息	20:00 A	50:00 B
2	I	180:00	休息	35:00 A	25:00 A	35:00 A	休息	28:00 A	57:00 B
3	I	180:00	休息	30:00 A	25:00 A	25:00 C	休息	35:00 A	65:00 B
4	I 和 II	195:00	休息	30:00 A	25:00 C	35:00 C	休息	35:00 A	70:00 B
5	I 和 II	215:00	休息	35:00 C	30:00 A	4×D	休息	45:00 A	75:00 B
6	I 和 II	> 155:00	45:00 A	3×D	60:00 A	休息	25:00 A	休息	5 千米
7	I 和 II	200:00	休息	30:00 A	30:00 A	3×D	休息	45:00 A	70:00 B
8	I 和 II	225:00	休息	4×D	45:00 A	25:00 E	休息	50:00 A	80:00 B
9	I 和 II	250:00	休息	5×D	50:00 A	25:00 E	休息	50:00 A	90:00 B
10	I 和 II	> 155:00	休息	45:00 A	3×D	50:00 A	35:00 A	休息	10 千米
11	I	225:00	休息	30:00 A	45:00 A	30:00 A	休息	45:00 A	75:00 B
12	I 和 II	255:00	休息	40:00 A	6×D	35:00 A	休息	45:00 A	90:00 B
13	I	290:00	休息	35:00 C	35:00 A	35:00 C	30:00 A	50:00 F	105:00 B
14	I 和 II	330:00	25:00 A	30:00 A	7×D	30:00 A	40:00 A	30:00 F	120:00 B
15	I	250:00	休息	40:00 C	35:00 A	30:00 A	35:00 C	35:00 A	75:00 B
16	I 和 II	> 155:00	35:00 A	3×D	50:00 A	25:00 A	休息	20:00 F	半程马拉松
17	I	250:00	40:00 A	休息	50:00 A	40:00 A	休息	45:00 A	75:00 B
18	I	290:00	30:00 A	45:00 C	25:00 A	休息	40:00 C	50:00 A	100:00 B
19	I	350:00	35:00 A	55:00 C	30:00 A	20:00 A	45:00 C	40:00 A	125:00 B
20	I	390:00	30:00 A	65:00 C	30:00 A	30:00 A	50:00 C	35:00 F	150:00 B
21	I	440:00	45:00 A	75:00 C	40:00 A	休息	55:00 C	45:00 F	180:00 B
22	II	260:00	休息	60:00 C	45:00 A	休息	4×D	30:00 F	90:00 B
23	II	> 170:00	休息	35:00 A	45:00 A	40:00 A	30:00 A	20:00 F	全程马拉松
24	I	130:00	25:00 A	休息	30:00 A	休息	30:00 A	休息	45:00 A

* "每周时长"列是一般准则，为计时器上显示的总时长（分：秒）。实际总时长会有所不同，具体取决于热身和放松活动所需的时间，要求完成达成心率目标而非时间目标的训练，并完成赛跑。

图例

A：轻松的负荷，65% ~ 70% MHR

B：增强耐力的长时间跑步，60% ~ 75% MHR

C：中等负荷，稳定配速为 75% ~ 80% MHR

D：以 80% ~ 85% MHR 重复 7 分钟，配合缓慢慢跑直至心率降至低于 70% MHR 的恢复间隔

E：达到无氧阈的节奏跑（不间断地跑步），80% ~ 85% MHR

F：非常轻松的负荷，60% ~ 65% MHR

第 3 级：以竞赛为目标的跑步

第 3 级训练计划不适合初级运动人士。这些计划纳入了提高经济性强度的训练，以助你提升竞争力，同时这些计划能使你提高速度和爆发力，从而为取得最佳比赛表现并创造个人纪录做好准备。你至少需要有一整年的跑步经验，并且目前每周至少跑步 215 分钟（第 2 级训练计划）。我们将使用的实验模型与为第 9 章中的步行人士和本章中的第 1 级慢跑人士准备的模型相同。运动心率和恢复心率，以及跑步时间（以分钟为单位）是给定值，变量是配速。

秉承本书的精神，每次训练都将心率用作确定配速的唯一指标。该方法的优点在于你的特定体能水平、整体能力和目标都无关紧要。根据通用的运动科学原则，你将与其他所有读者执行相同的训练方案。事实已证明这些原则可以帮助运动员做好准备，并在其所选择的赛事中取得成功。唯一的区别是，有些运气好的人会更快地完成训练，但是每个人都同样可以受益于相同的适应。

在继续学习训练计划之前，请先阅读本节对其基本原理的说明。这些计划提供了整个训练期间每周的总体时间表。训练模式则给出了每个日常训练的细节。计划以较高的训练量和较低的强度开始，然后在降低训练量的同时逐渐提高强度。我们希望这种方法可以帮助你防止过劳性损伤，并避免犯过度训练的错误，而这种错误的出现往往是由于太早采用过快的速度或过长的距离。

每周都有一个跑 X 分钟的目标，我们可以将其转换为以天为单位的英里数。我们建议你每周最多跑 5 天或 6 天。请注意，一周中要安排一些休息日。那些是轻松的恢复日，让你有机会真正地休息，并为即将来临的艰苦训练或比赛做好准备。休息日可以让你在艰苦训练日后完全恢复过来。虽然你觉得自己体力还不错，但你可能没有意识到已训练过度或出现心理疲劳。此时，休息日可以使你免受连续串起数个艰苦训练日的诱惑。

请记住，这些只是基于难易结合的训练模式设计的示例。你可以根据自己的能力、当前的体能水平和目标来修改训练日的安排，但是你必须遵循这种模式，即高强度训练和低强度恢复交替进行。

5 千米跑步训练计划 要开始 5 千米跑步训练计划（见表 10.5），你应该先在 $\dot{V}O_{2max}$ 测试中获得"普通""良好"或者"优秀"的测试结果。

如果你已完成第 2 级训练计划的前 6 周训练，则可以使用此计划继续进行 5 千米训练并缩短 5 千米的完成时间。

在 5 千米跑步训练计划中，除了轻松的恢复性慢跑和长跑以外，所有训练都需要 10 分钟热身和 5 分钟放松，热身和放松活动均为 50% ～ 60% MHR 下的轻松慢跑。这些时间计入每周总分钟数。

该训练计划的目标是使你准备好在比赛中以 80% ～ 85% MHR 跑完第 1 英里，以 85% ～ 90% MHR 跑完第 2 英里和第 3 英里，而在比赛结束时达到 95% ～ 100% MHR。这是一个为期 14 周的训练计划，理想情况下将延续从第 1 级开始的 6 周正式的心率训练。你已完成的训练内容可能还不止这些，但其强度应该与第 1 级训练计划的强度相当。如果你已经更加努力地训练并参加了比赛，那么第 3 级训练计划将帮助你达到巅峰状态，使你有机会创造不错的个人纪录。

计划中的每种训练类型都对应高水平跑步表现的一种特征。轻松的负荷可帮助你建立并保持耐力，以及在比赛和艰苦训练后进行恢复。中等强度的训练可增强有氧运动能力和体力。表 10.5 中的字母 F 表示非常轻松的负荷，可用于在比赛或非常艰苦的训练之前最大限度地恢复，也可用于递减训练。快速负荷可发展经济性。非常快速负荷可发展速度。

对于长跑，如表 10.5 中的字母 B 所示，开始时要慢，让心率在热身跑中慢慢升高，然后略微加快配速。在长跑的后半段感到疲劳时，负荷将会提高到 75% MHR。

表 10.5 中的字母 H 表示快速爬坡负荷，跑上坡直至心率到达目标心率区间；然后通过慢跑下坡来恢复，并留在坡底，直到心率降至 60% MHR 以下。执行指定的重复次数。

表 10.5 中的字母 I 表示快速负荷间歇训练，它可以提高经济性和速度。该训练后半段的配速一定要确保自己的心率到达目标心率区间。每次重复结束前心率不能超过目标心率区间上限。

10 千米跑步训练计划 要开始 10 千米跑步训练计划（见表 10.6），你应该先在 $\dot{V}O_{2max}$ 测试中获得高于"普通"的测试结果。或者你可以将该计划用作第 2 级训练计划的延续，直到第 10 周。

				每日训练安排						
周	阶段	每周时长 *	每周的天数	周一	周二	周三	周四	周五	周六	周日
1	III	210:00	5	休息	I	45:00 A	25:00 E	休息	20:00 C	70:00 B
2	III	>150:00	5	休息	6×H	60:00 A	8×1:45 K	休息	30:00 F	5 千米比赛
3	III	200:00	5	45:00 A	I		40:00 A	4×D	休息	60:00 B
4	III	>150:00	5	6×3:30 G	休息	10×1:45 K	55:00 A	休息	25:00 F	5 千米比赛
5	III	190:00	5	40:00 A	8×H	休息	35:00 A	I	休息	5×3:30 G
6	III	>150:00	5	8×3:30 G	休息	4×D	50:00 A	休息	20:00 F	5 千米比赛
7	III	180:00	5	35:00 A	12×1:45 K	休息	30:00 A	I	休息	48:00 B
8	III	>150:00	5	3×D	休息	5×3:30 G	45:00 A	休息	20:00 F	5 千米比赛
9	IV	175:00	5	30:00 A	8×1:15 J	休息	30:00 A	12×1:45 K	休息	40:00 B
10	IV	>140:00	5	6×0:10 L	休息	3×D	40:00 A	休息	20:00 F	5 千米比赛
11	IV	170:00	5	25:00 A	10×1:15 J	休息	35:00 A	10×1:45 K	休息	35:00 B
12	IV	140:00	5	I	休息	8×0:10 L	30:00 A	休息	15:00 F	5 千米比赛
13	IV	165:00	5	20:00 A	12×1:15 J	休息	35:00 A	8×1:45 K	休息	30:00 B
14	IV	130:00	5	10×0:10 L	休息	25:00 A	6×1:15 J	休息	15:00 F	5 千米比赛

表 10.5　第 3 级：5 千米跑步训练计划

* "每周时长"列是一般准则，为计时器上显示的总时长（分：秒）。实际总时长会有所不同，具体取决于热身和放松活动所需的时间，要求完成达成心率目标而非时间目标的训练，并完成赛跑。

图例

A：轻松的负荷，65% ～ 70% MHR

B：长跑，60% ～ 75% MHR

C：中等负荷，稳定配速为 75% ～ 80% MHR

D：以 80% ～ 85% MHR 重复 7 分钟，配合缓慢慢跑直至心率降至低于 65% MHR 的恢复间隔

E：中等负荷，无氧阈下的节奏跑，80% ～ 85% MHR

F：非常轻松的负荷，60% ～ 65% MHR

G：快速负荷间歇训练，85% ～ 90% MHR

H：快速爬坡负荷，85% ～ 90% MHR

I：快速负荷间歇训练，80% ～ 95% MHR

　　　1×7 分钟，80% ～ 85% MHR，配合恢复性慢跑直至心率降至 70% MHR

　　　2×3 分 30 秒，85% ～ 90% MHR，配合恢复性慢跑直至心率降至 65% MHR

　　　4×1 分 45 秒，90% ～ 95% MHR，配合恢复性慢跑直至心率降至 60% MHR

J：非常快速负荷间歇训练，90% ～ 95% MHR，配合恢复性慢跑，使心率降至 60% MHR 以下，再加上 30 秒步行

K：非常快速负荷间歇训练，90% ～ 95% MHR，配合恢复性慢跑，使心率降至 60% MHR 以下

L：爆发力爬坡间歇训练，95% ～ 100% MHR，配合 2 分钟恢复性步行或慢跑

周	阶段	每周时长*	每周的天数	每日训练安排						
				周一	周二	周三	周四	周五	周六	周日
1	II	250:00	5	休息	50:00 A	35:00 A	30:00 E	休息	45:00 A	90:00 B
2	III	>175:00	6	45:00 A	I	45:00 A	8×1:45 K	休息	30:00 F	10千米比赛
3	II	240:00	6	休息	35:00 C	45:00 A	30:00 A	25:00 E	20:00 A	85:00 B
4	III	>165:00	6	45:00 A	8×1:15 J	50:00 A	6×3:30 G	休息	25:00 F	10千米比赛
5	II	230:00	6	休息	30:00 C	45:00 A	35:00 A	20:00 E	20:00 A	80:00 B
6	III	>155:00	6	35:00 A	10×1:45 K	45:00 A	6×1:15 J	休息	20:00 F	10千米比赛
7	IV	180:00	5	休息	8×1:15 J	35:00 A	12×1:45 K	休息	25:00 F	70:00 B
8	IV	>155:00	5	休息	6×0:10 L	30:00 A	6×H	休息	20:00 F	10千米比赛
9	III	215:00	6	30:00 A	20:00 E	40:00 A	I	25:00 A	休息	65:00 B
10	III	170:00	5	休息	8×H	30:00 A	6×3:30 G	休息	25:00 F	60:00 B
11	IV	>155:00	5	8×0:10 L	30:00 A	休息	2×D	休息	20:00 F	10千米比赛
12	IV	175:00	5	休息	10×1:45 K	30:00 A	休息	I	25:00 F	55:00 B
13	IV	155:00	5	10×H	休息	35:00 A	9×1:15 J	休息	25:00 F	50:00 B
14	IV	>135:00	5	休息	8×1:45 K	休息	6×1:15 J	25:00 A	15:00 F	10千米比赛

表 10.6　第 3 级：10 千米跑步训练计划

*"每周时长"列是一般准则，为计时器上显示的总时长（分：秒）。实际总时长会有所不同，具体取决于热身和放松活动所需的时间，要求完成达成心率目标而非时间目标的训练，并完成赛跑。

图例

A：轻松的负荷，65%～70% MHR

B：长跑，60%～75% MHR

C：中等负荷，稳定配速为 75%～80% MHR

D：以 80%～85% MHR 重复 7 分钟，配合缓慢慢跑直至心率降至低于 65% MHR 的恢复间隔

E：中等负荷，无氧阈下的节奏跑，80%～85% MHR

F：非常轻松的负荷，60%～65% MHR

G：快速负荷间歇训练，85%～90% MHR

H：快速爬坡负荷，85%～90% MHR

I：快速负荷间歇训练，80%～95% MHR

　　　1×7 分钟，80%～85% MHR，配合恢复性慢跑直至心率降至 70% MHR

　　　2×3 分 30 秒，85%～90% MHR，配合恢复性慢跑直至心率降至 65% MHR

　　　4×1 分 45 秒，90%～95% MHR，配合恢复性慢跑直至心率降至 60% MHR

J：非常快速负荷间歇训练，90%～95% MHR，配合恢复性慢跑，使心率降至 60% MHR 以下，再加上 30 秒步行

K：非常快速负荷间歇训练，90%～95% MHR，配合恢复性慢跑，使心率降至 60% MHR 以下

L：爆发力爬坡间歇训练，95%～100% MHR，配合 2 分钟恢复性步行或慢跑

在 10 千米跑步训练计划中，所有训练都是围绕时间设计的。因此，所完成的距离将因人而异。以 50% ～ 60% MHR 慢跑的形式进行 10 ～ 15 分钟的热身和 10 分钟的放松活动，这些时间将计入每周总分钟数。休息日完全不运动，以得到充分的休息；或者如果你需要达到每周的分钟数目标，可以在 60% ～ 65% MHR 的负荷下进行轻松的恢复性慢跑。这是一个为期 14 周的训练计划。

计划中的每种训练类型都对应提升跑步表现的一种特征。轻松的负荷可帮助你建立并保持耐力，以及在比赛和艰苦训练后进行恢复。中等强度的训练可增强有氧运动能力和体力。表 10.6 中的字母 F 表示非常轻松的负荷，可用于在比赛或非常艰苦的训练之前最大限度地恢复，也可用于递减训练。快速负荷可发展经济性。非常快速负荷可发展速度。

对于长跑，如表 10.6 中的字母 B 所示，开始时要慢，让心率在热身跑中慢慢升高，然后略微加快配速。在长跑的后半段感到疲劳时，负荷将会提高到 75% MHR。

表 10.6 中的字母 H 表示快速爬坡负荷，跑上坡直至心率到达目标心率区间；然后通过慢跑下坡来恢复，并留在坡底，直到心率降至 60% MHR 以下。执行指定的重复次数。

表 10.6 中的字母 I 表示快速负荷间歇训练，它可以提高经济性和速度。该训练后半段的配速一定要确保自己的心率到达目标心率区间。每次重复结束前心率不能超过目标心率区间上限。

半程马拉松训练计划　半程马拉松训练计划（见表 10.7）适用于那些在第 16 周已经完成第 2 级训练计划，并且想更努力地训练以缩短完成时间的跑步运动员。如果你在 $\dot{V}O_{2max}$ 测试中取得"普通""良好"或"优秀"的测试结果，并且已充分建立耐力基础，就可以使用此计划为 13.1 英里的比赛做准备。

计划中的每种训练类型都对应提升跑步表现的一种特征。轻松的负荷可帮助你建立并保持耐力，以及在比赛和艰苦训练后进行恢复。中等强度的训练可增强有氧运动能力和体力。表 10.7 中的字母 F 表示非常轻松的负荷，可用于在比赛或非常艰苦的训练之前最大限度地恢复，也可用于递减训练。快速负荷可发展经济性。非常快速负荷可发展速度。

对于长跑，如表 10.7 中的字母 B 所示，开始时要慢，让心率在热身跑中慢慢升高，然后略微加快配速。在长跑的后半段感到疲劳时，负荷将会提高到 75% MHR。

周	阶段	每周时长*	每周的天数	每日训练安排						
				周一	周二	周三	周四	周五	周六	周日
1	Ⅰ	190:00	5	25:00 A	休息	40:00 A	30:00 A	休息	35:00 A	60:00 B
2	Ⅱ	260:00	5	休息	35:00 A	40:00 C	休息	20:00 E	60:00 A	105:00 B
3	Ⅲ	225:00	5	休息	8×1:45 K	40:00 A	4×H	60:00 A	休息	90:00 B
4	Ⅱ	300:00	6	35:00 C	30:00 A	45:00 A	休息	40:00 C	20:00 F	130:00 B
5	Ⅲ	250:00	5	休息	10×1:45 K	55:00 A	休息	6×H	40:00 A	100:00 B
6	Ⅱ	350:00	6	30:00 A	6×D	25:00 A	75:00 C	休息	45:00 F	150:00 B
7	Ⅲ	275:00	6	25:00 A	I	休息	45:00 A	12×1:15 J	25:00 A	130:00 B
8	Ⅲ	250:00	6	休息	8×3:30 G	50:00 A	40:00 A	75:00 C	30:00 A	110:00 B
9	Ⅱ	200:00	5	休息	20:00 E	30:00 A	60:00 C	休息	30:00 A	60:00 F
10	Ⅱ	>155:00	7	35:00 A	30:00 A	3×D	20:00 A	30:00 A	20:00 F	半程马拉松

表 10.7 第 3 级：半程马拉松训练计划

* "每周时长"列是一般准则，为计时器上显示的总时长（分：秒）。实际总时长会有所不同，具体取决于热身和放松活动所需的时间，要求完成达成心率目标而非时间目标的训练，并完成赛跑。

图例

A：轻松的负荷，65% ~ 70% MHR

B：长跑，60% ~ 75% MHR

C：中等负荷，稳定配速为 75% ~ 80% MHR

D：以 80% ~ 85% MHR 重复 7 分钟，配合缓慢慢跑直至心率降至低于 65% MHR 的恢复间隔

E：中等负荷，无氧阈下的节奏跑，80% ~ 85% MHR

F：非常轻松的负荷，60% ~ 65% MHR

G：快速负荷间歇训练，85% ~ 90% MHR

H：快速爬坡负荷，85% ~ 90% MHR

I：快速负荷间歇训练，80% ~ 95% MHR

　　1×7 分钟，80% ~ 85% MHR，配合恢复性慢跑直至心率降至 70% MHR

　　2×3 分 30 秒，85% ~ 90% MHR，配合恢复性慢跑直至心率降至 65% MHR

　　4×1 分 45 秒，90% ~ 95% MHR，配合恢复性慢跑直至心率降至 60% MHR

J：非常快速负荷间歇训练，90% ~ 95% MHR，配合恢复性慢跑，使心率降至 60% MHR 以下，再加上 30 秒步行

K：非常快速负荷间歇训练，90% ~ 95% MHR，配合恢复性慢跑，使心率降至 60% MHR 以下

　　表 10.7 中的字母 H 表示快速爬坡负荷，跑上坡直至到达目标心率区间；然后通过慢跑下坡来恢复，并留在坡底，直到心率降至 60% MHR 以下。执行指定的重复次数。

　　表 10.7 中的字母 I 表示快速负荷间歇训练，它可以提高经济性和速度。该训练后半段的配速一定要确保自己的心率到达目标心率区间。每次重复结束前心率不能超过目标心率区间上限。

全程马拉松训练计划　这个为期 11 周的计划（见表 10.8）适用于已经完成了半程马拉松（见第 2 级训练计划）或希望在下一次马拉松中跑得更快的跑步运动员。

计划中的每种训练类型都对应高水平跑步表现的一种特征。轻松的负荷可帮助你建立并保持耐力，以及在比赛和艰苦训练后进行恢复。中等强度的训练可增强有氧运动能力和体力。表 10.8 中的字母 F 表示非常轻松的负荷，可用于在比赛或非常艰苦的训练之前最大限度地恢复，也可用于递减训练。

对于长跑，如表 10.8 中的字母 B 所示，开始时要慢，让心率在热身跑中慢慢升高，然后略微加快配速。在长跑的后半段感到疲劳时，负荷将会提高到 75% MHR。

表 10.8　第 3 级：全程马拉松训练计划

周	阶段	每周时长 *	每周的天数	每日训练安排						
				周一	周二	周三	周四	周五	周六	周日
1	I	190:00	5	30:00 A	35:00 A	休息	40:00 A	30:00 A	休息	55:00 A
2	I	320:00	7	40:00 A	25:00 C	45:00 A	30:00 A	30:00 C	35:00 A	115:00 B
3	II	375:00		休息	45:00 C	75:00 A	休息	55:00 F	65:00 F	135:00 B
4	II	480:00	7	50:00 A	35:00 C	65:00 A	50:00 A	65:00 C	60:00 F	160:00 B
5	III	300:00	6	45:00 A	25:00 E	休息	55:00 A	5×D	35:00 C	100:00 B
6	II	520:00	7	45:00 A	6×D	80:00 A	65:00 A	70:00 C	60:00 F	170:00 B
7	III	315:00	6	休息	45:00 A	30:00 E	60:00 A	6×D	25:00 F	110:00 B
8	II	560:00	7	45:00 A	55:00 C	75:00 A	75:00 C	65:00 A	50:00 F	180:00 B
9	III	325:00	6	休息	45:00 A	30:00 E	60:00 A	7×D	25:00 F	120:00 B
10	II	260:00	6	40:00 C	45:00 C	30:00 A	休息	40:00 C	30:00 F	75:00 A
11	II	> 170:00	7	40:00 A	3×D	25:00 A	40:00 C	25:00 A	15:00 A	马拉松

* "每周时长" 列是一般准则，为计时器上显示的总时长（分：秒）。实际总时长会有所不同，具体取决于热身和放松活动所需的时间，要求完成达成心率目标而非时间目标的训练，并完成赛跑。

图例

　A：轻松的负荷，65% ～ 70% MHR

　B：长跑，60% ～ 75% MHR

　C：中等负荷，稳定配速为 75% ～ 80% MHR

　D：以 80% ～ 85% MHR 重复 7 分钟，配合缓慢慢跑直至心率降至低于 65% MHR 的恢复间隔

　E：中等负荷，无氧阈下的节奏跑，80% ～ 85% MHR

　F：非常轻松的负荷，60% ～ 65% MHR

继续训练

前面介绍的训练计划旨在帮助你了解如何通过关注强度来设计个性化的训练计划。这些例子不仅是艰苦的训练，也是合理的训练。为了简化，我们仅强调训练的两个组成部分：以心率代表的强度和以分钟为单位的持续时间。

你还需要牢记以下观点。一旦你感受过 100% MHR 那种竭尽全力的疲惫不堪，就永远不会有比这更糟的感觉。在此之后的训练或比赛中，每次达到 100% MHR 的负荷都将带来相同的感觉——同样地疲惫不堪、痛苦，并且几乎无法呼吸。但是你不会有更加难受的感觉。超出极限达到 110% MHR 的体力负荷水平是体育作家虚构的故事；100% MHR 的体力负荷是人类能力的极限，这让我们不得不休息。速度和爆发力训练的作用是使你的意志更坚韧。这些训练教你不要放弃，要继续努力。而全力以赴的 100% MHR 的体力负荷会告诉你，你可以克服困难，坚持到终点。矛盾的是，你也学会了在开始进入瓶颈期并感觉速度放慢时就要停止如此努力。通过放松，你会发现自己的速度的减慢幅度不再那么大。

另一个观点是，如果你训练成功并且你的速度更快，那么在相同距离下竭尽全力的疲惫所带来的疼痛、折磨和痛苦就不会持续太久。痛苦将很快结束！如果在 100% MHR 的体力负荷下是如此，那么好消息是，你在其他训练区间以更快的新配速完成训练也会有同样的感觉。你对 70% MHR 下缓慢的、在恢复日使用的配速的负荷感知仍然相同：轻松。从这个角度去理解，如果在 100% MHR 下的 5 千米个人纪录比以前快了，那么有什么理由在 70% MHR 下进行训练的速度不会加快，并且仍然感觉像旧的个人纪录时那样轻松？如果能在更辛苦、更快的配速下保持良好状态，那么在较轻松、较慢的配速下状态会更好。

例如，通过参考大多数流行的跑步运动员配速图表，个人纪录为 21 分 41 秒 的 5 千米跑步运动员知道，在全力以赴的 100% MHR 的负荷下，配速稍低于每英里 7 分钟。在 65% ～ 70% MHR 下进行轻松的恢复训练时，其配速为每英里 9 分 10 秒至每英里 8 分 43 秒。当该跑步运动员的个人纪录为 21 分 11 秒，配速为 6 分 50 秒时，相同的恢复日训练配速将降至每英里 8 分 58 秒至每英里 8 分 31 秒，但他仍然有相同的感觉：轻松。

不要错误地以为要提高就必须以更高的 MHR 百分比进行更艰苦的

训练。如果将 65% ～ 70% MHR 的轻松负荷提升到 75% ～ 80% MHR，身体就无法在之前的艰苦训练或比赛后完全恢复。较艰苦的训练（典型的例子就是可怕的过度训练综合征）不可避免地会导致腿部受伤和过早老化。

那么，如果不能承受更艰苦的训练却想要有所提高，该怎么办？简单——跑多一点儿，在训练计划中增加训练时间。如果你已经知道不能通过更频繁地进行更艰苦的训练来提高自己的速度，那么就要调节持续时间这个变量，延长所选择训练模式中轻松部分的时间，同时使各部分的强度水平保持在相同的 MHR 百分比。艰苦训练之前的热身和之后的放松要跑更长时间。在恢复日跑更长时间，并将长距离跑的时间拉长。在强度较低时跑更长距离，你会变得更强壮，因为你有更多步数要克服重力，使得阻力逐渐增加。你可以将几乎脚不离地的轻松慢跑与举起较轻的重量相类比。如果不需要每一步都高高弹起，那你就没有太多的重力需要克服。冲刺则具有来自重力的更大阻力，可被视为类似于举起较重的重量，但你不需要举起那么多次就可以变得更强壮。因为你可能已经超出了自己可以完成高强度训练的极限频率，所以更安全的选择就是纯粹增加长距离慢跑的时间，将心率保持在 60% ～ 75% MHR 的区间内即可。简而言之，越强壮，跑步速度就会越快。

那么，在尽可能多地跑步并发现个人纪录不再提高后，你是否想继续训练以达到最佳状态（尽管速度较慢）？或者，你是否非常喜欢跑步，以至于想在余生中都继续跑步？如果答案为是，你必须注意保持肌肉骨骼系统的健康。如果你能继续跑步直到生命的终点，那会不会很棒呢？你无须提前停止跑步。好消息！无论你何时开始跑步，无论你是 7 岁还是 77 岁，我们都相信你可以一辈子跑下去。诀窍在于避免双腿比心脏更早屈服，因为具有讽刺意味的是，跑步运动员的双腿似乎比心脏衰老得更快。

想一想：有多少位跑步人士告诉过你，他们因为膝盖问题而放弃了跑步？或者是因为他们的髋关节？或者是因为脚、踝关节或背部？相比之下，有多少人告诉你，他们因剧烈的心跳而感到心脏疼痛，所以放弃了跑步？如果你想跑步，无论是为了健康、休闲，还是比赛，我们都会在这里告诉你，你可以跑一辈子。那么，你跑步是为了保持年轻并变得好看吗？你跑步是为了结交朋友并带着微笑跑过终点吗？你跑步是为了激励自己追求最佳表现而竭尽全力吗？简而言之，你的目标是什么？无论你目前的目标是什么，我们都相信你可以跑一辈子，前提是你没有跑得过度。

当然，你可能无法永远像跑步生涯刚开始时跑得那么快，但是你绝对可以一直跑步，直到生命的尽头。我们认为，我们积累的智慧、心率监测器提供的科学数据以及我们的训练方法可以帮助你实现这一目标。当然，我们承认，过劳引起的生物力学问题并不总是迫使人们放弃跑步的原因。有些意外的骨科损伤会对腿部造成伤害，即使是最科学的训练也无法避免。例如足球或橄榄球运动造成的韧带或软骨损坏，或在路边绊倒等意外。我们也承认，糟糕的生活方式会损害心脏，使跑步人士无法继续跑步。但是该损害很少是由严格管理的运动（如跑步）造成的。

现在是时候指出，你的 MHR 会随年龄的增长而下降。实际上，对于整个生命过程中的运动表现下降，有许多解释都将其归因于 MHR 的降低。是的，这是速度随着年龄增长而减慢的原因之一。但是，这种减速单纯与年龄有关，而不是由跑步过程中的磨损引起的。人们普遍认为，即使是与年龄有关的运动速度减慢，积极运动的人也会比不运动的人以更慢的节奏减速。因此，问题是这样的：如何避免双腿比心脏更早屈服呢？我们相信，有一个简单、科学的解决方案可以让你继续跑步：使用我们经常提到的那些实验原理，调整训练的给定值和变量。如果要避免可能导致双腿过早退休的磨损累积，跑步人士就要像科学家一样，从心率监测器上读取反馈信息，以调节强度、控制配速并减轻对腿部的微损伤。

我们先来回顾一下为终身跑步准备的实验工具。下面是跑步训练课的 4 个组成部分。

模式：训练的类型，例如冲刺、快跑、慢跑、步行或交叉训练。

持续时间：以英里或分钟为单位测量的距离。

强度：艰苦或轻松的体力负荷，以每分钟搏动次数和主观疲劳感来衡量。

频率：在一个模式中重复进行某类型训练的次数。

根据目标的不同，这 4 个组成部分中的任何一个都可以作为变量，而其他 3 个组成部分均为给定值。重点就是使用科学方法来控制训练，同时应回答以下问题：该训练是否可以帮助我在跑步生涯的这个阶段达到目标，并且是否适合我每周训练方案的训练模式而又不会让我的双腿废掉？在以下各小节中，我们将使用实验模型来设计适用于日渐衰老的双腿所处的各个阶段的训练方案。

　　下面是一个经典的间歇训练方案，它可以说明实验模型的工作原理。历史上一位优秀的跑步运动员曾使用实验模型来回答这个问题：训练到这个时候，我准备好打破 1 英里 4 分钟的纪录了吗？因此，为了测量他当时的体能水平，罗杰·班尼斯特设计了一个实验训练：在 X 时间（变量）内完成 10（给定重复次数）×440 码（1 码 ≈ 0.91 米，后文不再标注）（给定跑步距离），恢复间隔为 2 分钟（给定的时间量）。他的变量是每个 440 码可以跑多快。班尼斯特的理论是，在他的平均配速可以快于每 440 码 60 秒的目标配速之前，他需要进行更多的跑步训练来提高自己的体能水平。第一次测试的结果为平均每 440 码 67 秒，与他认为自己需要达到的每 440 码 59 秒相去甚远。因此，要添加到他的模型中的最后一个给定值是频率。他每周都会重复进行此训练方案，以查看自己的状态是否有所改善。班尼斯特确信只要能够用 59 秒跑完一圈，跑 10 圈，即使休息间隔需要 2 分钟，也足以使他的体能水平达到在 4 分钟以内无须停下休息跑完 4 圈的程度。经过数周的训练，班尼斯特成功地将平均每 440 码的时间缩短到不到 60 秒。1954 年 5 月 6 日，在英国牛津的伊夫雷路（Iffley Road）赛道上，班尼斯特进行了测试。他的实验成功了。他的 1 英里时间是 3 分 59.4 秒，这是历史上第一个在 4 分钟以内完成 1 英里的纪录。

　　这就是班尼斯特的成功实验。如果效仿他这个使用训练来增强体能的实验示例，你可以继续跑步多久？跑步运动员和教练经常会陷入设计间歇训练的陷阱：所有要素都是给定值，没有任何变量。如果无法在目标时间内完成计划的距离，则训练方案被认为是失败的，没有哪个跑步运动员想让自己的测试失败。班尼斯特在其职业生涯的巅峰退役，诚然，当时他还很年轻，因此我们不知道，如果他之后还继续跑步的话，他是否继续使用强度作为变量。实际上，他为了保持健康和体能水平而坚持的训练被迫中断了，因为当时他在慢跑中被汽车撞到并受了重伤。

　　我们认为跑步生涯的长短取决于你如何通过长期管理各个变量来照顾自己的双腿。通常，调整变量（模式、持续时间和频率）以达到适当的强度（给定值）将是让你能够一直跑下去的关键。

双腿的年龄

　　到目前为止，讨论是否已经引起你的注意？如果是，那么很好。根据我们积累的个人经验和许多证据，我们发现跑步人士的双腿在其跑步生涯中会经历 4 个阶段。认识这些阶段，确定自己处于哪个阶段并遵循我们的建议，这样做可以使你在到达生命的终点前仍然做一个跑步人士。以下是跑步人士的双腿所经历的 4 个阶段。

1. 青春期的腿。
2. 成年的腿。
3. 衰老的腿。
4. 古老的腿。

这些阶段的区别相当大，有些持续几年，有些持续数十年。在一个阶段中停留多长时间取决于你听取我们的"指导性"建议以及执行程度。根据以下说明，你可以确定自己在跑向生命终点线的这段旅程中到达了哪个位置。这些说明是基于许多采访、对话以及大量个人经验总结而成的。

青春期的腿　跑步生涯中的这一阶段是了解极限的过程。无论跑步人士的生理年龄如何，只要开始跑步，即使是 77 岁的老人，他奔跑的双腿都是不成熟的新秀。这些跑步人士的行为就像孩子一样，认为自己是刀枪不入的。奔跑的双腿要经历一段不成熟时期，众所周知，这是不断试错的时期。跑步人士会了解到错误带来的后果，这有助于他们弄清楚自己将成为什么样的跑步人士。

当双腿年轻、强健、柔韧性好、协调性好时，跑步人士会发现，通过在 60% ～ 75% MHR 的有氧区间内跑更长的距离来延长持续时间，他们可以跑得更快。他们很快会了解到，在 90% ～ 100% MHR 区间内进行高强度训练的回报就是跑得更快。他们还发现，在其无氧阈（75% ～ 85% MHR）下进行节奏训练有增强体力的好处。他们也会了解到，其实他们只要再努力一点儿，就会有回报。也许他们不够老练，无法理解与其训练相关的特定心率区间的知识，但他们认为，如果他们可以在训练中"获胜"，就可能在比赛中获胜。

但是，毫无疑问，在经历过 100% MHR 的"在终点线倒下"式训练和比赛中那种完全无氧的筋疲力尽之后，他们的意志会更加坚韧。这是令人满意的时期，你会创造和不断刷新个人纪录，这个时期平均持续 9 年。我们的调查显示，这个时间持续时间最短的是 5 年，最长的是 16 年。

在此阶段，跑步人士了解到了磨炼意志力的训练和比赛安排得过于密集的陷阱。他们学到了"过度"的宝贵教训。他们用笨办法了解到不能跑得过远、过于艰苦或过于频繁，否则训练将伤害肌肉、肌腱、韧带、关节或骨骼，或者导致生病。他们得到的教训是，进步不一定与更艰苦的训练直接相关。他们可能会遭受一系列损伤并遇到障碍，例如过度训练引起的感冒。经常中断训练变成常态。保持连续性是一个挑战，因为很明显，身体已经在尽可能地适应训练压力了。他们认为提高速度的唯一方法是增加冲刺、跑步和慢跑训练的持续时间、强度或频率，而这样做肯定会让他们身心疲惫。他们的跑步生涯似乎已经过了巅峰，原因是：他们的双腿过早地被废掉和衰老了。其高强度训练的频率使他们无法获得足够的恢复，并且双腿太累，无法跑得更快。现在是时候"成长"，变得更聪明了，看看是否有办法保持竞争力和刷新个人纪录。得出此结论有助于跑步人士防止腿部过早衰老。

成年的腿　对跑步生涯这一阶段的定义是，跑步人士学习更聪明地训练的"成熟"过程。跑步生涯的这一时期类似于你长大并停止愚蠢的冒险行为的时期。到青春期的腿这一阶段结束时，跑步人士的双腿变得更强壮、更高效，并且他们已经准备好理清其"训练思维"。他们已经厌倦了因为又一次受伤或生病而被训练伙伴抛在后面。他们的非连续训练最终使其停下来问自己："罗杰·班尼斯特到底是怎么做到的？"

在此阶段，跑步人士可能会开始听取训练伙伴的意见，对方告诉他们不能总是猛练。他们终于明白自己需要更明智地训练，而不仅仅是更艰苦地训练。也许他们会购买一本著作或聘请教练来帮助自己选择其中一种要调整的训练内容。他们甚至可能会使用心率监测器，并尽力弄清楚心率数字的含义或如何运用此数据。他们可能会尝试调整训练的组成部分，例如减少或降低最艰苦的训练的持续时间或频率。最终，他们会意识到最好将那些 100% MHR 负荷的全力以赴训练留给比赛。

这种更明智、"少即是多"的训练可以让腿部恢复活力。训练的连续性得到改善，跑步人士能够坚持自己的训练计划，并且对比赛更加挑剔。一旦他们觉得自己更加精力充沛、更强壮，他们就会发现自己在比赛中可以坚持更长的时间，然后才不得不靠意志力来防止自己变慢。他们还将学习如何平衡分别侧重于自然优势和劣势的训练，并评估自己在哪种项目中最容易成功：较短距离的项目（如 5 千米）或较长距离的比赛（如马拉松）。他们了解到，大自然母亲赐予他们的要么是更多有助于提高速度的快缩型肌纤维，要么是更适合增强耐力的慢缩型肌纤维。

随着他们的成熟，他们会惊讶地发现自己可以继续刷新个人纪录。原因很简单：他们了解到 95% MHR 负荷的训练已足够艰苦，而且通过降低此类训练的频率，他们的双腿在比赛时会变得更有活力。

但是，在此时期，跑步人士最终会发现自己没有办法跑得更快。尽管他们已经确信明智的训练胜过艰苦的训练，但是无论他们如何改变训练组成部分的给定值和变量，他们的速度仍然那么慢。"成年的腿"阶段的最后一课：你不可能超越"衰老"。随着年龄的增长，你可能因为训练更聪明，而不是更艰苦而减缓了腿部的衰老。根据我们的调查，该时期的平均持续时间为 14.5 年，范围为 11 ~ 19 年。

衰老的腿　跑步生涯这一个阶段的重点是适应慢节奏。有些跑步人士决定在这个阶段只享受跑步的社交好处。他们成为休闲跑步人士，其高强度训练的最大负荷低于 90% MHR。当比赛的快感消失后，跑步人士的满足感来自面带微笑而不是脸部扭曲地跑过终点线，而此阶段的跑步人士将目标从比赛转向志在参加。这个决定可以帮助他们在余生中继续跑步，因为他们取消了那些在 90% ~ 95% MHR 下不必要的高强度、高风险训练。他们没有必要让双腿继续重重地踏在坚硬的路面上。他们了解到，在艰苦训练日里，85% MHR 的负荷足以刺激心肺系统，这对不再关心自己所用时间的参与者足矣。

但是，有些跑步人士发现他们在其年龄组别中仍然可以保持竞争力。其原因很可能是减少训练持续时间或用 2 ~ 3 个恢复日将高强度训练日隔开。这些高强度训练日要求采用足够快的速度，以保持竞争力。速度训练的恢复间隔可能采用步行而不是慢跑的方式。在恢复训练日中，跑步人士可能会采用成熟的模式，只安排步行。此阶段的跑步人士根据自己的经验可以知道，要减少艰苦训练日的训练量，以保证安全。他们可能会发现 8 次或 9 次重复就足够了，而不是 12 次。

不管跑步人士的竞技状态能持续多长时间，"衰老的腿"最终都会使步幅变短、变弱和变细碎，每一步都像是前一步的影子。在此阶段，跑步人士可能需要 5 分钟甚至 10 分钟步行来热身，然后才能进入慢跑加步行的训练。他们可能会发现自己像短跑运动员一样挥舞着手臂，试图以此带动双腿跑出更快的速度。更糟糕的是，他们可能像徒劳地拍打着翅膀试图逃脱狐狸追捕的鸡。经过这么些年，跑步人士才了解到年老和速度缓慢真正的感觉。在此阶段结束时，跑步人士决定不再以休闲跑步人士的姿态走上跑道或参加比赛。"衰老的腿"这个阶段的平均持续时间大约为 17 年（我们的调查显示，该阶段的持续时间为 2 ～ 40 年）。
之后，跑步人士已经准备好了进入最后一个阶段。

　　古老的腿　跑步生涯的这个阶段就是尽量保证自己站好了别倒下。
如果这些跑步人士的轻松、恢复的日子是在街区漫步，甚至是在摇椅上
度过一天，那么他们已经在外面运动很多年了。我们欢迎他们进入本森
教练针对这类朋友设计的特殊阶段。在这个阶段，与"青春期的腿"相
比，我们知道紧绷、无力和非常缓慢是什么感觉。"古老的腿"已失去
了弹性，肌肉、肌腱和韧带随着年龄和跑步里程的增长而缩短和收紧。
关节中的软骨不再像以前那么活动顺畅和润滑。具有讽刺意味的是，灵
活性的丧失与肌肉力量变弱"携腿"同行，这是由于神经忘记了如何激
发神经元并已经"退休"。现在，我们必须坚持每天运动，以享有健康
和长寿。这意味着我们在调整变量时应充分发挥创造力，以组合出一种
最大限度地降低受伤风险的模式。艰苦训练的强度不应高于 80% MHR。
这可以避免前几个阶段产生乳酸的无氧运动对腿部肌肉造成伤害。现
在，高强度训练的频率和训练量降低和减少了。我们添加了新的运动模
式，例如骑自行车、游泳、椭圆机训练或类似倒垃圾这样的活动。这些
运动模式可以分散掉施加在"古老的腿"上的压力，从而延缓腿部衰老。
我们的调查参与者已经进入这个阶段 5 年到 20 年不等，并且平均达到
10.7 年。

　　最后，这可能是整本书中最重要的一课，在这个阶段，我们必须每
天做一些事情，使我们的心脏搏动很多次，以便让尽可能多的氧气通过
体内的每个细胞。毕竟，氧气（而非面包）才是维持生命必不可少的东
西。用我们的腿让心脏更有力地搏动，这是最实用、最方便的选择。因
此，在那些轻松而频繁的运动中，我们要保持低强度和足够长的持续时
间，使能量消耗得到控制，而我们发现的多种模式组合可以使我们尽可
能一直坚持运动。

4 个阶段的训练计划

　　总而言之，我们认为最重要的实验变量是在跑步生涯中以年为单
位的时间。为此，我们要定期调整训练组成部分，如表 10.9 所示。以
MHR 百分比范围表示的强度适用于以 7 天为周期的所有艰苦训练方案。
表 10.9 后是训练方案示例。你可以参考表 10.4、表 10.5、表 10.6、表

10.7 和表 10.8，了解以一周为周期的其他训练方案。每个阶段的运动组成部分应根据常识减量，这将帮助"衰老的腿"保持活力和轻快，以坚持到下一个阶段。表 10.9 列出了高强度训练的心率范围和频率，以及每周的总里程数和训练模式。

随后是每个阶段的高强度训练方案示例。跑步人士应该按照表 10.9 中指定的目标心率完成训练。

阶段	强度（% MHR）	频率（次）	持续时间，以英里表示	模式
青春期的腿	85 ～ 100	3	60 ～ 75	冲刺、慢跑、跑步
成年的腿	85 ～ 95	2 ～ 3	45 ～ 60	跑步、慢跑
衰老的腿	80 ～ 90	1 ～ 2	25 ～ 40	跑步、慢跑、交叉训练
古老的腿	75 ～ 80	1	20 ～ 30	跑步、慢跑、步行、交叉训练

表 10.9　每周训练方案组成部分的理想范围

"青春期的腿"阶段

该阶段安排了 3 次高强度训练，并用轻松的慢跑恢复日把以 60% ～ 75% MHR 进行的数英里的长距离训练隔开。3 个艰苦训练日中可安排一个冲刺训练日，以 100% MHR 的负荷重复 200 米若干次；一个节奏跑训练日，以 35% MHR 的负荷完成 3 英里；一个间歇训练日，以 95% MHR 的负荷完成 12×400 米。

"成年的腿"阶段

在此阶段进行的高强度训练可以是以 95% MHR 负荷完成的 10×400 米，以 85% MHR 负荷完成的 3×1 610 米，以 25% MHR 负荷完成的 20 分钟节奏跑。长距离跑可以缩短距离或将强度降低到 70% MHR。

"衰老的腿"阶段

在此阶段进行的高强度训练包括以 90% MHR 的负荷完成 8×400 米，并以 80% MHR 的负荷完成稳态跑步，其距离为长距离训练的一半。游泳、骑自行车或其他类似的交叉训练方案将在低强度心率下的恢复日中使用。

"古老的腿"阶段

无论采用哪种类型的训练方案，此阶段都会安排一个高强度训练日：以 80% MHR 的负荷重复 100 米或 200 米，或以 80% MHR 的负荷完成 30 ～ 40 分钟的长距离稳态跑步。步行可作为另一个低强度恢复日的选项添加到训练方案中。

为了进一步利用表 10.9，下面给出每个阶段的补充训练方案。这些训练方案指明了给定值和变量，以阐明实验模型。

"青春期的腿" 阶段

12（给定值）×400 米（给定值），95% ～ 100% MHR（给定值），用慢跑恢复间隔将心率降低至 65% MHR（变量，因未指定时间或距离，并且随着训练的进行，身体将变得疲劳，跑步人士将需要越来越多的时间才能恢复为目标心率）。

"成年的腿" 阶段

10（给定值）×400 米（给定值），90% ～ 95% MHR（给定值），用步行将心率降低至 60% MHR（变量，理由与上一阶段相同）。

"衰老的腿" 阶段

X（变量）×400 米（给定值），采用的目标配速（给定值）应使心率不超过 85% MHR（给定值），配合 2 分钟慢跑间隔（给定值）。

"古老的腿" 阶段

1 英里（给定值）的心特莱克训练（给定值）：跑步部分心率达到 80% MHR，步行部分心率达到 60% MHR（跑步和慢跑的配速是变量）。

这样可以吗？我们的训练足够科学，可以让我们终身奔跑吗？下面我会举一个优秀且令人振奋的例子。哈尔·希格登（Hal Higdon）在奔跑了 73 年之后，在 88 岁高龄跑起来仍然劲头十足，尽管步伐相当缓慢。他当然有资格成为"古老的腿"阶段的代表人物。下面介绍一下他如何经历跑步的其他 3 个阶段。在跑了成千上万英里之前，希格登从一开始就参与了始于 20 世纪 60 年代的现代慢跑和跑步革命。他是跑步运动的最重要的开拓者之一，既是美国公路跑步者俱乐部（Road Runners Club of America）的联合创始人，又是一名作家，其著作《狗和人的逃亡》（On the Run from Dogs and People）对普及慢跑和跑步有极大的助力。凭着这种文学才华，希格登在《跑步者世界》（Runner's World）杂志担任特约编辑长达 36 年，拥有非常成功的职业生涯。他还是 34 本跑步相关图书的作者。他在训练方面的著作已售出超过 500 万册。他的作家式生活以其著名的午餐后小睡为特色，这种生活方式无疑对其跑步生涯有重要的贡献。希格登的"青春期的腿"阶段始于高中时期，并一直延续至就读卡尔顿学院（Carleton College），他在该校赢得了半英里、一英里和越野比赛的冠军。由于缺乏训练知识，希格登起步缓慢，因此很少一周跑超过 20 英里，并且在越野和跑道赛季之间的几个月内都没有跑步。希格登的"成年的腿"阶段始于 30 岁左右，且他是在大学毕业后一直到 40 多岁还在继续进行竞技性训练的少数几个人之一。而在此期间，大师赛开始了，希格登是 3 000 米障碍赛跑中最早的全国冠军和世界冠军之一。

大师赛的特点加上同年龄组别（以 5 岁为一个组别）的参赛者恰恰就是希格登在"衰老的腿"阶段继续训练所需要的激励。他在 1 500 米至 10 000 米的田径赛场上赢得了无数美国全国冠军，并且与其 4×800 米接力队的队友一同创造了美国大师赛纪录。最重要的是，在过去的 20 年中，他赢得了 4 项世界大师赛冠军：3 项障碍跑比赛冠军和 1 项马拉松冠军。

现在，希格登处于跑步生涯中"古老的腿"阶段，他的注意力完全集中在身体健康上。他偶尔会和妻子罗斯（Rose）跑一下 5 千米，但只是为了好玩。他们会步行和慢跑，而不关心是否会在途中的某个方便的位置退出。希格登会执行 10 ～ 14 天安排得较为随意的计划，专注于提高整体的体能和健康水平。他安排了 4 ～ 5 次低强度的骑行，加上 2 ～ 3 次健身房负重训练，还安排了 2 次或 3 次沙滩散步以及几次游泳或浅水跑步训练。他安排的最高强度的训练是缓慢而轻松的 1 英里骑行，目的地是他最喜欢的咖啡店。在救助站停留后，他在回家的路上仍是缓慢而放松的骑行，保持低强度负荷。他说，他的训练都没有接近无氧阈负荷。作为作家，希格登并没有漏掉任何一个步骤，并且仍然在工作。他现在每天早上一直工作到午餐时间，撰写关于马拉松训练著作的第 5 版。

希望你永不止步，我们祝你在路上保持微笑，尤其是保持快乐。

第 11 章

自行车

自行车可以在最高水平上测试耐力极限，其他活动极少能做到。很少有运动像骑自行车那样要求连续几天执行竞赛配速。环法自行车赛是在 23 天内完成 21 个赛段的比赛——但是我们当中可能没有多少人有资格参加这项比赛。然而，多日骑行或比赛在几个方面提出了艰巨的挑战，包括有氧适能、无氧适能、营养，以及恢复，也许这是最重要的一个方面。

当然，要达到这种表现水平，我们从起点开始还有很长的路要走，而起点就是培养心肺适能的基础训练。在进行为期 8 周的基础训练之后，再用 8 周进行无氧适能和爆发力发展方面的训练。我们以一个为期 12 周的百里（指 100 英里）训练计划作为结束，其起始条件为 90 分钟的骑行能力（换句话说，已经完成了第一个训练阶段的训练计划）。

由于骑行的特点，人们骑行的时间通常比跑步或游泳的时间更长。除了计时赛和环行公路赛外，自行车比赛通常要求运动员在车座上坐几个小时，而游泳或赛艇等活动则只需要几分钟，即使是 5 千米和 10 千米跑步比赛也只需要 30 ~ 60 分钟。

因此，参与竞技自行车运动的个体需要具有巨大的动力（高 $\dot{V}O_{2max}$），需要体重和训练的特殊结合。自行车训练的时间很长，如果在室内进行训练，你通常会很无聊。但是，训练很快就会得到回报，因为一次花几个小时进行训练就可以相当快地在体能和减重方面获得可衡量的回报。

考虑到自行车运动能力的多样性，并且在竞技自行车运动中，体能水平类别多达 5 个，我们很难创建一个使所有自行车运动员都受益的通用计划。我们的目标并不是让你达到世界一流水平，但如果你希望这样，我们也可以进行尝试。其实，我们的目标是引导你完成室内或室外的入门计划，然后通过发展无氧运动能力和爆发力，系统地帮助你提高体能水平。为此，你需要进行心率训练并完成 4 个训练阶段中的各个阶段的训练。

我们针对初级人士的训练计划为期 8 周，侧重于培养其心肺适能。接下来是达到更高强度（即中等强度）的体能水平，我们在该级别上会同时提高运动强度和运动速度。该训练计划同样会持续 8 周。然后，我们可以重复第 2 级训练计划，因为心率会自然适应并允许你调整运动强度。你会注意到，工作率稳定增长，而心率保持不变，这是务必保存训练记录（包括心率和运动负荷）的一个原因。我们的训练计划以 4 个阶段的训练理念为基础循序渐进。在训练计划中，这 4 个阶段被称为阶段Ⅰ～Ⅳ。

与许多耐力运动一样，自行车也可以在室内骑行。通常，在室内骑行可以更好地控制运动强度和运动环境。在我们的训练计划中，假设你将在室内和室外骑行，因此在山坡、风和其他环境变量的影响下，心率变异性会相当高。在本训练计划中，心率处方通常会跨 2 个心率训练区间，这是非常典型的体验，在室外骑行时尤其如此。（实际上，心率变异性可能会跨 4 个心率训练区间，但是你可以通过在爬坡时降低难度来避开上层区间。）

附加计划（百里训练计划）更偏向于在有时间的条件下努力实现赛季目标或最终目标。鉴于百里骑行（骑行 100 英里）的普及，我们认为这是一个不错的选择。但是要记住，百里骑行计划的最低要求是能够连续骑行 90 分钟。

此外，像赛艇和游泳一样，骑自行车的技术性也很高。信不信由你，骑自行车需要考虑蹬踏节奏、效率、身体姿势和其他因素。在任何以提升骑行表现为目标的计划中，这些都是重要的组成部分。你还应该考虑安排为改善这些因素而设计的训练。本书仅专注于发展骑行体能组成部分所需的进度和训练计划。表 11.1 重点介绍了 4 个训练阶段。

<table>
<tr><td colspan="2">表 11.1 自行车训练阶段</td></tr>
<tr><td>训练阶段</td><td>% MHR</td></tr>
<tr><td>阶段Ⅰ：耐力训练</td><td>60～75</td></tr>
<tr><td>阶段Ⅱ：体力训练</td><td>75～85</td></tr>
<tr><td>阶段Ⅲ：经济性训练</td><td>85～95</td></tr>
<tr><td>阶段Ⅳ：速度训练</td><td>95～100</td></tr>
</table>

源自 L.B.Anderson，"A Maximal Exercise Protocol to Predict Maximal Oxygen Uptake，" *Scandinavian Journal of Medicine and Science in Sports* 5，no. 3（1995）：143-146。

确定当前的体能水平类别

使用这个改编自安德森（Anderson，1995）的简单自行车测试对你当前的体能水平进行分类。你需要一辆可以测量功率（瓦）的自行车。从 35 瓦开始，每 2 分钟增加 35 瓦的功率，直到你无法再维持功率输出。

表 11.2 列出了与工作输出瓦数对应的 $\dot{V}O_{2max}$（L/min）。只需将表中的数字乘以 1 000 即可将其转换为以 ml/min 为单位的数字，然后除以体重（以 kg 为单位），即可得出你的 $\dot{V}O_{2max}$（以 $ml \cdot kg^{-1} \cdot min^{-1}$ 为单位）。如果是男性运动员，则将最终计算结果与表 11.3 进行比较；如果是女性运动员，则将最终计算结果与表 11.4 进行比较。

功率（瓦）	$\dot{V}O_{2max}$（L/min）
35	0.56
70	0.97
105	1.38
140	1.79
175	2.20
210	2.61
245	3.02
280	3.43
315	3.84
350	4.25
385	4.66
420	5.07
455	5.48
490	5.80
525	6.30

表 11.2 与输出功率（瓦）对应的 $\dot{V}O_{2max}$（L/min）

例如，假设有一名 35 岁的男性运动员，体重为 70 kg，测试时功率达到 315 瓦。其 $\dot{V}O_{2max}$ 计算如下。

$$3.84×1\,000 = 3\,840÷70 ≈ 54.9\ ml · kg^{-1} · min^{-1}$$

根据表 11.3，他将被归类为"普通"类别。他进行体能训练的起点是第 2 级。

表 11.3　基于 $\dot{V}O_{2max}$ 结果确定体能水平类别：男性运动员

年龄（岁）	差	一般	普通	良好	优秀
15 ～ 19	≤ 52	53 ～ 57	58 ～ 65	66 ～ 69	≥ 70
20 ～ 29	≤ 52	53 ～ 59	60 ～ 69	70 ～ 77	≥ 78
30 ～ 39	≤ 47	48 ～ 53	54 ～ 62	63 ～ 71	≥ 72
40 ～ 49	≤ 39	40 ～ 43	44 ～ 55	56 ～ 63	≥ 64
50 ～ 59	≤ 31	32 ～ 37	38 ～ 51	52 ～ 57	≥ 58
60 ～ 69	≤ 22	23 ～ 30	31 ～ 42	43 ～ 54	≥ 55
	第 1 级		第 2 级		第 3 级

注：此分类反映耐力型运动员的体能水平，非运动员的数据要低得多。

表 11.4　基于 $\dot{V}O_{2max}$ 结果确定体能水平类别：女性运动员

年龄（岁）	差	一般	普通	良好	优秀
15 ～ 19	≤ 48	49 ～ 54	55 ～ 61	62 ～ 67	≥ 68
20 ～ 29	≤ 49	50 ～ 54	55 ～ 62	63 ～ 71	≥ 72
30 ～ 39	≤ 39	40 ～ 49	50 ～ 55	56 ～ 64	≥ 65
40 ～ 49	≤ 28	29 ～ 40	41 ～ 48	49 ～ 59	≥ 60
50 ～ 59	≤ 19	20 ～ 28	29 ～ 40	41 ～ 50	≥ 51
60 ～ 69	≤ 7	8 ～ 14	15 ～ 25	26 ～ 41	≥ 42
	第 1 级		第 2 级		第 3 级

注：此分类反映耐力型运动员的体能水平，非运动员的数据要低得多。

确定自行车训练区间

在第 2 章中，我们提供了一个用于确定 MHR 的简单方法。我们现在使用该方法来确定 MHR，然后计算出各个心率区间——60% ～ 75% MHR，75% ～ 85% MHR 等的数据。这将帮助你确定自

己的训练区间。按照以下步骤确定骑行 MHR，因为不同运动模式的
MHR 通常会有所不同。与其他运动模式相比，大多数人可以在跑步
时达到更高的 MHR，但是训练有素的自行车运动员则需要使用自行
车测试。

1. 找到一段 600 ～ 1 000 米长（需骑行 2 ～ 4 分钟）的陡峭斜坡。
   理想情况下，这其中应有一段环路让你可以骑行 2 ～ 3 英里进
   行恢复。
2. 骑行 5 ～ 8 英里进行热身。
3. 热身后，以最快速度骑上坡。在上坡的最后 70 ～ 100 米，屁
   股离开鞍座并尽力推进。
4. 骑行 2 ～ 3 英里进行恢复，然后重复爬坡。
5. 骑行 2 ～ 3 英里进行恢复，然后再次重复爬坡。第 3 次爬坡结
   束时的心率应该是较准确的 MHR 指标。

选择训练计划

第一个问题通常是从哪个计划开始。选择起步计划时要保守一些。
人们在看计划时往往会认为"我可以很轻松地完成这个计划"，但是当
面对训练量增加时，他们会感到困难或最终受伤。记住这个准则：这不
应是你认为自己可以 做到的，而应是你平常一直在做的。如果你每周
定期进行 3 ～ 4 次运动，则可以立即跳至第 2 级训练计划。否则，你应
从第 1 级训练计划开始。另外，请记住，骑自行车与其他形式的运动有
很大区别。如果骑自行车尚未进入你的运动技能库，请从第 1 级训练计
划开始。

每个计划都有一个目标。但是，与某些活动（如跑步）不同，自行
车这项运动的特点允许它的所有计划都可以包含不同的强度。在骑自行
车时，你受伤的风险会低一些。在某种程度上，骑自行车可以让你在保
持前进的情况下更轻松地恢复。你会发现第 2 级训练计划更具多样性，
此时计划的目标已不仅仅是提高心肺适能水平。

第 1 级

第 1 级训练计划（见表 11.5）是一项基本的入门计划，可

帮助你熬过最初鞍疮的痛苦并帮助你逐步提高体能水平。在最初的 4 周中，进度比较保守，然后在第 5 周会增加更高强度的训练，到那个时候你应该已为此做好了准备。

周	周一	周二	周三	周四	周五	周六	周日
1	休息	30:00 EZ	休息	30:00 EZ	30:00 EZ	休息	30:00 EZ
2	休息	45:00 EZ	休息	45:00 EZ	45:00 EZ	休息	45:00 EZ
3	休息	60:00 EZ	休息	60:00 EZ	60:00 EZ	休息	60:00 EZ
4	休息	75:00 EZ	休息	75:00 EZ	75:00 EZ	休息	75:00 EZ
5	休息	90:00 EZ-MO	休息	90:00 EZ-MO	休息	60:00 EZ-MO	90:00 EZ-MO
6	休息	90:00 EZ-MO	60:00 EZ-MO	60:00 EZ-MO	休息	90:00 EZ-MO	90:00 EZ-MO
7	休息	90:00 EZ-MO	60:00 EZ-MO	60:00 EZ-MO	休息	60:00 EZ-MO	90:00 EZ-MO
8	休息	60:00 EZ-MO	休息	60:00 EZ-MO	休息	休息	25 英里（40 千米）

表 11.5　第 1 级自行车训练计划：耐力和体力 *

* 表中的时长为计时器上显示的时长（分：秒）。

图例
　　EZ：耐力训练，以 60% ～ 75% MHR 进行
　　MO：体力训练，以 75% ～ 85% MHR 进行

第 2 级

　　成功完成第 1 级训练计划后，你应建立了可靠而安全的心肺基础。第 2 级训练计划主要是持续时间的增加，随后几周的强度略有增加。除了强度的进一步提高外，第 2 级训练计划还包括入门级的间歇训练，并且你在鞍座上的时间会明显增加。表 11.6 详细列出了第 2 级训练计划，而表 11.7 列出了该计划中的间歇训练的安排。你会注意到，即使有明确的经济性和速度耐力目标，此计划中的训练类型也有很多变化。训练方案的多样性可进一步提高体能水平和运动表现水平。表 11.8 和表 11.9 提供了针对 12 ～ 15 英里和 24 ～ 28 英里的短距离铁人三项骑行距离的附加计划，其更多地关注强度而非持续时间。

表 11.6　第 2 级自行车训练计划：经济性和速度耐力 *							
周	周一	周二	周三	周四	周五	周六	周日
9	休息	90:00 EZ-MO	休息	90:00 EZ-MO	休息	60:00 EZ-MO	90:00 ～ 120:00 EZ-MO
10	休息	90:00 EZ-MO	60:00 A1	90:00 EZ-MO	休息	90:00 EZ-MO	90:00 ～ 150:00 EZ-MO
11	休息	90:00 EZ-MO	75:00 EZ-MO	75:00 EZ-MO	休息	60:00 A1	90:00 ～ 150:00 EZ-MO
12	休息	90:00 EZ-MO	休息	90:00 EZ-MO	休息	60:00 A1	90:00 ～ 120:00 EZ-MO
13	休息	90:00 EZ-MO	75:00 A2	90:00 EZ-MO	休息	60:00 A1	90:00 ～ 150:00 EZ-MO
14	休息	90:00 EZ-MO	75:00 A2 15:00 EZ	75:00 EZ-MO	休息	60:00 A1 15:00 EZ	90:00 ～ 150:00 EZ-MO
15	休息	60:00 EZ-MO	75:00 A2 15:00 EZ	60:00 EZ-MO	休息	60:00 A1 15:00 EZ	90:00 ～ 150:00 EZ-MO
16	休息	60:00 EZ-MO	75:00 A2 15:00 EZ	60:00 EZ-MO	休息	休息	90:00 ～ 150:00 EZ-MO

* 表中的时长为计时器上显示的时长（分：秒）。

图例

　　EZ：耐力训练，以 60% ～ 75% MHR 进行

　　MO：体力训练，以 75% ～ 85% MHR 进行

　　A1：间歇训练，见表 11.7

　　A2：间歇训练，见表 11.7

表 11.7　第 2 级自行车训练计划：A1 和 A2 间歇训练 *			
A1 间歇训练		A2 间歇训练	
时间	% MHR	时间	% MHR
0:00 ～ 6:00	<60	0:00 ～ 6:00	<60
6:00 ～ 12:00	65 ～ 70	6:00 ～ 12:00	65 ～ 70
12:00 ～ 18:00	80 ～ 90	12:00 ～ 18:00	80 ～ 90
18:00 ～ 24:00	65 ～ 70	18:00 ～ 24:00	65 ～ 70
24:00 ～ 30:00	80 ～ 90	24:00 ～ 30:00	80 ～ 90
30:00 ～ 36:00	65 ～ 70	30:00 ～ 36:00	65 ～ 70
36:00 ～ 38:00	>90	36:00 ～ 42:00	>90
38:00 ～ 44:00	65 ～ 70	42:00 ～ 48:00	65 ～ 70
44:00 ～ 46:00	80 ～ 90	48:00 ～ 54:00	80 ～ 90
46:00 ～ 52:00	65 ～ 70	54:00 ～ 60:00	65 ～ 70
52:00 ～ 54:00	>90	60:00 ～ 66:00	>90
54:00 ～ 60:00	<60	66:00 ～ 75:00	<60

* 所有间歇训练均以 70 ～ 80 rpm（转／分）的转速执行。

时间：为计时器上显示的时长（分：秒）。

表 11.8　第 2 级自行车训练计划：短距离铁人三项骑行距离的 4 周训练 *
（12 ～ 15 英里）

周	周一	周二	周三	周四	周五	周六	周日
1	30:00 EZ	休息	30:00 EZ	休息	30:00 EZ	30:00 EZ	休息
2	45:00 EZ	休息	45:00 EZ	休息	45:00 EZ	45:00 EZ	休息
3	60:00 EZ	休息	60:00 EZ	休息	60:00 EZ	60:00 EZ	休息
4	75:00 EZ	休息	75:00 EZ	休息	75:00 EZ	75:00 EZ	休息

* 表中的时长为计时器上显示的时长（分：秒）。

图例

    EZ：耐力训练，以 60% ～ 75% MHR 进行

表 11.9　第 2 级自行车训练计划：短距离铁人三项骑行距离的 4 周训练 *
（24 ～ 28 英里）

周	周一	周二	周三	周四	周五	周六	周日
1	60:00 EZ	休息	60:00 EZ	休息	60:00 EZ	休息	60:00 EZ
2	75:00 EZ	休息	75:00 EZ	休息	75:00 EZ	休息	75:00 EZ
3	90:00 EZ-MO	休息	90:00 EZ-MO	休息	休息	60:00 EZ-MO	90:00 EZ-MO
4	90:00 EZ-MO	休息	60:00 EZ-MO	60:00 EZ-MO	休息	90:00 EZ-MO	90:00 EZ-MO

* 本计划假定你具备完成表 11.8 所示的短距离铁人三项训练计划的能力。
表中的时长为计时器上显示的时长（分：秒）。

图例

    EZ：耐力训练，以 60% ～ 75% MHR 进行
    MO：体力训练，以 75% ～ 85% MHR 进行

第 3 级

    第 3 级训练计划（见表 11.10）采取了相反的方法，将大量时间投入轻松到中等强度的训练上，但你在鞍座上的时间同样大大增加。在这个阶段，你会明白一条带衬垫的短裤的价值。

周	周一	周二	周三	周四	周五	周六	周日
		表 11.10　第 3 级自行车训练计划：半程铁人三项骑行距离的 12 周训练 *		**（56 英里）**			
1	休息	60:00 EZ-MO	休息	60:00 EZ-MO	休息	60:00 EZ-MO	60:00 ～ 90:00 EZ-MO
2	休息	75:00 EZ-MO	休息	75:00 EZ-MO	休息	75:00 EZ-MO	75:00 ～ 120:00 EZ-MO
3	休息	90:00 EZ-MO	休息	75:00 EZ-MO	休息	60:00 A1	90:00 ～ 120:00 EZ-MO
4	休息	90:00 EZ-MO	休息	90:00 EZ-MO	休息	60:00 A1	90:00 ～ 120:00 EZ-MO
5	休息	60:00 EZ-MO	75:00 A2	休息	休息	60:00 A1	120:00 ～ 150:00 EZ-MO
6	休息	60:00 EZ-MO	75:00 A2 15:00 EZ	75:00 EZ-MO		休息	120:00 ～ 150:00 EZ-MO
7	休息	60:00 EZ-MO	75:00 A2 15:00 EZ	60:00 EZ-MO	休息	休息	120:00 ～ 150:00 EZ-MO
8	休息	60:00 EZ-MO	75:00 A2 15:00 EZ	60:00 EZ-MO	休息	休息	120:00 ～ 150:00 EZ-MO
9	休息	75:00 EZ-MO	75:00 A2 15:00 EZ	休息	休息	150:00 EZ	150:00 EZ
10	休息	75:00 EZ-MO	75:00 A2 15:00 EZ	休息	休息	150:00 EZ	180:00 EZ
11	休息	90:00 EZ-MO	75:00 A2 15:00 EZ	休息	休息	150:00 EZ	180:00 EZ
12	休息	75:00 EZ-MO	45:00 EZ	休息	休息	56 英里 （90 千米）	休息

* 本计划假定你已完成第 1 级训练计划。
表中的时长为计时器上显示的时长（分：秒）。

图例
> EZ：耐力训练，以 60% ～ 75% MHR 进行
> MO：体力训练，以 75% ～ 85% MHR 进行
> A1：间歇训练，见表 11.7
> A2：间歇训练，见表 11.7

附加的百里骑行训练计划

　　在附加的百里骑行训练计划中，在鞍座上的时间与第 3 级训练计划相比有大幅增加。表 11.11 详细列出了百里骑行训练计划，表 11.12 列出了间歇训练的安排。你可能已经注意到，在超级铁人三项中，骑行距

离更长，自行车赛段为 112 英里。实际上，在这种参与水平下，100 英里与超级铁人三项全程的 112 英里相比，差距并不是那么大。成功完成百里骑行训练计划的任何人在完成 112 英里这一距离时都不会遇到更艰巨的挑战。此计划的目标是让你可以在 6 ～ 7 个小时内或以每小时 14 ～ 16 英里的平均速度完成 100 英里的骑行。请注意，休息日可以选择完全休息或游泳，但不要安排跑步或骑自行车。

表 11.11　百里骑行训练计划 *

周	周一	周二	周三	周四	周五	周六	周日
1	休息	90:00 EZ-MO	1:00:00 IT1	1:30:00 EZ-MO	休息	2:00:00 EZ-MO	1:30:00 EZ
2	休息	90:00 EZ-MO	1:00:00 IT1	1:30:00 EZ-MO	休息	2:00:00 EZ-MO	1:30:00 EZ
3	休息	90:00 EZ-MO	1:15:00 IT2	1:30:00 EZ-MO	休息	2:30:00 EZ-MO	1:00:00 EZ
4	休息	1:00:00 EZ	1:15:00 IT2	1:30:00 EZ-MO	休息	3:00:00 EZ-MO	1:30:00 EZ
5	2:00:00 IT3	休息	1:30:00 EZ-MO	2:30:00 EZ-MO	休息	4:00:00 EZ-MO	休息
6	2:00:00 IT3	休息	1:30:00 IT4	休息	2:00:00 EZ-MO	4:30:00 EZ-MO	2:00:00 EZ-MO
7	休息	休息	2:00:00 IT3	2:30:00 EZ-MO	休息	5:00:00 EZ-MO	休息
8	2:00:00 IT3	1:00:00 EZ-MO	休息	1:30:00 IT4	休息	5:30:00 EZ-MO	休息
9	休息	1:30:00 EZ-MO	休息	2:30:00 EZ-MO	1:30:00 EZ-MO	6:00:00 EZ-MO	休息
10	休息	3:00:00 EZ-MO	3:00:00 EZ-MO	1:30:00 IT4	休息	6:00:00 EZ-MO	休息
11	休息	3:00:00 EZ-MO	2:00:00 EZ-MO	休息	休息	2:00:00 EZ-MO	2:00:00 EZ-MO
12	2:00:00 IT3	休息	休息	1:30:00 EZ-MO	休息	休息	100 英里

* 表中的时长为计时器上显示的时长（时：分：秒）。

图例

　　EZ：耐力训练，以 60% ～ 75% MHR 进行

　　MO：体力训练，以 75% ～ 85% MHR 进行

　　IT1：间歇训练 1，见表 11.12

　　IT2：间歇训练 2，见表 11.12

　　IT3：间歇训练 3，见表 11.12

　　IT4：间歇训练 4，见表 11.12

表 11.12　百里骑行训练计划的间歇训练 *			
间歇训练 1	**间歇训练 2**	**间歇训练 3**	**间歇训练 4**
20:00 EZ	20:00 EZ	30:00 EZ	20:00 EZ
5:00 FA-VF	5:00 FA-VF	10:00 MO	5:00 FA-VF
10:00 EZ	10:00 EZ	40:00 FA-VF	10:00 EZ
5:00 FA-VF	5:00 FA-VF	40:00 EZ	5:00 FA-VF
20:00 EZ	10:00 EZ		10:00 EZ
	5:00 FA-VF		5:00 FA-VF
	20:00 EZ		10:00 EZ
			5:00 FA-VF
			20:00 EZ

* 对于间歇训练 1 和间歇训练 2，在理想情况下，5:00 FA-VF 应该是一段短距离爬坡；对于间歇训练 3，在理想情况下，40:00 FA-VF 是一段长距离爬坡。
表中的时长为计时器显示的时长（分：秒）。

图例
>　　EZ：耐力训练，以 60% ～ 75% MHR 进行
>　　MO：体力训练，以 75% ～ 85% MHR 进行
>　　FA：经济性训练，以 85% ～ 95% MHR 进行
>　　VF：速度训练，以 95% ～ 100% MHR 进行

继续训练

　　提高体能水平是很困难的。保持体能水平通常会更容易一些，并且所需的训练更少，但通常会涉及更高一点儿的强度。只要保持更高的总体强度，将每周安排 5 ～ 6 节训练课减少为每周安排 3 ～ 4 节训练课即可保持体能水平。

　　与游泳类似，骑自行车的体能往往仅对骑行有用。尽管你会培养出很好的心肺适能，但几乎无法将其运用于任何其他活动。如果你决定跳下自行车去跑步，请多加注意，因为这种过渡需要一些练习。从积极的一面来说，骑自行车是可以让你运动数小时而不会使关节遭受连续重击的运动之一。因此，对于那些希望运动更长时间的人来说，这是一种有益而又愉快的运动选择。

第 12 章

游　泳

在本书涵盖的所有耐力活动中，游泳可能会带来最大的挑战。游泳是一项复杂的活动，需要大量技巧，因此会产生多种程度的疲劳感。正如我们许多人所发现的那样，在游泳时增加负荷并不总能提高速度。这是因为游泳需要大量的技能和技巧。与跑步不同，游泳不是人天生就会的，我们必须学习它。因此，游泳训练比其他任何流行的耐力运动项目都涉及更多的练习和技能活动。除此以外，你还要考虑不同的泳姿，你最终要面对的情况极具挑战性。提高在水中的体能水平并不总是意味着可以提高速度，因为速度还取决于技能水平。此外，我们都看到过胖乎乎的游泳者相对轻松地在水里游泳。

游泳和其他活动之间还有另一个重要区别就是，游泳时呼吸受到严格控制。游泳者只能在特定的时间、在泳姿的特定阶段，以及面部露出水面时呼吸。呼吸特别难是因为不良的呼吸机制会人为地提高压力水平，从而使心率受到与运动强度无关的影响。

我们在开始制订计划之前，需要考虑游泳涉及的独特生理学问题，尤其是心率反应，它会受到水平体位和水压的影响。这是大多数人在水中的 MHR 低于其在陆地上的 MHR 的部分原因。只有当一个人在水中接受良好的训练后，他才有能力产生接近于陆地上的等量有氧运动的MHR，但仍比在陆地上低大约 10 bpm。根据我们的经验，一个人在稳定状态下游泳的心率比他在陆地上进行稳态运动时的心率低 10 ～ 40 bpm。因此，水中的心率训练区间也相应更低。

游泳和其他运动项目的另一个区别与游泳者在训练中完成的距离有关。大多数游泳比赛的时长少于 2 分钟，部分游泳比赛的时长少于 1 分钟；但游泳者的训练时间却与马拉松训练的时间相当。从生理学的角度来看，我们难以从能量系统的适应性方面来解释这一点。从动作控制的角度来看，通过多次重复动作来学习技能确实很有意义。但是，一旦掌握了这项技能，将重点放在发展特定比赛所需的能量系统似乎更合乎逻辑。我们在制订本章中的游泳训练计划时，一直思考着这个问题。

我们确实在本章列出的训练计划中对游泳能力进行了假设。我们假设你已经可以游泳并可以重复多组训练，并且安排了必要的休息，然后继续进行下一组训练。

确定当前的体能水平类别

游泳的体能测试要比陆上活动（如跑步）的体能测试复杂一些。游泳涉及复杂的技能，较高的体脂水平可能会对游泳产生有利的影响，但对陆上活动则可能产生负面的影响。心肺功能相对较低的人可能有相当好的游泳表现，尤其是长距离游泳。对游泳体能水平进行分类的最佳方法是进行规定距离的计时游泳。以下测试方案适用于 500 码计时游泳。

使用自由泳进行 100 ～ 200 码的热身。休息 2 分钟；然后尽可能快地游 500 码。根据完成时间确定体能水平。

初级： 超过 11 分 40 秒。

中级： 9 分 30 秒～ 11 分 39 秒。

高级： 少于 9 分 30 秒。

此分类体系基于自由泳。这些数字是根据美国海军的数据得出的，不区分男女。游泳是女性数据与男性数据相当接近的少数运动项目之一。实际上，当距离增加时，时间差距会缩小，并且许多长距离游泳纪录是由女性保持的。此分类可指导你找到适合自己的计划。

确定游泳训练区间

你有两个方法可以确定自己的游泳训练区间：①确定初始体能水平类别；②确定 MHR 和临界游泳速度下的心率。从前面介绍的 500 码计时游泳测试中可以获得 MHR 和体能水平类别信息。但是，我们还为你提供了第二种选择。如果有时间，请完成下面两个测试并收集测试过程中的心率数据；然后可以继续下一步并开始训练。第 1 级和第 2 级训练计划以心率为基础，并且需要提前做一些功课。第一项功课是计算游泳时的 MHR；第二项功课是计算在临界游泳速度或游泳无氧阈速度下的心率，然后计算出游泳无氧阈心率。

确定游泳 MHR

请记住，就心血管功能以及肌肉收缩力和速度而言，所有极量测试都要求在最大体力负荷下进行。因此，请咨询医生，以确保你已准备好并且能够执行测试，并具有进行下一步训练的必要基础。以缓慢至中等的速度游 500 码进行热身，然后尽可能快地游 3 次 100 码，每次游泳之间休息 30 秒。在第 3 次 100 码结束时记录心率，这就是你的游泳 MHR。

根据 MHR，运用与各个训练阶段相关联的百分比公式来计算训练区间。请记住，大多数人在游泳时的 MHR 要比跑步或骑自行车时 MHR 低 10 ~ 40 bpm。看到这些较低的数字时无须惊慌。造成这种差异的因素有很多，其中包括身体姿势、静水压力、水温的制冷效果以及受控制的呼吸等。

体能水平类别决定了你的起步计划。作为一般规则，训练计划应按照从低到高的顺序推进，即从第 1 级训练计划到第 2 级训练计划，再到第 3 级训练计划。如果你相信自己已准备好从第 2 级训练计划开始，则需确保已满足第 1 级训练计划的结束要求：连续游泳 1 650 码。

确定游泳的无氧阈

因为第 1 级训练计划旨在提高体能水平，所以你在准备好执行第 2 级训练计划之前不需要确定游泳无氧阈。而在开始第 2 级训练计划之前，你需要评估你的无氧阈，因为这样做可以更准确地定位训练的阶段 Ⅲ 和 Ⅳ。

临界游泳测试由吉恩（Ginn）开发。在完成 500 米的热身后，尽可能快地游 50 米和 400 米。首先游 50 米，休息 3 分钟，然后再游 400 米。记录两次游泳的时间，然后运用以下公式计算。

临界游泳速度（米／秒）＝（D_2−D_1）÷（T_2−T_1）

其中 D 是距离，T 是时间（以秒为单位）。例如，假设一名游泳者在 31 秒内游完 50 米，在 5 分钟（300 秒）内游完 400 米。那么，根据公式计算如下。

临界游泳速度（米／秒）＝（400−50）÷（300−31）＝350÷269 ≈ 1.30 米／秒

这名游泳者的临界游泳速度（即无氧阈下的游泳速度）约为每秒 1.30 米。现在需要将其转换为心率。每秒游 1.30 米的游泳者将在游泳池中用约 19.23 秒游完 25 米。该游泳者需要以每 25 米约 19.23 秒的速度游 500 米，且需要记录该过程中的平均心率。这就是该游泳者的游泳无氧阈。我们假设结果是 132 bpm，即约 80% MHR（166 bpm）。这些数字为我们制订时间更长、侧重点更明确的第 2 级训练计划提供了所需的指引。

源自 E. Ginn.1993.*Critical Speed and Training Intensities for Swimming*（Australian Sports Commission, 1993）。

选择训练计划

本章循序渐进地介绍了 3 个训练计划，每个训练计划都以前一个训练计划为基础。我们从基本入门计划（第 1 级训练计划）开始，旨在增强心肺适能。该计划的大部分内容都在耐力训练区间中进行。表 12.1 列出了所有 4 个训练阶段的具体心率。你会注意到，将游泳和其他活动进行比较，其每个训练区间的心率反应都不同。进行此调整是因为人体在水中的心率反应有很大的变化。第 2 级和第 3 级训练计划建立在此心肺适能基础之上，同时可以发展无氧能力和速度。在进入下一个级别之前，务必达到当前级别的目标。（例如，如果你的类别应从第 2 级训练计划开始，你要确保可以满足第 1 级训练计划的结束要求。）根据我们的训练阶段，第 2 级和第 3 级训练计划用于发展经济性和速度耐力，也即无氧爆发力和速度。你可以继续以相同的心率重复任何级别的训练。你会注意到，完成规定距离的分段时间开始缩短。保持良好的记录有助于跟踪这些适应。

表 12.1 　游泳训练阶段	
训练阶段	**% MHR**
阶段 I ：耐力训练	60 ～ 75
阶段 II ：体力训练	75 ～ 85
阶段 III ：经济性训练	85 ～ 95
阶段 IV ：速度耐力训练	95 ～ 100

第 1 级

第 1 级游泳训练计划（见表 12.2）的目标是通过将距离增加到"游泳者的英里数"（1 650 码）来增强心肺耐力。在第 6 周的周五之前，你应该可以在体力训练区间内游完 1 650 码而无须休息。

第 2 级

第 2 级游泳训练计划（见表 12.3）为期 6 周，目标是增强心肺适能并开始进行体力训练。

表 12.2 　第 1 级游泳训练计划				
周	**训练日**	**区间**	**训练方案**	**总距离**
1	周一、周三、周五	EZ	4×100 码，每次重复后休息 1 分钟 5×50 码，每次重复后休息 30 秒 6×25 码，每次重复后休息 15 秒	800 码
2	周一、周三、周五	EZ	150 码，休息 1 分 30 秒 4×100 码，每次重复后休息 1 分钟 5×50 码，每次重复后休息 30 秒 6×25 码，每次重复后休息 15 秒	950 码
3	周一、周三、周五	EZ	2×300 码，每次重复后休息 2 分钟 4×150 码，每次重复后休息 1 分 30 秒	1 200 码
4	周一、周三、周五	EZ MO	2×600 码，每次重复后休息 3 分钟 4×200 码，每次重复后休息 1 分 30 秒	2 000 码
5	周一、周三、周五	EZ MO	1 200 码，休息 3 分钟 2×400 码，每次重复后休息 2 分钟	2 000 码
6	周一、周三、周五	EZ MO	2×1 200 码，每次重复后休息 1 分钟 1 650 码，不休息	周五的游泳安排为 2 400 码 + 1 650 码

注：游泳距离 = 1 650 码。

图例

EZ ：耐力训练，以 60% ～ 75% MHR 进行

MO ：体力训练，以 75% ～ 85% MHR 进行

表 12.3　第 2 级游泳训练计划：心肺适能和体力					
周	周一	周二	周三	周四	周五
1	A（2 450 码）	B（2 600 码）	C（2 600 码）	D（1 900 码）	E（3 250 码）
2	F（2 950 码）	B（2 600 码）	E（3 250 码）	D（1 900 码）	A（2 450 码）
3	TT（2 550 码）	H（3 300 码）	D（1 900 码）	G（2 800 码）	E（3 250 码）
4	H（3 300 码）	E（3 250 码）	D（1 900 码）	A（2 450 码）	I（4 250 码）
5	TT（2 550 码）	H（3 300 码）	D（1 900 码）	G（2 800 码）	E（3 250 码）
6	H（3 300 码）	E（3 250 码）	D（1 900 码）	A（2 450 码）	I（4 250 码）

注：有关训练方案 A 至 I 的说明，请参见本章内容。

图例

　　TT：计时训练

　　在下文列出的训练方案中，"打腿"一词表示在训练中需要使用浮板。例如，训练方案 A 中的说明——EZ 6×100 码自由泳，25 码打腿——表示以自由式游 100 码，然后使用浮板打腿 25 码，该模式重复 6 次。当注明"自选"时，你可以使用任何泳姿。阶梯式上升交替划臂意味着交替进行常规游泳和双腿夹浮板的划臂练习，直至游完指定的距离。例如，在周二训练（训练方案 B）中，游泳 25 码，划臂 50 码，游泳 75 码，划臂 100 码，依此类推，在指定的距离内阶梯式上升。交替划臂是指在上一组进行游泳练习，然后在下一组中使用浮板进行划臂练习。HR 代表心率。

　　对于计时训练（表 12.3 中的 TT），以轻松的配速（心率低于 75% MHR）游 600 码进行热身，然后游 1 650 码并计时。在游完 1 650 码之后，以轻松的配速（低于 75% MHR）游 300 码来放松。记录你的心率结果。

　　训练方案 A

　　总距离：2 450 码

　　热身：EZ 600 码（HR <75% MHR）

　　EZ 6×100 码自由泳，25 码打腿（总距离为 750 码）（HR <75% MHR）

　　EZ 5×100 码：50 码轻松（HR <75% MHR），然后 50 码快速

　　EZ 6×50 码：25 码轻松，然后 25 码快速

　　放松：EZ 300 码自选（HR <75% MHR）

训练方案 B

总距离：2 600 码

热身：EZ 600 码（HR <75% MHR）

阶梯式上升交替划臂，不休息，EZ（25 码、50 码、75 码、100 码、125 码、150 码、175 码、200 码）（HR <75% MHR）

EZ 4×200 码：交替进行 50 码轻松，50 码快速，50 码轻松，50 码快速（HR <75% MHR）

放松：EZ 300 码自选（HR <75% MHR）

训练方案 C

总距离：2 600 码

热身：EZ 600 码（HR <75% MHR）

划臂 MO 500 码（HR <85% MHR）

划臂 6×100 码快速，配合 50 码轻松（HR <75% MHR）

MO 6×50 码，每组完成后休息 1 分 30 秒（HR <85% MHR）

放松：EZ 300 码自选（HR <75% MHR）

训练方案 D

总距离：1 900 码

热身：EZ 600 码（HR <75% MHR）

FA 6×100 码，每 2 分 30 秒出发一次（HR 85% ～ 95% MHR）

休息 1 分钟

FA 5×50 码，每 1 分 10 秒出发一次（HR 85% ～ 95% MHR）

休息 1 分钟

FA 6×25 码，每 35 秒出发一次（HR 85% ～ 95% MHR）

放松：EZ 300 码自选（HR <75% MHR）

训练方案 E

总距离：3 250 码

热身：EZ 600 码（HR <75% MHR）

阶梯式升降交替划臂，不休息，EZ（25 码、50 码、75 码、100 码、125 码、150 码、175 码、200 码、225 码、225 码、200 码、175 码、150 码、125 码、100 码、75 码、50 码、25 码）（HR <75% MHR）

FA 4×25 码，每 35 秒出发一次（HR 85% ～ 95% MHR）

放松：EZ 300 码自选（HR <75% MHR）

训练方案 F

总距离：2 950 码

热身：EZ 600 码（HR <75% MHR）

MO 6×100 码自由泳，25 码打腿（总距离为 750 码）（HR <85% MHR）

EZ 5×100 码轻松，交替进行 MO 5×100 码快速（EZ 的心率区间为 HR <75% MHR，MO 的心率区间为 75% ～ 85% MHR）

休息 2 分钟

EZ 6×25 码轻松，交替进行 MO 6×25 码快速（EZ 的心率区间为 HR <75% MHR，MO 的心率区间为 75% ～ 85% MHR）

放松：EZ 300 码自选（HR <75% MHR）

训练方案 G

总距离：2 800 码

热身：EZ 600 码（HR <75% MHR）

FA 5×200 码，在 5 分钟内完成（HR 85% ～ 95% MHR）

休息 2 分钟

FA 5×100 码，每 2 分 30 秒出发一次（HR 85% ～ 95% MHR）

休息 2 分钟

FA 5×50 码，每 1 分 10 秒出发一次（HR 85% ～ 95% MHR）

休息 1 分钟

FA 6×25 码，每 35 秒出发一次（HR 85% ～ 95% MHR）

放松：EZ 300 码自选（HR <75% MHR）

训练方案 H

总距离：3 300 码

热身：EZ 600 码（HR <75% MHR）

MO 划臂 600 码（HR <85% MHR）

EZ 游泳 600 码（HR <75% MHR）

MO 划臂 600 码（HR <85% MHR）

EZ 游泳 600 码（HR <75% MHR）

放松：EZ 300 码自选（HR <75% MHR）

训练方案 I

总距离：4 250 码

热身：EZ 600 码（HR <75% MHR）

阶梯式升降交替划臂，不休息，MO（25 码、50 码、75 码、100 码、125 码、150 码、175 码、200 码、225 码、225 码、200 码、175 码、150 码、125 码、100 码、75 码、50 码、25 码）（HR <85% MHR）

EZ 5×100 码轻松，交替进行 MO 5×100 码快速（EZ 的心率区间为 HR <75% MHR，MO 的心率区间为 75% ～ 85% MHR）

FA 4×25 码，每 35 秒出发一次（HR 85% ～ 95% MHR）

放松：EZ 300 码自选（HR <75% MHR）

第 3 级

祝贺你！现在你已准备好执行第 3 级游泳训练计划（见表 12.4）了。第 3 级训练计划的目标是通过在经济性和速度心率训练区间中进行训练来提高经济性和速度。

表 12.4 第 3 级游泳训练计划

周	周一	周二	周三	周四	周五
1	A（2 950 码）	B（3 250 码）	C（1 950 码）	D（2 525 码）	E（2 900 码）
2	A（2 950 码）	B（3 250 码）	C（1 950 码）	D（2 525 码）	E（2 900 码）
3	F（3 400 码）	B（3 250 码）	C（1 950 码）	D（2 525 码）	A（2 950 码）
4	TT（2 550 码）	C（1 950 码）	休息	B（3 250 码）	C（1 950 码）
5	B（3 250 码）	F（3 400 码）	休息	C（1 950 码）	F（3 400 码）
6	B（3 250 码）	休息	C（1 950 码）	休息	TT（2 550 码）

注：有关训练方案 A 至 F 的说明，请参见本章内容。

图例

TT：计时训练

以轻松的配速（HR <75% MHR）热身 600 码，然后游 1 650 码并计时的方式完成计时训练（表 12.4 中的 TT）。在游完 1 650 码之后，以轻松的配速（HR <75% MHR）游 300 码来放松。记录你的心率结果。

训练方案 A

总距离：2 950 码

热身：EZ 600 码（HR <75% MHR）

FA 5×200 码交替划臂练习，在 5 分钟内完成（HR 85%～95% MHR）；在第 2 组和第 4 组练习中使用浮板进行划臂练习

休息 2 分钟

FA 6×100 码交替划臂练习，每 2 分 30 秒出发一次（HR 85%～95% MHR）；在第 2 组、第 4 组和第 6 组练习中使用浮板进行划臂练习

休息 2 分钟

VF 6×50 码，每 1 分钟出发一次（HR 95%～100% MHR）

休息 1 分钟

VF 6×25 码，每 30 秒出发一次（HR 95%～100% MHR）

休息 1 分钟

放松：EZ 300 码自选（HR <75% MHR）

训练方案 B

总距离：3 250 码

热身：EZ 600 码（HR <75% MHR ）

阶梯式升降交替划臂，不休息，EZ（25 码、50 码、75 码、100 码、125 码、150 码、175 码、200 码、225 码、225 码、200 码、175 码、150 码、125 码、100 码、75 码、50 码、25 码）（HR <75% MHR）

VF 4×25 码，每 30 秒出发一次（HR 95%～100% MHR）

休息 1 分钟

放松：EZ 300 码自选（HR <75% MHR）

训练方案 C

总距离：1 950 码

热身：EZ 600 码（HR <75% MHR）

VF 6×100 码，每 2 分 20 秒出发一次（HR 95%～100% MHR）

休息 1 分钟

VF 6×50 码，每 1 分 5 秒出发一次（HR 95%～100% MHR）

休息 1 分钟

VF 6×25 码，每 30 秒出发一次（HR 95%～100% MHR）

休息 1 分钟

放松：EZ 300 码自选（HR <75% MHR）

训练方案 D

总距离：2 525 码

热身：EZ 600 码（HR <75% MHR）

FA 5×100 码自由泳，25 码打腿（一轮的总距离为 125 码）（HR 85% ～ 95% MHR）

休息 2 分钟

EZ 5×50 码轻松，交替进行 MO 5×50 码快速（EZ 的心率区间为 HR <75% MHR，MO 的心率区间为 75% ～ 85% MHR）

EZ 6×25 码轻松，交替进行 VF 6×25 码快速（EZ 的心率区间为 HR <75% MHR，VF 的心率区间为 95 ～ 100% MHR）

休息 2 分钟

EZ 4×25 码，每 30 秒出发一次（HR <75% MHR）

休息 1 分钟

EZ 4×25 码，每 30 秒出发一次（HR <75% MHR）

放松：EZ 300 码自选（HR <75% MHR）

训练方案 E

总距离：2 900 码

热身：EZ 600 码（HR <75% MHR）

FA 10×100 码，每 2 分 15 秒出发一次（HR 85% ～ 95% MHR）

休息 1 分钟

FA 10×50 码，每 1 分 5 秒出发一次（HR 85% ～ 95% MHR）

FA 4×125 码（每组游泳 100 码，打腿 25 码）（HR 85% ～ 95% MHR）

休息 1 分钟

放松：EZ 300 码（HR <75% MHR）

训练方案 F

总距离：3 400 码

热身：EZ 600 码（HR <75% MHR）

EZ 划臂 500 码（HR <75% MHR）

EZ 游泳 500 码（HR <75% MHR）

EZ 划臂 500 码（HR <75% MHR）

EZ 游泳 500 码（HR <75% MHR）

EZ 划臂 500 码（HR <75% MHR）

放松：EZ 300 码自选（HR <75% MHR）

附加的铁人三项游泳训练

许多铁人三项运动员希望进行专门针对铁人三项的游泳训练。也许他们认为自己表现最弱的环节是游泳，或者只是不想让自己的最后成绩由水中的表现决定。无论出于何种原因，游泳训练都是铁人三项训练的关键部分。不要轻视它。表 12.5 列出了针对短距离铁人三项为期 4 周的 800 码游泳训练计划，这是面向初级运动员的计划。表 12.6 列出了为期 6 周的训练计划，针对距离略长一点儿的铁人三项的 1 500 码游泳。尽管这两个距离都小于在完成第 1 级训练计划后就有能力游完的 1 650 码，但这些附加计划非常重要，因为它们可帮助你为铁人三项的游泳部分做好准备，同时留出时间进行跑步和自行车训练。有关完整铁人三项训练的更多信息，请参见第 13 章。

表 12.5　为期 4 周的 800 码铁人三项游泳训练计划

周	周一	周三	周五
1	500 码 EZ	500 码 EZ	550 码 EZ
2	550 码 EZ	600 码 EZ	650 码 EZ
3	650 码 EZ	700 码 EZ	750 码 EZ
4	750 码 EZ	800 码 EZ	800 码 EZ

注：该计划以每周 3 个游泳日为基础，以便安排其他训练。

图例

　　EZ：耐力训练，以 60% ～ 75% MHR 进行

表 12.6　为期 6 周的 1 500 码铁人三项游泳训练计划

周	周一	周三	周五
1	800 码 EZ	850 码 EZ	900 码 EZ
2	900 码 EZ	950 码 EZ	1 000 码 EZ
3	1 000 码 EZ	1 050 码 EZ	1 100 码 EZ
4	1 100 码 EZ	1 150 码 EZ	1 200 码 EZ
5	1 250 码 EZ	1 300 码 EZ	1 350 码 EZ
6	1 400 码 EZ	1 450 码 EZ	1 500 码 EZ

注：该计划以每周 3 个游泳日为基础，并假设你已经可以完成 800 码的游泳。

图例

　　EZ：耐力训练，以 60% ～ 75% MHR 进行

继续训练

祝贺你！你已经奠定了坚实的游泳项目的基础，这将使你可以轻松游更长的距离，例如超级铁人三项的 2.4 英里游泳。这种进展很简单，只要求增加游泳的距离。请记住以下经验法则：增加的距离在 2～3 周的时间内不应超过 10%。另外，如果你对当前的体能水平感到满意，则只需重复执行训练计划。如果你想游得更快而不是更远，则可以减少每组之间的间隔时间或休息时间。这将使训练更加艰苦，但也可以相应提高整体的体能水平和速度。

第 13 章

铁人三项

就制订计划而言，制订铁人三项训练计划是我们最喜欢的挑战之一。我们完成了从 800 米到超级铁人三项的所有活动，因此，我们有一些消息可以告诉你。我们认为，铁人三项训练比任何单项耐力运动训练都更有趣、更轻松。如果你正在训练马拉松，你要做的就是跑步，但是在铁人三项训练中，你可以组合不同的训练，并从交叉训练中受益。你还会体验到更多环境刺激的可变性，这在精神上可能会对你大有裨益。因为铁人三项训练实质上是交叉训练，所以每个单项训练都会使身体得到更多的休息，这可以减少受伤的风险。例如，游泳和自行车训练日可以提供跑步之后的休息。但是，不要因此而对铁人三项训练有一种错误的安全感，因为它的总训练量仍然会给你带来挑战。铁人三项训练从体能、神经肌肉和营养的角度提出了独特的挑战。它还迫使你认识到自己在所有三项运动中的优缺点，在某些情况下，你可能会觉得自己需要将计划的重点放在其中一项运动上。

铁人三项运动员的背景各不相同。有些是厉害的自行车运动员，有些是厉害的跑步运动员，有些是厉害的游泳运动员。少数幸运的人在所有三项运动中的表现都很好。还有一些没有任何运动项目背景的人决定一次性尝试全部三项运动。

和单项耐力运动一样，铁人三项也有不同距离的赛事。通常，铁人三项有 4 个公认的赛事距离，每个赛事距离大约是前一个赛事距离的两倍。表 13.1 列出了铁人三项的 4 个赛事距离。

赛事	游泳（英里）	自行车（英里）	跑步（英里）	总距离（英里）
短距离	0.5	14	3.1	17.6
奥运	0.9	28	6.2	35.1
半程超级铁人	1.2	56	13.1	70.3
全程超级铁人	2.4	112	26.2	140.6

表 13.1　铁人三项赛事的距离

　　挑战首先是选择想要完成的距离。常识可能会告诉你从短距离开始，因为它是最短的。但是，即使是中等体能水平的运动员也需要80～90分钟才能完成短距离。如果你是一位经验丰富的耐力型运动员，则可以选择完成奥运距离或半程超级铁人距离。无论当前的体能水平如何，你都可以使用我们前面提到的准则来决定从何处开始。这将有助于确定进度，并确保训练计划的安全性，同时避免受伤。

　　在开始执行计划之前，你需要像进行任何单项运动训练一样评估自己的体能水平。为此，我们建议你使用第 10 章、第 11 章和第 12 章中介绍的标准进行跑步、自行车和游泳的自我评估。这样，你会大致了解自己的铁人三项训练起点。从本质上讲，你可以从任何单项运动中的最佳测试水平开始。

确定跑步、自行车和游泳的训练区间

　　在之前的内容中，我们介绍过确定这三项运动的心率训练区间的过程。请记住，你需要尽可能计算出每项运动的 MHR，这样你将拥有 3 组训练区间，每项运动一组。这些数字可能相同或相近，但这种可能性较低。无论如何，你至少要完成确定准确数字的步骤。

选择训练计划

　　如果你是一个在跑步、自行车或游泳的耐力上缺乏经验的新手，但你身体健康，没有伤病的顾虑，请坚持下去并争取完成短距离。你应该能够很快实现这个目标，获得多次短距离经验后，你就可以宣布你要完成奥运距离。如果你从头开始，应该需要 8 ～ 12 周才能完成短距离。

铁人三项训练提出了独特的挑战。你要先评估你在所有三项运动中的体能水平。

如果你不是新手，而是体能较好的跑步爱好者，每周跑步 3 ～ 4 次，每次跑步 4 ～ 5 英里，那么你离完成奥运距离已经不远了。如果这符合你的情况，我们会将你归类为侧重于进行自行车或游泳训练的人士，因为你有跑步背景，但需要在自行车和游泳方面加强训练。铁人三项训练最大的挑战是将三项运动捆绑在一起（难度特别大的是从自行车过渡到跑步）。

一旦你完成过几次奥运距离，你就为完成半程超级铁人距离铺平了道路。但是要注意，从完成奥运距离到完成半程超级铁人距离，要求有很大的提高。半程超级铁人三项不一定更为复杂，但确实需要更多时间进行训练和适应。俗称"大铁"的全程超级铁人三项也是如此。表 13.2 显示了在整个训练计划中针对每个赛事距离投入的典型平均训练时数。该表可以指导你根据需要投入的时间选择不同的赛事，因为我们在其他时间可能都得工作，这在很大程度下决定了我们有多少训练时间。

请注意，表 13.2 列出的每周最大时数通常是在训练计划的高峰期达到的，而每周最小时数通常出现在计划开始或恢复训练周内。

表 13.2　每个赛事距离的训练时间				
	短距离	奥运	半程超级铁人	全程超级铁人
每周天数	4～6	4～6	5～7	6～7
每周最少时数	3 或 4	4 或 5	5～7	7～9
每周最高时数	6 或 7	7 或 8	10～12	16～19

在选择训练计划之前，你还需要考虑一个问题，短距离和奥运距离需要特别注意这个问题：你是否明显超重？也就是说，你是否需要减轻体重才能参加比赛？如果是这样，这将决定计划的前 4～6 周的强度和持续时间。在这种情况下，我们强烈建议你再次阅读第 4 章，尤其是有关优化减重的部分。针对短距离赛事的简单计划为期 12 周。但是，如果你需要减重 10 磅，则可能需要在开始 12 周计划之前至少增加 4 周，每周进行大约 4～6 小时的长距离慢跑训练。每周进行 6 小时的长距离慢跑训练会导致每小时产生大约 600 千卡的热量赤字，即每周大约消耗 3 600 千卡能量或 1 磅脂肪（假设没有因训练而增加能量的摄入）。再配合适度的能量摄入，体重将每周减少 2～2.5 磅，即体重在 4～6 周内能减少 8～15 磅。

本章介绍的计划侧重于使你舒适地到达终点线，并帮助你从短距离赛事升级到奥运距离赛事。这些计划是根据大学实验室的体能测试为运动员制订的真实计划。换句话说，我们从运动员的真实 MHR 和训练区间出发制订计划。

我们需要讨论的最后一点与不同运动的心率变异性有关。例如，同一人在跑步、骑自行车或游泳时的 MHR 不同。因此，在针对特定活动确定特定训练方案的心率训练区间时必须进行适当调整。例如，在游泳池中进行稳态训练时的心率可能比进行稳态跑步训练时的心率低 30 bpm。建议铁人三项运动员记录自己在每项运动中的心率数据，然后计算所有三项运动的训练区间和无氧阈。这样做可以提高整个训练计划的准确性。表 13.3 说明了跑步和自行车的目标训练区间及其心率数字。

区间	跑步心率（bpm）	自行车心率（bpm）
	表 13.3 跑步和自行车的心率区间	
1	117 ～ 138	111 ～ 129
2	139 ～ 156	130 ～ 148
3	157 ～ 174	149 ～ 165
4	175 或以上	166 或以上

第 1 级：初级运动员短距离铁人三项训练计划

第 1 级训练计划（见表 13.4）适用于 18 ～ 35 岁、中等体能水平、没有健康问题，也未真正掌握任何运动项目技能的人。该计划还假设运动员没有重大的健康风险因素。你应尝试按顺序执行训练课，即使在训练课之间需要稍事休息也可以。所有跑步和自行车训练课均列出了以分钟为单位的训练时间，游泳训练课则列出了以米为单位的训练距离。在休息日，你可以什么都不做，也可以选择慢速游泳。

注意：表 13.5 展示的自行车间歇训练也在第 2 级和第 3 级训练计划中使用。

第 2 级：奥运距离铁人三项训练计划

第一个第 2 级训练计划（见表 13.6）是短距离铁人三项训练计划的升级，它假设你已成功完成短距离铁人三项。注意，本计划在短距离铁人三项训练计划的基础上增加了训练量和强度变化。你应按顺序执行所有训练课，即使在训练课之间需要稍事休息也可以。所有跑步和自行车训练课均列出了以分钟为单位的训练时间，游泳训练课则列出了以米为单位的训练距离。在休息日，你可以什么都不做，也可以选择慢速游泳。你应通过逐渐提高强度来结束所有自行车训练。每 30 秒将功率提高 30 ～ 50 瓦，直到无法继续。有关自行车间歇训练的内容，参见表 13.5。

表 13.4　第 1 级铁人三项训练计划：短距离 *

周	周一	周二	周三	周四	周五	周六	周日
1	休息日	自行车 45:00 BZ1 游泳 1 200 米	跑步 30:00 RZ1	自行车 45:00 BZ1 游泳 1 200 米	休息日	自行车 30:00 BZ1 跑步 30:00 RZ1	自行车 >60:00 BZ1-BZ3
2	休息日	自行车 45:00 BZ1 游泳 1 200 米	跑步 30:00 RZ1	自行车 45:00 BZ1 游泳 1 200 米	休息日	自行车 30:00 BZ1 跑步 30:00 RZ1	自行车 >60:00 BZ1-BZ3 跑步 15:00 RZ1
3	休息日	自行车 45:00 BZ1 游泳 1 200 米	跑步 30:00 RZ1	自行车 45:00 BZ1 游泳 1 200 米	休息日	自行车 30:00 BZ1 跑步 30:00 RZ1	自行车 >60:00 BZ1-BZ3 跑步 15:00 RZ1
4	休息日	自行车 45:00 BZ1 跑步 15:00 RZ1	自行车 40:00 BZ1	跑步 50:00 RZ1 游泳 1 500 米	休息日	跑步 40:00 RZ1 游泳 1 800 米	自行车 >60:00 BZ1-BZ3 跑步 15:00 RZ1
5	休息日	自行车 45:00 BZ1 跑步 15:00 RZ1	自行车 40:00 BZ1	跑步 50:00 RZ1 游泳 1 500 米	休息日	跑步 40:00 RZ1 游泳 1 800 米	自行车 >60:00 BZ1-BZ3 跑步 15:00 RZ1
6	休息日	自行车 45:00 BZ1 跑步 15:00 RZ1	自行车 40:00 BZ1	跑步 50:00 RZ1 游泳 1 500 米	休息日	跑步 40:00 RZ1 游泳 1 000 米	自行车 >60:00 BZ1-BZ3 跑步 15:00 RZ1
7	休息日	自行车 30:00 BZ2 跑步 30:00 RZ1	自行车 40:00 （20:00 BZ1 和 20:00 BZ2）	跑步 30:00 RZ2 游泳 1 000 米	休息日	跑步 30:00 RZ2 游泳 1 200 米	自行车 >60:00 BZ1-BZ3 跑步 15:00 RZ1
8	休息日	自行车 30:00 BZ2 跑步 30:00 RZ1	自行车 40:00 （20:00 BZ1 和 20:00 BZ2）	跑步 30:00 RZ2 游泳 1 000 米	休息日	自行车 20:00 BZ1 跑步 40:00 RZ1	自行车 60:00 1A 跑步 15:00 RZ1
9	休息日	游泳 1 500 米 自行车 30:00 BZ1	自行车 40:00 （20:00 BZ1 和 20:00 BZ2）	跑步 40:00 RZ2 游泳 1 000 米	休息日	自行车 20:00 BZ1 跑步 40:00 RZ1	自行车 60:00 1A 跑步 20:00 RZ1
10	休息日	游泳 1 500 米 自行车 30:00 BZ1	自行车 40:00 （20:00 BZ1 和 20:00 BZ2）	跑步 40:00 RZ2 游泳 1 200 米	休息日	跑步 45:00 （25:00 RZ1 和 20:00 RZ2）	自行车 75:00 1B 跑步 20:00 RZ1
11	休息日	游泳 1 500 米 自行车 30:00 BZ1	自行车 40:00 （20:00 BZ1 和 20:00 BZ2）	跑步 40:00 RZ2 游泳 1 200 米	休息日	跑步 45:00 （25:00 RZ1 和 20:00 RZ2）	自行车 75:00 1B 跑步 20:00 RZ1
12	休息日	游泳 1 200 米 自行车 30:00 BZ1	休息	跑步 20:00 RZ2	自行车 30:00 BZ1	休息	比赛

* 表中的时长为计时器上显示的时长（分：秒）。

图例

　　BZ：自行车心率区间，见表 13.3

　　RZ：跑步心率区间，见表 13.3

　　1A、1B：自行车间歇训练，见表 13.5

表 13.5　铁人三项自行车间歇训练 *			
自行车 1A		自行车 1B	
时间	估算心率（bpm）	时间	估算心率（bpm）
0 ～ 6	110	0 ～ 6	110
6 ～ 12	128	6 ～ 12	128
12 ～ 18	150	12 ～ 18	150
18 ～ 24	128	18 ～ 24	128
24 ～ 30	150	24 ～ 30	150
30 ～ 36	128	30 ～ 36	128
36 ～ 40	160 或以上	36 ～ 42	160 或以上
40 ～ 46	128	42 ～ 48	128
46 ～ 50	160 或以上	48 ～ 54	150
50 ～ 60	110	54 ～ 60	128
		60 ～ 66	160 或以上
		66 ～ 75	110

* 对于短距离训练计划（第 1 级训练计划），所有间歇训练均采用 75 ～ 85 rpm；对于奥运距离训练计划（第 2 级训练计划），所有间歇训练均采用 80 ～ 90 rpm；对于半程超级铁人距离训练计划（第 3 级训练计划），所有间歇训练均采用 80 ～ 90 rpm。

时间：为计时器上显示的时长（分：秒）。

　　第二个第 2 级训练计划（见表 13.7）是侧重于跑步的奥运距离铁人三项训练计划。它适合那些擅长游泳和自行车，但不擅长跑步的人。大多数变化要求将每节训练课的跑步时间增加 5 ～ 15 分钟。在侧重于跑步的训练计划中，我们的原则是每周至少安排一次额外的训练课，并将跑步训练课延长 30 分钟（以 10 分钟为增量）。如果你觉得自行车或游泳更具挑战性，则可使用相同的逻辑对初始计划进行调整。

　　你应按顺序执行所有训练课，即使在训练课之间需要稍事休息也可以。所有跑步和自行车训练课均列出了以分钟为单位的训练时间；游泳训练课则列出了以米为单位的训练距离。在休息日，你可以什么都不做，也可以选择慢速游泳。你应通过逐渐提高强度来结束所有自行训练。每 30 秒将工作率提高 30 ～ 50 瓦，直到无法继续。有关自行车间歇训练的内容，参见表 13.5。

					表 13.6　第 2 级铁人三项训练计划：奥运距离 *		
周	周一	周二	周三	周四	周五	周六	周日
1	休息日	自行车 60:00 BZ1（最长持续 5:00）游泳 1 200 米	跑步 45:00 RZ1	自行车 60:00 BZ1 游泳 1 200 米	跑步 30:00 RZ2 游泳 2 500 米	自行车 30:00 BZ1 跑步 30:00 RZ1	自行车 >90:00 BZ1-BZ3
2	休息日	自行车 60:00 BZ1（最长持续 5:00）游泳 1 200 米	跑步 45:00 RZ1	自行车 60:00 BZ1 游泳 1 200 米	跑步 30:00 RZ2 游泳 2 500 米	自行车 30:00 BZ1 跑步 30:00 RZ1	自行车 >90:00 BZ1-BZ3 跑步 15:00 RZ1
3	休息日	自行车 60:00 BZ1（最长持续 5:00）游泳 1 200 米	跑步 45:00 RZ1	自行车 60:00 BZ1 游泳 1 200 米	跑步 30:00 RZ2 游泳 2 500 米	自行车 30:00 BZ1 跑步 30:00 RZ1	自行车 >90:00 BZ1-BZ3 跑步 15:00 RZ1
4	休息日	自行车 45:00 BZ1 跑步 15:00 RZ1	自行车 60:00 BZ1	跑步 50:00 RZ1 游泳 1 500 米	自行车 60:00 1A 游泳 1 000 米	跑步 60:00 RZ1 游泳 1 800 米	自行车 >90:00 BZ1-BZ3 跑步 15:00 RZ1
5	休息日	自行车 45:00 BZ1 跑步 15:00 RZ1	自行车 60:00 BZ1	跑步 50:00 RZ1 游泳 1 500 米	自行车 60:00 1A 游泳 1 000 米	跑步 60:00 RZ1 游泳 1 800 米	自行车 >90:00 BZ1-BZ3 跑步 15:00 RZ1
6	休息日	自行车 45:00 BZ1 跑步 15:00 RZ1	自行车 60:00 BZ1	跑步 50:00 RZ1 游泳 1 500 米	自行车 60:00 1A 游泳 1 000 米	跑步 60:00 RZ1 游泳 1 000 米	自行车 >90:00 BZ1-BZ3 跑步 15:00 RZ1
7	休息日	自行车 30:00 BZ2 跑步 30:00 RZ1	自行车 60:00（30:00 BZ1 和 30:00 BZ2）	跑步 30:00 RZ2 游泳 1 000 米	自行车 75:00 1B 游泳 1 000 米	跑步 30:00 RZ2 游泳 2 000 米	自行车 >90:00 BZ1-BZ3 跑步 15:00 RZ1
8	休息日	自行车 30:00 BZ2 跑步 30:00 RZ1	自行车 60:00（30:00 BZ1 和 30:00 BZ2）	跑步 30:00 RZ2 游泳 1 000 米	自行车 75:00 1B 游泳 1 000 米	自行车 20:00 BZ1 跑步 60:00 RZ1	自行车 >90:00 BZ1-BZ3 跑步 15:00 RZ1
9	休息日	游泳 2 500 米 自行车 30:00 BZ1	自行车 60:00（30:00 BZ1 和 30:00 BZ2）	跑步 40:00 RZ2 游泳 1 000 米	自行车 75:00 1B 游泳 1 000 米	自行车 20:00 BZ1 跑步 60:00 RZ1	自行车 >90:00 BZ1-BZ3 跑步 20:00 RZ1
10	休息日	游泳 2 500 米 自行车 30:00 BZ1	自行车 60:00（20:00 BZ1 和 40:00 BZ2）	跑步 40:00 RZ2 游泳 1 200 米	自行车 75:00 1B 跑步 20:00 RZ1	跑步 75:00（20:00 RZ1，30:00 RZ2，25:00 RZ1）	自行车 >90:00 BZ1-BZ3 跑步 20:00 RZ1 游泳 2 000 米
11	休息日	游泳 2 500 米 自行车 30:00 BZ1	自行车 60:00（20:00 BZ1 和 40:00 BZ2）	跑步 40:00 RZ2 游泳 1 200 米	自行车 75:00 1B 跑步 20:00 RZ1	跑步 75:00（20:00 RZ1，30:00 RZ2，25:00 RZ1）	自行车 >90:00 BZ1-BZ3 跑步 20:00 RZ1 游泳 2 000 米
12	休息日	游泳 1 200 米	自行车 30:00 BZ1	跑步 20:00 RZ2	休息	休息	比赛

* 表中的时长为计时器上显示的时长（分：秒）。

图例

　　BZ：自行车心率区间，见表 13.3

　　RZ：跑步心率区间，见表 13.3

　　1A、1B：自行车间歇训练，见表 13.5

表 13.7　第 2 级铁人三项训练计划：奥运距离，侧重于跑步 *

周	周一	周二	周三	周四	周五	周六	周日
1	休息日	自行车 60:00 BZ1（最长持续 5:00）游泳 1 200 米	跑步 60:00 RZ1	自行车 60:00 BZ1 游泳 1 200 米	跑步 40:00 RZ2 游泳 2 500 米	自行车 30:00 BZ1 跑步 40:00 RZ1	自行车 >90:00 BZ1-BZ3
2	休息日	自行车 60:00 BZ1（最长持续 5:00）游泳 1 200 米	跑步 60:00 RZ1	自行车 60:00 BZ1 游泳 1 200 米	跑步 40:00 RZ2 游泳 2 500 米	自行车 30:00 BZ1 跑步 40:00 RZ1	自行车 >80:00 BZ1-BZ3 跑步 25:00 RZ1
3	休息日	自行车 60:00 BZ1（最长持续 5:00）游泳 1 200 米	跑步 60:00 RZ1	自行车 60:00 BZ1 游泳 1 200 米	跑步 40:00 RZ2 游泳 2 500 米	自行车 30:00 BZ1 跑步 40:00 RZ1	自行车 >80:00 BZ1-BZ3 跑步 25:00 RZ1
4	休息日	自行车 45:00 BZ1 跑步 15:00 RZ1	跑步 60:00 RZ1	跑步 50:00 RZ1 游泳 1 500 米	自行车 60:00 1A 游泳 1 000 米	跑步 75:00 RZ1 游泳 1 800 米	自行车 >80:00 BZ1-BZ3 跑步 25:00 RZ1
5	休息日	自行车 45:00 BZ1 跑步 15:00 RZ1	自行车 60:00 BZ1	跑步 50:00 RZ1 游泳 1 500 米	自行车 60:00 1A 游泳 1 000 米	跑步 75:00 RZ1 游泳 1 800 米	自行车 >80:00 BZ1-BZ3 跑步 25:00 RZ1
6	休息日	自行车 45:00 BZ1 跑步 15:00 RZ1	自行车 60:00 BZ1	跑步 50:00 RZ1 游泳 1 500 米	自行车 60:00 1A 游泳 1 000 米	跑步 75:00 RZ1 游泳 1 000 米	自行车 >80:00 BZ1-BZ3 跑步 25:00 RZ1
7	休息日	自行车 30:00 BZ2 跑步 30:00 RZ1	自行车 60:00（30:00 BZ1 和 30:00 BZ2）	跑步 40:00 RZ2 游泳 1 000 米	自行车 75:00 1B 游泳 1 000 米	跑步 30:00 RZ2 游泳 2 000 米	自行车 >80:00 BZ1-BZ3 跑步 25:00 RZ1
8	休息日	自行车 30:00 BZ2 跑步 30:00 RZ1	自行车 60:00（30:00 BZ1 和 30:00 BZ2）	跑步 40:00 RZ2 游泳 1 000 米	自行车 75:00 1B 游泳 1 000 米	自行车 20:00 BZ1 跑步 60:00 RZ1	自行车 >80:00 BZ1-BZ3 跑步 25:00 RZ1
9	休息日	游泳 2 500 米 自行车 30:00 BZ1	自行车 60:00（30:00 BZ1 和 30:00 BZ2）	跑步 50:00 RZ2 游泳 1 000 米	自行车 75:00 1B 游泳 1 000 米	自行车 20:00 BZ1 跑步 60:00 RZ1	自行车 >90:00 BZ1-BZ3 跑步 20:00 RZ1
10	休息日	游泳 2 500 米 自行车 30:00 BZ1	自行车 60:00（20:00 BZ1 和 40:00 BZ2）	跑步 50:00 RZ2 游泳 1 200 米	自行车 75:00 1B 跑步 20:00 RZ1	跑步 75:00（20:00 RZ1，30:00 RZ2，25:00 RZ1）	自行车 >90:00 BZ1-BZ3 跑步 20:00 RZ1 游泳 2 000 米
11	休息日	游泳 2 500 米 自行车 30:00 BZ1	自行车 60:00（20:00 BZ1 和 40:00 BZ2）	跑步 50:00 RZ2 游泳 1 200 米	自行车 75:00 1B 跑步 20:00 RZ1	跑步 75:00（20:00 RZ1，30:00 RZ2，25:00 RZ1）	自行车 >90:00 BZ1-BZ3 跑步 20:00 RZ1 游泳 2 000 米
12	休息日	游泳 1 200 米	自行车 30:00 BZ1	跑步 20:00 RZ2	休息	休息	比赛

* 表中的时长为计时器上显示的时长（分：秒）。

图例

BZ：自行车心率区间，见表 13.3

RZ：跑步心率区间，见表 13.3

1A、1B：自行车间歇训练，见表 13.5

第 3 级：半程超级铁人训练计划

下一个级别的训练计划（半程超级铁人训练计划）会更复杂。因此，我们建议你与经验丰富的教练紧密合作，教练可以为你量身打造一个计划。如果你想尝试参与全程超级铁人，拥有好的教练更为重要。

半程超级铁人和全程超级铁人都是相当大的项目，半程超级铁人至少要进行 5 个月的基础训练，而全程超级铁人则需要 9 ～ 12 个月的基础训练。在本章中，我们仅提供半程超级铁人训练计划的示例（见表 13.8）。再提醒一次，建议你为"大铁"寻求经验丰富的私人教练的帮助。

表 13.8　第 3 级铁人三项训练计划：半程超级铁人距离 *

周	周一	周二	周三	周四	周五	周六	周日
1	休息日	自行车 75:00 BZ1（最长持续 5:00）游泳 1 800 米	跑步 60:00 RZ1	自行车 75:00 BZ1（最长持续 5:00）游泳 1 800 米	跑步 40:00 RZ2 游泳 2 500 米	自行车 40:00 BZ1 跑步 50:00 RZ1	自行车 >90:00 BZ1-BZ3
2	休息日	自行车 75:00 BZ1（最长持续 5:00）游泳 1 800 米	跑步 60:00 RZ1	自行车 75:00 BZ1（最长持续 5:00）游泳 1 800 米	跑步 40:00 RZ2 游泳 2 500 米	自行车 40:00 BZ1 跑步 50:00 RZ1	自行车 >90:00 BZ1-BZ3 跑步 25:00 RZ1
3	休息日	自行车 75:00 BZ1（最长持续 5:00）游泳 1 800 米	跑步 60:00 RZ1	自行车 75:00 BZ1（最长持续 5:00）游泳 1 800 米	跑步 40:00 RZ2 游泳 2 500 米	自行车 40:00 BZ1 跑步 50:00 RZ1	自行车 >90:00 BZ1-BZ3 跑步 25:00 RZ1
4	休息日	自行车 60:00 BZ1 跑步 15:00 RZ1	跑步 60:00 RZ1	跑步 50:00 RZ1 游泳 2 500 米	自行车 60:00 1A 游泳 1 500 米	跑步 75:00 RZ1 游泳 2 000 米	自行车 >90:00 BZ1-BZ3 跑步 25:00 RZ1
5	休息日	自行车 60:00 BZ1 跑步 15:00 RZ1	自行车 60:00 BZ1	跑步 50:00 RZ1 游泳 2 500 米	自行车 60:00 1A 游泳 1 500 米	跑步 75:00 RZ1 游泳 2 000 米	自行车 >120:00 BZ1-BZ3 跑步 25:00 RZ1
6	休息日	自行车 60:00 BZ1 跑步 15:00 RZ1	自行车 60:00 BZ1	跑步 50:00 RZ1 游泳 2 500 米	自行车 60:00 1A 游泳 1 500 米	跑步 75:00 RZ1 游泳 2 000 米	自行车 >120:00 BZ1-BZ3 跑步 25:00 RZ1
7	休息日	自行车 60:00 BZ2 跑步 40:00 RZ1	自行车 90:00 (60:00 BZ1 和 30:00 BZ2)	跑步 60:00 RZ2 游泳 1 500 米	自行车 75:00 1B 游泳 1 500 米	跑步 30:00 RZ2 游泳 2 000 米	自行车 >120:00 BZ1-BZ3 跑步 25:00 RZ1
8	休息日	自行车 60:00 BZ2 跑步 30:00 RZ1	自行车 90:00 (60:00 BZ1 和 30:00 BZ2)	跑步 60:00 RZ2 游泳 1 500 米	自行车 75:00 1B 游泳 1 500 米	自行车 30:00 BZ1 跑步 60:00 RZ1	自行车 >120:00 BZ1-BZ3 跑步 25:00 RZ1

表 13.8　第 3 级铁人三项训练计划：半程超级铁人距离（续）

周	周一	周二	周三	周四	周五	周六	周日
9	休息日	游泳 2 500 米 自行车 30:00 BZ1	自行车 90:00（60:00 BZ1 和 30:00 BZ2）	跑步 60:00 RZ2 游泳 1 500 米	自行车 75:00 1B 游泳 1 500 米	自行车 30:00 BZ1 跑步 60:00 RZ1	自行车 >120:00 BZ1-BZ3 跑步 30:00 RZ1
10	休息日	游泳 2 500 米 自行车 30:00 BZ1	自行车 90:00（60:00 BZ1 和 30:00 BZ2）	跑步 120:00 RZ1	自行车 75:00 1B 游泳 1 500 米	休息	自行车 >120:00 BZ1-BZ3 跑步 20:00 RZ1 游泳 2 000 米
11	休息日	游泳 2 500 米 自行车 30:00 BZ1	自行车 90:00（60:00 BZ1 和 30:00 BZ2）	跑步 120:00 RZ1	自行车 75:00 1B 游泳 1 500 米	休息	自行车 >120:00 BZ1-BZ3 跑步 20:00 RZ1 游泳 2 000 米
12	休息日	游泳 1 200 米	自行车 30:00 BZ1	跑步 20:00 RZ2	休息	休息	自行车 >180:00 BZ1 跑步 20:00 RZ1 游泳 2 000 米
13	休息日	游泳 2 000 米	自行车 60:00 BZ1 跑步 30:00 RZ1	休息	跑步 40:00 RZ2	自行车 60:00 BZ1 游泳 2 000 米	自行车 >180:00 BZ1-BZ3 跑步 20:00 RZ1 游泳 2 000 米
14	休息日	休息	自行车 60:00 BZ1 游泳 2 000 米	跑步 60:00 RZ1	自行车 75:00 1B 跑步 20:00 RZ1	跑步 120:00 RZ1	自行车 >180:00 BZ1
15	休息日	自行车 60:00 BZ1 游泳 3 000 米	自行车 60:00 BZ1 跑步 20:00 RZ1	休息	跑步 120:00 RZ1	休息	自行车 >240:00 BZ1 跑步 10:00 RZ1
16	休息日	自行车 60:00 BZ1 游泳 3 000 米	休息	跑步 150:00 RZ1	休息	休息	自行车 >240:00 BZ1 跑步 30:00 RZ1
17	休息日	休息	自行车 60:00 BZ1 游泳 3 000 米	自行车 60:00 BZ1 跑步 30:00 RZ1	游泳 3 000 米	休息	自行车 >240:00 BZ1 跑步 30:00 RZ1
18	休息日	休息	跑步 120:00 RZ1	自行车 60:00 BZ1 跑步 60:00 RZ1	游泳 3 000 米	休息	游泳 2 000 米 自行车 90:00 BZ1 跑步 30:00 RZ1
19	休息日	游泳 3 000 米	自行车 60:00 BZ1 跑步 60:00 RZ1	游泳 2 000 米 自行车 60:00 RZ1	休息	休息	自行车 >240:00 BZ1 跑步 20:00 RZ1
20	休息日	休息	游泳 1 500 米 跑步 30:00 RZ1	自行车 45:00 BZ1	休息	休息	比赛

* 表中的时长为计时器上显示的时长（分：秒）。

图例

　　BZ：自行车心率区间，见表 13.3

　　RZ：跑步心率区间，见表 13.3

　　1A、1B：自行车间歇训练，见表 13.5

以下是进行半程超级铁人训练的先决条件。通常，除非你能舒适地完成一次铁人三项奥运距离赛事并游泳45分钟、跑步60分钟，然后持续舒适地骑自行车90分钟，否则你不应该考虑尝试半程超级铁人。如果你可以连续地完成这三项运动，不管速度如何，这都将是一个优势。我们建议你至少花10周时间来执行超级铁人训练计划。该计划假定你已经完成了奥运距离训练计划并且可以游泳45分钟、跑步60分钟和骑自行车90分钟。

此计划仅提供游泳距离。大多数游泳计划都针对具体的泳姿和速度发展，并且在间歇训练中有很多变化。如果与私人教练合作，他就可以为你量身定制训练计划。你也可以参见第12章介绍的更详细的游泳训练方案。

完成半程超级铁人距离会带来一些问题，主要是水合反应和营养方面的问题。要想成功完成此赛事，你需要每天（尤其是在参赛过程中）补充适当的水分和营养。我们建议你在进行此方面的训练时寻求个性化的帮助。

继续训练

现在，你已获得基于心率训练的一系列铁人三项训练计划，其涵盖范围从短距离铁人三项到半程超级铁人距离铁人三项。你可能已经注意到，短距离铁人三项训练计划和奥运距离铁人三项训练计划在心率训练区间和进度上是相似的。但是，当你执行这些训练方案时，你会发现，与短距离铁人三项训练计划相比，在执行奥运距离铁人三项训练计划时，相同心率下的强度或运动输出（速度或功率）要多得多。这说明了心率训练的美妙之处——你有一个内部监管机构，它可以让你诚实地运动。保持良好的记录习惯非常重要。只要记录这些数字并密切注意心率监测器，你就可以观测到心率降低（或速度提高），从而跟踪自己的体能水平变化情况。记住，作为铁人三项运动员，这种效果将发生在3种不同运动的3种不同级别的训练计划中。

现在是时候决定你对自己当前体能水平的满意程度了。如果你对自己的体能水平感到满意，那么困难的工作就完成了，你可以通过稍微降低训练量和频率，同时每周进行几次高强度训练来保持体能水平。如果你想达到更高的体能水平和竞技水平，则必须考虑一种更系统的训练方案，并且应更加关注自己的能力，而不是仅仅针对体能。你可能需要寻求专业帮助，因为你需要针对自己的长处和短处设计更具体的训练课，而不是一般的增强整体体能的训练课。营养也将变得越来越重要，技术、设备和骑行姿势等同样很重要。

第 14 章

赛　艇

和 游泳一样，赛艇也是一项复杂的技能。这项运动的独特之处还在于，在室内划船机上所需的技能与在水上赛艇所需的技能截然不同。确实，从技术上讲，赛艇可能是所有动态有氧运动中最困难的一项。因此，本章仅关注以室内划船测功仪为基础的训练，因为它们应用广泛，并且所包含的技术成分较少。有才华的赛艇运动员也可以将该计划应用于水上赛艇训练。

室内划船测功仪提供了许多有用的功能，例如有关 500 米的分段时间和功率、划桨次数和计时的功能，你可以自由设置距离并由计算机进行计时。在开始之前，请熟悉室内划船测功仪的基本功能，尤其是 500 米分段功能，因为我们设计的计划将大量使用此功能。

与所有其他有氧运动计划一样，第一个挑战可能是确定从哪里开始。对于赛艇，我们建议你采用一个简单的任务来评估自己当前的基本体能水平，这个任务就是尽可能快地完成赛艇 2 000 米。你可以根据结果确定自己当前的基本体能水平类别，然后选择适当的训练计划。由于 2 000 米在室内和室外都是常见的距离，因此我们也将此距离用作训练计划的目标竞赛距离。我们使用了与其他各章相同的逻辑和进度，我们提供了 3 个级别的训练计划，可以帮助你实现最初的目标，然后继续为实现更高级别的目标进行训练。下面就让我们开始执行初始测试，以确定你当前的体能水平。

确定当前的体能水平类别

为了确定训练起点，你需要确定自己当前的体能水平类别。首先进行 15 分钟的适度热身。热身后，全力以赴地完成 2 000 米赛艇并记录完成时间。根据赛艇测试的结果和表 14.1 所示的计算方法，你可以使用以下公式来计算自己的赛艇 $\dot{V}O_{2max}$。该公式由俄亥俄州立大学（Ohio State University）赛艇运动员兼运动生理学家 F. 哈格曼（F. Hagerman）开发。

$$\dot{V}O_{2max} = （Y×1\ 000）÷体重（kg）$$

使用表 14.1 所示的计算方法，根据你在 2 000 米赛艇测试中的完成时间（以分钟为单位）、性别和体重（以 kg 为单位）来确定 Y 的值。表 14.1 描述了两个训练级别，即低级和高级。低级训练每周少于 3 节训练课，适合非竞技赛艇者（每周训练量 <25 千米）。高级训练每周多于 3 节训练课，适合竞技赛艇运动员。时间以分钟为单位。

例如，如果一名男性赛艇运动员体重为 79 kg，用 8 分钟完成赛艇 2 000 米，则计算如下。

$$Y = 15.7 - （1.5×8） = 3.7$$

$$\dot{V}O_{2max} = （3.7×1\ 000）÷79\ kg ≈ 46.8\ ml · kg^{-1} · min^{-1}$$

根据此初始体能测试，从计算结果所对应的类别开始赛艇训练。请参见表 14.2（适用于男性）或表 14.3（适用于女性）确定自己的体能水平类别。

表 14.1　确定 Y 值用于计算赛艇 $\dot{V}O_{2max}$

	女性 <61.36kg	女性 >61.36kg	男性 <75kg	男性 >75kg
高级训练	Y = 14.6−（1.5× 时间）	Y = 14.9−（1.5× 时间）	Y = 15.1−（1.5× 时间）	Y = 15.7−（1.5× 时间）
低级训练	Y = 10.26−（0.93× 时间）		Y = 10.7−（0.9× 时间）	

表 14.2　基于 $\dot{V}O_{2max}$ 结果确定体能水平类别：男性运动员

年龄（岁）	差	一般	普通	良好	优秀
15～19	≤ 52	53～57	58～65	66～69	≥ 70
20～29	≤ 52	53～59	60～69	70～77	≥ 78
30～39	≤ 47	48～53	54～62	63～71	≥ 72
40～49	≤ 39	40～43	44～55	56～63	≥ 64
50～59	≤ 31	32～37	38～51	52～57	≥ 58
60～69	≤ 22	23～30	31～42	43～54	≥ 55
	第 1 级		第 2 级		第 3 级和第 4 级

注：此分类反映耐力型运动员的体能水平，非运动员的数据要低得多。

表 14.3	基于 $\dot{V}O_{2max}$ 结果确定体能水平类别：女性运动员				
年龄（岁）	差	一般	普通	良好	优秀
15 ～ 19	≤ 48	49 ～ 54	55 ～ 61	62 ～ 67	≥ 68
20 ～ 29	≤ 49	50 ～ 54	55 ～ 62	63 ～ 71	≥ 72
30 ～ 39	≤ 39	40 ～ 49	50 ～ 55	56 ～ 64	≥ 65
40 ～ 49	≤ 28	29 ～ 40	41 ～ 48	49 ～ 59	≥ 60
50 ～ 59	≤ 19	20 ～ 28	29 ～ 40	41 ～ 50	≥ 51
60 ～ 69	≤ 7	8 ～ 14	15 ～ 25	26 ～ 41	≥ 42
	第 1 级		第 2 级		第 3 级和第 4 级

注：此分类反映耐力型运动员的体能水平，非运动员的数据要低得多。

确定赛艇训练区间

在评估当前的体能水平的过程中，你还应该收集心率数据。假设你全力以赴地进行 2 000 米赛艇测试，你就应该能获得真实的赛艇 MHR。使用此数字来计算各个训练区间。

确定赛艇 MHR 的方法与其他各章中针对其他运动的方法基本相同。其主要区别在于完成 2 000 米赛艇时，疲劳感并不是递进的，因此务必进行良好、长时间且适当的热身。第 6 章提供了计算 AT 的测试。赛艇这项运动的问题在于，如果你只是尽可能快地完成 2 000 米赛艇测试，你将无法确定 AT。为了确定 AT，你必须执行负荷递增或渐进至力竭的测试，并在测试过程中每 30 秒记录一次心率。对于赛艇，我们建议从每 500 米 3 分钟的配速开始，每 2 分钟将 500 米的用时减少 10 秒，直至达到每 500 米 2 分钟的配速。一旦 500 米的用时少于 2 分钟，则每 2 分钟就将 500 米的用时减少 5 秒，而不是 10 秒。你很可能需要有人帮你记录数据。

当你查阅该数据时，你可以绘制相应的图表并确定在工作率变化后心率不再稳定的阶段。这是对 AT 进行粗略估计的过程。

选择训练计划

重要的是，你应该从正确的级别开始训练，并以适当的强度、足够的时间来发展自己的基本体能，然后继续进行更为艰苦的训练。表 14.4 列出了赛艇训练阶段。使用 2 000 米赛艇测试的结果来确定你从哪个级别的计划开始训练。无论最初的体能水平如何，所有计划都会帮助你在数周内处于建立基础的模式。无论最初的体能水平如何，你都应在建立良好的基础后提高强度。每个人在经过一段时间的建立基础的训练之后都会获益。

表 14.4 赛艇训练阶段	
训练阶段	% MHR
阶段 I：耐力训练	60 ～ 75
阶段 II：体力训练	75 ～ 85
阶段 III：经济性训练	85 ～ 95
阶段 IV：速度耐力训练	95 ～ 100

第 1 级

耐力训练方案（见表 14.5）非常简单，甚至可能会使你感到很无聊。你应坚持执行。使用心率监测器可以提供指导，但你的心率必须保持在 75% MHR 以下。相同的逻辑适用于阶段 II 的体力训练，此时你的心率应保持在 85% MHR 以下。

表 14.5 第 1 级赛艇训练计划：初级 *							
周	周一	周二	周三	周四	周五	周六	周日
1	2 000 米 TT	EZ 45:00	MO 45:00	休息	A1	休息	6 000 米 TT
2	休息	EZ 45:00	MO 45:00	休息	A1	EZ 60:00	MO 60:00
3	休息	EZ 45:00	MO 45:00	休息	A1	EZ 60:00	MO 60:00
4	休息	EZ 45:00	MO 45:00	休息	A1	EZ 60:00	MO 60:00
5	休息	EZ 50:00	A3	休息	2 000 米 TT	EZ 60:00	MO 60:00
6	休息	EZ 50:00	A3	休息	A1	休息	6 000 米 TT
7	休息	EZ 50:00	A3	休息	A1	EZ 75:00	MO 75:00
8	休息	EZ 50:00	A3	休息	A1	EZ 75:00	MO 75:00
9	休息	EZ 55:00	MO 50:00	休息	2 000 米 TT	EZ 75:00	MO 75:00
10	休息	EZ 55:00	MO 50:00	休息	A1	EZ 75:00	MO 75:00
11	休息	EZ 55:00	MO 50:00	休息	6 000 米 TT	休息	MO 90:00
12	休息	EZ 55:00	MO 50:00	休息	A2	EZ 60:00	2 000 米 TT

* 训练目标是在不到 9 分钟的时间里完成赛艇 2 000 米。有关间歇训练课的说明，请参见本章内容。表中的时长为计时器上显示的时长（分：秒）。

图例

TT：计时训练

EZ：耐力训练，以 60% ～ 75% MHR 进行

MO：体力训练，以 75% ～ 85% MHR 进行

因为大多数人在周末都有更多空闲时间，所以周末的训练时间会更长。

2 000 米和 6 000 米训练要求全力以赴，要有力地冲过终点。对于 2 000 米和 6 000 米的计时训练，热身方法为首先以 2 分 40 秒的配速完成 5 分钟的 500 米分段，然后以 2 分 30 秒的配速完成 5 分钟的 500 米分段，再以 2 分 20 秒的配速完成 5 分钟的 500 米分段。休息 3 分钟，然后全力以赴地赛艇 2 000 米或 6 000 米。记录各次赛艇的完成时间。

休息日安排在间歇训练日后面。明智地利用休息日，不要在那天做任何辛苦的事情。除非你接受过长期训练，否则我们建议你完全休息。如果你接受过长期训练，你可以进行短时间的恢复训练，例如 30 分钟强度低于 65% MHR 的运动。

间歇训练是很艰苦的，它们肯定会让你感觉不舒服。在执行间歇训练 A1、A2 和 A3 时，你不必担心自己的心率，但要将心率记录下来，并将其用于记录体能的变化。这些间歇训练会在经济性和速度耐力两个训练区间之间来回变化，然后在恢复过程中回落到耐力训练区间。

以下是对表 14.5 列出的间歇训练的具体说明。

A1 间歇训练

总时间大约为 43 分钟，不包括热身和放松运动的时间

热身：轻松赛艇 10 分钟（配速为 2 分 30 秒～ 2 分 40 秒的 500 米分段）

配速为 2 分 20 秒的 500 米分段，持续 6 分钟

配速为 2 分 30 秒的 500 米分段，持续 6 分钟

配速为 2 分 15 秒的 500 米分段，持续 6 分钟

配速为 2 分 30 秒的 500 米分段，持续 6 分钟

配速为 2 分 10 秒的 500 米分段，持续 6 分钟

配速为 2 分 30 秒的 500 米分段，持续 5 分钟

配速为 2 分 05 秒的 500 米分段，持续 3 分钟

配速为 2 分 30 秒的 500 米分段，持续 3 分钟

配速为 2 分钟的 500 米分段，持续 2 分钟或尽可能长的时间

恢复放松：轻松赛艇 10 分钟（配速为 2 分 40 秒的 500 米分段）

A2 间歇训练

总时间大约为 41 分钟，不包括热身和放松运动的时间

热身：轻松赛艇10分钟（配速为2分30秒～2分40秒的500米分段）

配速为2分25秒的500米分段，持续15分钟

配速为2分15秒的500米分段，持续7分钟

配速为2分25秒的500米分段，持续7分钟

配速为2分10秒的500米分段，持续2分钟

配速为2分20秒的500米分段，持续2分钟

配速为2分25秒的500米分段，持续2分钟

配速为2分5秒的500米分段，持续2分钟

配速为2分25秒的500米分段，持续2分钟

配速为1分55秒的500米分段，持续2分钟或尽可能长的时间

恢复放松：轻松赛艇10～15分钟（配速水平不高于2分40秒的500米分段）

A3 间歇训练

总时间大约为30分钟，不包括热身和放松运动的时间

热身：轻松赛艇15分钟（配速为2分30秒～2分40秒的500米分段）

配速为2分25秒的500米分段，持续5分钟

配速为2分20秒的500米分段，持续5分钟

配速为2分15秒的500米分段，持续5分钟

配速为2分10秒的500米分段，持续5分钟

配速为2分5秒的500米分段，持续5分钟

配速为2分钟的500米分段，持续5分钟

恢复放松：轻松赛艇10分钟（配速水平不高于2分40秒的500米分段）

第2级

在转入第2级训练计划（见表14.6）之前，你需要问自己两个问题。首先，你是否已完成第1级训练计划？其次，你是否已重新进行测试，并在不到9分钟的时间内完成2 000米测试，确认达到了执行第2级训练计划的标准？如果你在2 000米测试中尚未合格，我们建议你重复第1级训练计划最后4周的训练。

周	周一	周二	周三	周四	周五	周六	周日
			表 14.6　第 2 级赛艇训练计划：中级 *				
1	2 000 米 TT	EZ 55:00	MO 50:00	休息	A1	EZ 75:00	MO 75:00
2	休息	EZ 55:00	MO 50:00	休息	A1	EZ 75:00	MO 75:00
3	休息	EZ 55:00	MO 50:00	休息	A2	休息	6 000 米 TT
4	休息	EZ 55:00	MO 50:00	休息	A2	EZ 90:00	MO 90:00
5	休息	EZ 60:00	A4	休息	2 000 米 TT	EZ 90:00	休息
6	休息	EZ 60:00	A4	休息	A2	EZ 90:00	休息
7	休息	EZ 60:00	A4	休息	A2	EZ 90:00	休息
8	休息	EZ 60:00	A4	休息	A2	休息	6 000 米 TT
9	休息	MO 45:00	FA 45:00	休息	2 000 米 TT	MO 30:00	A4
10	休息	MO 45:00	FA 45:00	休息	A3	MO 30:00	A4
11	休息	MO 45:00	FA 45:00	休息	A3	MO 30:00	A4
12	休息	MO 45:00	休息	休息	2 000 米 TT	MO 30:00	6 000 米 TT

* 训练目标是完成 2 000 米赛艇，并且完成时间比上一次完成 2 000 米赛艇所用时间少 30 秒。
有关间歇训练的说明，请参见本章内容。
表中的时长为计时器上显示的时长（分：秒）。

图例

　　TT：计时训练

　　EZ：耐力训练，以 60%～75% MHR 进行

　　MO：体力训练，以 75%～85% MHR 进行

　　FA：经济性训练，以 85%～95% MHR 进行

　　对于 2 000 米和 6 000 米的计时训练，热身方法为首先以 2 分 30 秒的配速完成 5 分钟的 500 米分段，然后以 2 分 20 秒的配速完成 5 分钟的 500 米分段，再以 2 分 10 秒的配速完成 5 分钟的 500 米分段。全力以赴地赛艇 2 000 米或 6 000 米。记录各次赛艇的完成时间。

　　以下是对表 14.6 中列出的间歇训练的具体说明。

A1 间歇训练

　　总时间大约为 43 分钟，不包括热身和放松运动的时间

　　热身：轻松赛艇 15 分钟（配速为 2 分 20 秒～ 2 分 40 秒的 500 米分段）

　　配速为 2 分 10 秒的 500 米分段，持续 6 分钟

配速为 2 分 25 秒的 500 米分段，持续 6 分钟

配速为 2 分 5 秒的 500 米分段，持续 6 分钟

配速为 2 分 25 秒的 500 米分段，持续 6 分钟

配速为 2 分钟的 500 米分段，持续 6 分钟

配速为 2 分 25 秒的 500 米分段，持续 5 分钟

配速为 1 分 55 秒的 500 米分段，持续 3 分钟

配速为 2.25 秒的 500 米分段，持续 3 分钟

配速为 1 分 50 秒的 500 米分段，持续 2 分钟

恢复放松：轻松赛艇 10 分钟（配速水平不高于 2 分 30 秒的 500 米分段）

A2 间歇训练

总时间大约为 41 分钟，不包括热身和放松运动的时间

热身：轻松赛艇 15 分钟（配速为 2 分 20 秒～ 2 分 40 秒的 500 米分段）

配速为 2 分 15 秒的 500 米分段，持续 15 分钟

配速为 2 分 5 秒的 500 米分段，持续 7 分钟

配速为 2 分 15 秒的 500 米分段，持续 7 分钟

配速为 2 分钟的 500 米分段，持续 2 分钟

配速为 2 分 10 秒的 500 米分段，持续 2 分钟

配速为 2 分 15 秒的 500 米分段，持续 2 分钟

配速为 1 分 55 秒的 500 米分段，持续 2 分钟

配速为 2 分 15 秒的 500 米分段，持续 2 分钟

配速为 1 分 50 秒的 500 米分段，持续 2 分钟

恢复放松：轻松赛艇 10 ～ 15 分钟（配速水平不高于 2 分 30 秒的 500 米分段）

A3 间歇训练

总时间大约为 30 分钟，不包括热身和放松运动的时间

热身：轻松赛艇 15 分钟（配速为 2 分 20 秒～ 2 分 40 秒的 500 米分段）

配速为 2 分 25 秒的 500 米分段，持续 5 分钟

配速为 2 分 20 秒的 500 米分段，持续 5 分钟

配速为 2 分 15 秒的 500 米分段，持续 5 分钟

配速为 2 分 10 秒的 500 米分段，持续 5 分钟

配速为 2 分 5 秒的 500 米分段，持续 5 分钟

配速为 2 分钟的 500 米分段，持续 5 分钟

恢复放松：轻松赛艇 10 分钟（配速水平不高于 2 分 30 秒的 500 米分段）

A4 间歇训练

总时间大约为 42 分钟，不包括热身和放松运动的时间

热身：轻松赛艇 15 分钟（配速为 2 分 20 秒～ 2 分 40 秒的 500 米分段）

配速为 2 分 25 秒的 500 米分段，持续 6 分钟

配速为 2 分 20 秒的 500 米分段，持续 6 分钟

配速为 2 分 15 秒的 500 米分段，持续 6 分钟

配速为 2 分 10 秒的 500 米分段，持续 6 分钟

配速为 2 分 5 秒的 500 米分段，持续 6 分钟

配速为 2 分钟的 500 米分段，持续 6 分钟

配速为 1 分 55 秒的 500 米分段，持续 6 分钟

恢复放松：轻松赛艇 10 分钟（配速水平不高于 2 分 30 秒的 500 米分段）

第 3 级

在执行第 3 级训练计划（见表 14.7）之前，就像从第 1 级训练计划升到第 2 级训练计划时那样，你需要先向自己提出两个问题：我是否完成了第 1 级和第 2 级训练计划？我在 2 000 米测试中的完成时间是否达到了更高级别的时间要求？通常，从其他运动模式转来赛艇的人都具备相当不错的体能。如果你属于这种情况，单独使用 2 000 米测试的标准时间即可。

对于 2 000 米计时训练，热身方法为首先以 2 分 20 秒的配速完成 5 分钟的 500 米分段，然后以 2 分 15 秒的配速完成 5 分钟的 500 米分段，再以 2 分 10 秒的配速完成 5 分钟的 500 米分段。然后全力以赴地完成 2 000 米。记录各次赛艇的完成时间。

周	周一	周二	周三	周四	周五	周六	周日
				表 14.7　第 3 级赛艇训练计划：高级 *			
1	2 000 米 TT	FA 30:00	EZ 30:00	A1	休息	EZ 120:00	EZ 60:00
2	休息	FA 30:00	EZ 60:00	A1	休息	EZ 120:00	EZ 60:00
3	EZ 60:00	FA 30:00	EZ 60:00	A1	休息	EZ 120:00	EZ 60:00
4	EZ 60:00	FA 30:00	EZ 30:00	EZ 30:00	休息	2 000 米 TT	休息
5	EZ 60:00	FA 30:00 VF 5:00	休息	EZ 60:00	MO 45:00	EZ 120:00	EZ 60:00
6	EZ 60:00	FA 30:00 VF 10:00	休息	EZ 60:00	MO 45:00	EZ 60:00 MO 60:00	休息
7	EZ 30:00	FA 30:00 VF 10:00	EZ 30:00	EZ 60:00	MO 60:00	EZ 60:00 MO 60:00	休息
8	EZ 60:00	FA 30:00 VF 15:00	A2	休息	MO 60:00	EZ 60:00 MO 60:00	休息
9	EZ 60:00	A3	A4	EZ 60:00	上午：A3 下午：EZ 30:00	休息	A4
10	EZ 60:00	A5	A4	EZ 60:00	上午：A5 下午：EZ 30:00	休息	A6
11	EZ 60:00	A6	A2	EZ 60:00	上午：2 000 米 TT 下午：EZ 30:00	休息	A7
12	EZ 30:00	5 000 米 20:00	休息	休息或轻松的 5 000 米	休息	休息	2 000 米 TT

* 训练目标是完成 2 000 米赛艇，并且完成时间比上一次完成 2 000 米赛艇所用时间少 20 秒。有关间歇训练的说明，请参见本章内容。

表中的时长为计时器上显示的时长（分：秒）。

图例

　　TT：计时训练

　　EZ：耐力训练，以 60% ～ 75% MHR 进行

　　MO：体力训练，以 75% ～ 85% MHR 进行

　　FA：经济性训练，以 85% ～ 95% MHR 进行

　　VF：速度耐力训练，以 95% ～ 100% MHR 进行

　　　　以下是表 14.7 中列出的间歇训练的具体说明。

A1 间歇训练

　　总时间大约为 45 分钟，不包括热身和放松运动的时间

　　热身：轻松赛艇 15 分钟（配速为 2 分 20 秒～ 2 分 30 秒的 500 米分段）

　　配速为 2 分钟的 500 米分段，持续 8 分钟

配速为 2 分 15 秒的 500 米分段，持续 6 分钟

配速为 1 分 55 秒 500 米分段，持续 6 分钟

配速为 2 分 15 秒 500 米分段，持续 6 分钟

配速为 1 分 50 秒 500 米分段，持续 6 分钟

配速为 2 分 15 秒 500 米分段，持续 5 分钟

配速为 1 分 45 秒 500 米分段，持续 5 分钟

配速为 2 分 15 秒 500 米分段，持续 3 分钟

恢复放松：轻松赛艇 3 分钟（配速为 2 分 20 秒的 500 米分段）

A2 间歇训练

总时间大约为 41 分钟，不包括热身和放松运动的时间

热身：轻松赛艇 15 分钟（配速为 2 分 20 秒～ 2 分 30 秒的 500 米分段）

配速为 2 分钟的 500 米分段，持续 15 分钟

配速为 1 分 50 秒 500 米分段，持续 7 分钟

配速为 2 分 15 秒 500 米分段，持续 7 分钟

配速为 2 分 5 秒 500 米分段，持续 2 分钟

配速为 2 分钟的 500 米分段，持续 2 分钟

配速为 2 分 15 秒 500 米分段，持续 2 分钟

配速为 1 分 55 秒 500 米分段，持续 2 分钟

配速为 2 分 15 秒 500 米分段，持续 2 分钟

配速为 1 分 50 秒 500 米分段，持续 2 分钟

恢复放松：轻松赛艇 10 ～ 15 分钟（配速为 2 分 15 秒～ 2 分 20 秒的 500 米分段）

A3 间歇训练

总时间大约为 63 分钟，不包括热身和放松运动的时间

热身：轻松赛艇 15 分钟（配速为 2 分 20 秒～ 2 分 30 秒的 500 米分段）

配速为 2 分钟的 500 米分段，持续 8 分钟

配速为 2 分 15 秒 500 米分段，持续 6 分钟

配速为 1 分 55 秒 500 米分段，持续 6 分钟

配速为 2 分 15 秒 500 米分段，持续 6 分钟

配速为 1 分 50 秒 500 米分段，持续 6 分钟

配速为 2 分 15 秒 500 米分段，持续 5 分钟

配速为 1 分 45 秒 500 米分段，持续 5 分钟

配速为 2 分 15 秒的 500 米分段，持续 5 分钟

配速为 1 分 40 秒的 500 米分段，持续 3 分钟

配速为 2 分 15 秒的 500 米分段，持续 5 分钟

配速为 1 分 35 秒的 500 米分段，持续 3 分钟

配速为 2 分 15 秒的 500 米分段，持续 5 分钟

恢复放松：轻松赛艇 10 ～ 15 分钟（配速为 2 分 15 秒～ 2 分 20 秒的 500 米分段）

A4 间歇训练

总时间大约为 42 分钟，不包括热身和放松运动的时间

热身：轻松赛艇 15 分钟（配速为 2 分 20 秒～ 2 分 30 秒的 500 米分段）

配速为 2 分钟的 500 米分段，持续 15 分钟

配速为 1 分 50 秒的 500 米分段，持续 7 分钟

配速为 2 分 15 秒的 500 米分段，持续 7 分钟

配速为 2 分 5 秒的 500 米分段，持续 2 分钟

配速为 2 分钟的 500 米分段，持续 2 分钟

配速为 1 分 55 秒的 500 米分段，持续 2 分钟

配速为 1 分 50 秒的 500 米分段，持续 2 分钟

配速为 1 分 45 秒的 500 米分段，持续 2 分钟

配速为 1 分 40 秒的 500 米分段，持续 2 分钟

最大负荷 1 分钟

恢复放松：轻松赛艇 5 分钟（配速水平不高于 2 分 15 秒的 500 米分段）

A5 间歇训练

总时间大约为 55 分钟，不包括热身和放松运动的时间

热身：轻松赛艇 15 分钟（配速为 2 分 20 秒～ 2 分 30 秒的 500 米分段）

配速为 1 分 55 秒的 500 米分段，持续 7 分钟

配速为 2 分 15 秒的 500 米分段，持续 5 分钟

配速为 1 分 50 秒的 500 米分段，持续 6 分钟

配速为 2 分 15 秒的 500 米分段，持续 5 分钟

配速为 1 分 45 秒的 500 米分段，持续 6 分钟

配速为 2 分 15 秒的 500 米分段，持续 5 分钟

配速为 1 分 40 秒的 500 米分段，持续 5 分钟

配速为 2 分 15 分钟 500 米分段，持续 5 分钟

配速为 1 分 40 分钟 500 米分段，持续 4 分钟

配速为 2 分 15 分钟 500 米分段，持续 5 分钟

配速为 1 分 35 分钟 500 米分段，持续 2 分钟

恢复放松：轻松赛艇 5 分钟（配速不高于 2 分 15 秒的 500 米分段）

A6 间歇训练

总时间大约为 42 分钟，不包括热身和放松运动的时间

热身：轻松赛艇 15 分钟（2 分 20 秒～ 2 分 30 秒的 500 米分段）

配速为 1 分 55 秒的 500 米分段，持续 15 分钟

配速为 2 分 15 秒的 500 米分段，持续 5 分钟

配速为 1 分 40 秒的 500 米分段，持续 4 分钟

配速为 2 分 15 秒的 500 米分段，持续 4 分钟

配速为 1 分 40 秒的 500 米分段，持续 4 分钟

配速为 2 分 15 秒的 500 米分段，持续 2 分钟

配速为 1 分 35 秒的 500 米分段，持续 2 分钟

配速为 2 分 15 秒的 500 米分段，持续 4 分钟

配速为 1 分 35 秒的 500 米分段，持续 2 分钟

恢复放松：轻松赛艇 5 分钟（配速水平不高于 2 分 15 秒的 500 米分段）

A7 间歇训练

总时间大约为 42 分钟，不包括热身和放松运动的时间

热身：轻松赛艇 15 分钟（2 分 20 秒～ 2 分 40 秒的 500 米分段）

1 分 35 秒～ 1 分 38 秒的 500 米分段，持续 3 分钟

2 分 15 秒的 500 米分段，持续 4 分钟（恢复）

1 分 35 秒～ 1 分 38 秒的 500 米分段，持续 3 分钟

2 分 15 秒的 500 米分段，持续 4 分钟（恢复）

1 分 35 秒～1 分 38 秒的 500 米分段，持续 3 分钟

2 分 15 秒的 500 米分段，持续 4 分钟（恢复）

1 分 35 秒～1 分 38 秒的 500 米分段，持续 3 分钟

2 分 15 秒的 500 米分段，持续 4 分钟（恢复）

1 分 35 秒～1 分 38 秒的 500 米分段，持续 3 分钟

2 分 15 秒的 500 米分段，持续 4 分钟（恢复）

配速为 1 分 35 秒～1 分 38 秒的 500 米分段，持续 3 分钟

配速为 2 分 15 秒的 500 米分段，持续 4 分钟（恢复）

恢复放松：轻松赛艇 5 分钟（配速为 2 分 15 秒的 500 米分段）

继续训练

祝贺你努力完成了这么多训练。与其他运动项目一样，在赛艇运动中，提高体能水平是最困难的部分。现在你已经实现了这一目标，你需要问自己的问题是：我对自己的体能水平有多满意？如果你已感到满意，就可以退一步，以当前训练级别的平均强度每周进行 3 天训练。这样可以维持你的体能水平。务必保持强度水平，因为这对于维持你的体能水平来说是最重要的。如果你想征服更大的水域，则需要考虑采用更高级的训练计划，并且要考虑其他影响运动表现的因素，如营养和技巧。

第 15 章

越野滑雪

到目前为止，我们已经介绍了步行、慢跑与跑步、自行车、游泳、铁人三项和赛艇的训练计划。越野滑雪是我们要讨论的最后一项耐力运动。在所有耐力型运动员中，越野滑雪运动员的体能测试结果最令人印象深刻。但毫无疑问，在所有顶级耐力型运动员中，越野滑雪（也称北欧式滑雪）运动员的体能占绝对优势。有关各项运动的精英运动员的 $\dot{V}O_{2max}$ 数据，请参见表 15.1。尽管表 15.1 中所有运动员的名字和成就早已广为人知，但越野滑雪运动员仍比其他任何人都领先一步。从生理学和进化学的角度来看，越野滑雪运动员特别有意思的一点是，他们不仅增强了运动生理机能，而且在过去的 50 ~ 60 年中，其耐力提高的百分比也超过了其他耐力项目的运动员。

表 15.1　顶级耐力型运动员的 $\dot{V}O_{2max}$ 数据

运动员	性别	运动项目	$\dot{V}O_{2max}$（ml·kg^{-1}·min^{-1}）
比约恩·戴利（Bjorn Daehlie）	男	越野滑雪	94.0
格雷格·莱蒙德（Greg LeMond）	男	自行车	92.5
米格尔·安杜兰（Miguel Indurain）	男	自行车	88.0
兰斯·阿姆斯特朗（Lance Armstrong）	男	自行车	84.0
史蒂夫·普雷方丹（Steve Prefontaine）	男	跑步	84.4
英格丽德·克里斯蒂安森（Ingrid Kristiansen）	女	跑步	71.2
罗莎·莫塔（Rosa Mota）	女	跑步	67.2

男性的 10 千米跑步纪录下降到 27 分钟以内，这代表着该项目的进步在 20 世纪不到 15%。今天的男女速滑运动员的速度比一个世纪前快了 25%；游泳运动员则非常顺遂地提速了 40%。此外，越野滑雪运动员将传统距离 25 千米和 50 千米的完赛时间缩短至上个世纪的一半。诚然，设备和材料的进步为我们提供了很大的帮助，并在很大程度上促进了成绩的提高，但训练理念、高强度训练、休息、爆发力训练、营养等因素的变化也做出了贡献。其他运动项目也发生了这些变化，但长久以来，越野滑雪一直采用先进的训练方法，更重要的是，这些运动员非常倚重心率训练方法。

可以说，斯堪的纳维亚人不仅开创了心率测量技术，而且开创了越野滑雪运动员的心率训练和监测方法。出色的成就和成功是临床准备和监测的结果，而心率在这其中起着不可或缺的作用。斯堪的纳维亚地区有许多心率监测器制造商，我们现在正在见证一场心率监测器和心率训练方面的革命，例如 24 小时心率恢复。24 小时心率监测器的推出引入了早该引入的恢复训练概念。持续监测的能力使运动员能够调整其训练，以保证适当的休息和恢复，并且还可以根据数据来调整日常运动计划。保持良好的记录对于此过程至关重要。

确定当前的体能水平类别

运动员为了确定基础耐力水平，可以使用第 10 章中关于 $\dot{V}O_{2max}$ 的跑步测试或第 2 章中所述的 MHR 跑步测试。尽管在滑雪时测试会更准确，但在大多数情况下，运动员在跑步时测试会更容易获得测试数据，尤其是如果想同时收集 MHR 数据。如果使用第 10 章中介绍的跑步测试方案，就可以同时确定体能水平类别和获得 MHR。获得此信息后，可使用第 10 章（表 10.2 或表 10.3）和第 14 章（表 14.2 或表 14.3）中的相关内容来确定体能水平类别。该结果还将指示你应该从哪个级别开始训练——第 1 级、第 2 级或第 3 级。

确定越野滑雪训练区间

用于确定 MHR 的滑雪测试可以采用跑步或使用四轮滑雪板的方式进行。

确定 MHR 的滑雪测试示例如下。

1. 寻找一条跑道，或一条大约 400 ～ 600 米长且平缓的斜坡。如果使用四轮滑雪板进行测试，则务必选择合适的地面（即无裂缝、无孔洞和无散置障碍物的平整地面）。戴上心率监测器。

2. 跑步或滑行 0.5 ～ 1 英里进行热身。

3. 尽可能快地完成一圈或一次上坡。查看心率监测器的心率读数。

4. 步行或慢跑 2 分钟进行恢复，然后重复测试。查看心率监测器的心率读数。

5. 进行 2 分钟的恢复活动，然后再次重复测试。第 3 次测试结束时的心率将是很好的 MHR 指标。

选择训练计划

正如游泳和赛艇一样，越野滑雪有很高的技术含量。与其他运动项目一样，我们设计了 3 个级别的训练计划。第 1 级训练计划要完成 10 千米，第 2 级训练计划要完成 25 千米，第 3 级训练计划要完成 25 千米。如果你是新手，则应从第 1 级训练计划开始，然后逐步升级至第 3 级训练计划。如果你具有一定的经验，则可以从第 2 级或第 3 级训练计划开始，前提是你已轻松达到上一个级别的要求。

体能测试可以客观地确定基本体能水平类别。运动员按照该计划可逐步完成训练的 4 个阶段，其早期阶段侧重于有氧体能训练，并逐步升级到体力、经济性和速度（更偏向于无氧体能）训练。

第 1 级训练计划专门针对耐力。在第 2 级训练计划中，距离和强度都增大了，并且训练同时针对耐力和体力。在第 3 级训练计划中，你将看到明显的区别——增加了许多高强度训练，包括连续的高级别训练和间歇训练，其重点是发展经济性和速度耐力。第 3 级训练计划中大部分训练是无氧的、专注于速度和爆发力的训练。

越野滑雪与其他运动模式之间的微小差异是，滑雪需要雪。此外，你需要精心准备的雪道，以完成不同强度的训练。由于大自然的不确定性，我们认为你需要经常进行旱地训练。出于这个原因，我们在所有训练方案中均提供了跑步、滑雪或旱地滑雪的选项。在无法滑雪的日子里，优先选择旱地滑雪，然后是跑步。

与先前的计划一样，我们使用标准心率数据表。你必须计算自己的心率数据。表 15.2 列出了 MHR 百分比的范围。

表 15.2　越野滑雪训练阶段	
训练阶段	% MHR
阶段 Ⅰ：耐力训练	60 ～ 75
阶段 Ⅱ：体力训练	75 ～ 85
阶段 Ⅲ：经济性训练	85 ～ 95
阶段 Ⅳ：速度耐力训练	95 ～ 100

第 1 级

第 1 级训练计划（见表 15.3）的目标是为 10 千米比赛做准备。其重点是发展耐力，因此所有训练课均处于阶段 Ⅰ：耐力。请记住，在此级别上，一切训练都很慢且轻松，这使你能够舒服地发展自己的心肺系统，并在继续进行高强度训练之前建立所需的有氧或耐力基础。这符合我们在第 8 章中概述的基本概念：循序渐进。

表 15.3　第 1 级：10 千米越野滑雪训练计划 *							
周	周一	周二	周三	周四	周五	周六	周日
1	EZ 20:00	休息	EZ 20:00	休息	休息	EZ 30:00	休息
2	EZ 20:00	休息	EZ 20:00	休息	休息	EZ 30:00	休息
3	EZ 30:00	休息	EZ 30:00	休息	休息	EZ 40:00	休息
4	EZ 30:00	休息	EZ 30:00	休息	休息	EZ 40:00	休息
5	EZ 40:00	休息	EZ 40:00	休息	休息	EZ 50:00	休息
6	EZ 40:00	休息	EZ 40:00	休息	休息	EZ 50:00	休息
7	EZ 50:00	休息	EZ 50:00	休息	休息	EZ 60:00	休息
8	EZ 50:00	休息	EZ 30:00	休息	休息	10 千米比赛	休息

* 所有训练课都采用滑雪方式；如果天气不允许滑雪，则改为旱地滑雪或跑步训练课。
表中的时长为计时器上显示的时长（分：秒）。

图例
　EZ：耐力训练，以 60% ～ 75% MHR 进行

第 2 级

第 2 级训练计划（见表 15.4）的目标是为 25 千米比赛做准备，使

用耐力和体力训练的变量。其重点是增强在第 1 级训练计划中建立的耐力并发展体力。它遵循渐进原则，在强度和持续时间上略有增加，目标是增强完成更长距离的能力，并帮助你继续增强耐力基础。此时，体力变得很重要，因为要完成 25 千米，这是一个相当长的距离。根据训练的地形，完成 25 千米所用的时间可能比完成 10 千米所用的时间长 1 ～ 2.5 小时。

表 15.4　第 2 级：25 千米越野滑雪训练计划 *							
周	周一	周二	周三	周四	周五	周六	周日
1	EZ 50:00	休息	EZ 50:00	MO 20:00	休息	EZ 60:00	休息
2	EZ 50:00	休息	EZ 50:00	MO 20:00	休息	EZ 60:00	休息
3	EZ 60:00	休息	EZ 60:00	MO 20:00	休息	EZ 70:00	休息
4	EZ 60:00	休息	EZ 60:00	MO 20:00	休息	EZ 70:00	休息
5	EZ 70:00	休息	EZ 70:00	MO 30:00	休息	EZ 80:00	休息
6	EZ 70:00	休息	EZ 70:00	MO 30:00	休息	EZ 80:00	休息
7	80:00（EZ 50:00 和 MO 30:00）	休息	EZ 80:00	MO 30:00	休息	EZ 90:00	休息
8	80:00（EZ 50:00 和 MO 30:00）	休息	EZ 80:00	MO 30:00	休息	EZ 100:00	休息
9	90:00（EZ 60:00 和 MO 30:00）	休息	EZ 90:00	MO 30:00	休息	EZ 110:00	休息
10	100:00（EZ 60:00 和 MO 40:00）	休息	EZ 100:00	MO 40:00	休息	EZ 120:00	休息
11	80:00（EZ 50:00 和 MO 30:00）	休息	EZ 80:00	MO 30:00	休息	EZ 120:00	休息
12	休息	EZ 80:00	MO 30:00	休息	休息	25 千米比赛	休息

* 所有训练课都采用滑雪方式；如果天气不允许滑雪，则改为旱地滑雪或跑步训练课。
表中的时长为计时器上显示的时长（分：秒）。

图例
　　EZ：耐力训练，以 60% ～ 75% MHR 进行
　　MO：体力训练，以 75% ～ 85% MHR 进行

第 3 级

　　第 3 级训练计划（见表 15.5）的目标是更快速地完成 25 千米比赛。你会注意到本计划的强度有所增大，且本计划引入了间歇训练课和更多速度训练课。第 3 级训练计划以在第 1 级和第 2 级训练计划中完成的训练为基础，但更加强调强度，以帮助你提升运动表现，而不仅仅是增强完成更长距离的能力。

周	周一	周二	周三	周四	周五	周六	周日
			表 15.5　第 3 级：25 千米越野滑雪训练计划 *				
1	10 千米 TT	休息	EZ 50:00	FA 30:00	休息	MO 60:00	休息
2	A1 60:00	休息	EZ 50:00	FA 30:00	休息	MO 60:00	休息
3	A1 60:00	休息	EZ 60:00	FA 30:00	休息	MO 60:00	休息
4	A1 60:00	休息	EZ 60:00	FA 30:00	休息	MO 60:00	休息
5	A2 88:00	休息	EZ 70:00	A3 53:00	休息	EZ 80:00	休息
6	A2 88:00	休息	EZ 70:00	A3 53:00	休息	EZ 80:00	休息
7	A2 88:00	休息	EZ 80:00	A3 53:00	休息	EZ 90:00	休息
8	A2 88:00	休息	EZ 80:00	A3 53:00	休息	EZ 90:00	休息
9	FA 30:00	休息	EZ 90:00	A2 88:00	休息	EZ 100:00	休息
10	FA 30:00	休息	EZ 10:00	A2 88:00	休息	EZ 110:00	休息
11	FA 30:00	休息	EZ 80:00	A2 88:00	休息	EZ 120:00	休息
12	休息	EZ 80:00	MO 30:00	休息	休息	25 千米比赛	休息

* 所有训练课都采用滑雪方式，如果天气不允许滑雪，则改为旱地滑雪或跑步训练课，有关间歇训练的说明，请参见本章内容。

表中的时长为计时器上显示的时长（分：秒）。

图例

TT：计时训练

EZ：耐力训练，以 60% ～ 75% MHR 进行

MO：体力训练，以 75% ～ 85% MHR 进行

FA：经济性训练，以 85% ～ 95% MHR 进行

以下是对表 15.5 中列出的间歇训练的具体说明。

A1 间歇训练

总时间大约为 60 分钟

热身：EZ 15 分钟

MO 10 分钟

EZ 5 分钟

FA 5 分钟

EZ 5 分钟

VF 5 分钟

EZ 5 分钟

最大负荷 2 分钟

放松：EZ 8 分钟

A2 间歇训练

总时间大约为 88 分钟

热身：EZ 15 分钟

最大负荷 2 分钟，然后执行 EZ 5 分钟；执行 5 次

最大负荷 1 分钟，然后执行 EZ 5 分钟；执行 5 次

放松：EZ 8 分钟

A3 间歇训练

总时间大约为 53 分钟

热身：EZ 15 分钟

MO 30 分钟，配合 10× 每 2 分钟加快 20 秒

放松：EZ 8 分钟

继续训练

　　循序渐进地完成这 3 个级别的训练计划可以使你建立扎实的体能基础。此时，你可以决定是进一步提升运动表现，还是尝试完成更长的距离。运动表现的持续提升要求你重新调整训练方法的重点以包括短距离和长距离的更高强度的训练。你还必须参加更多有系统组织的赛事，以增加比赛经验。如果下一个目标是完成更长的距离，你将必须降低强度并增加第 2 级训练计划中规定的距离，以进一步增强心肺系统和使用脂肪作为燃料来源的能力。在执行下一级训练计划之前，你需要仔细评估自己当前的体能水平。因此，重新进行体能评估是明智的做法。这将使你重新了解自己当前的体能水平，从而确定更合适的训练起点。在此阶段，你可能需要寻求私人教练的指导。

第16章

团体运动项目

团体运动项目的教练明白，其运动员需要具备一定的体能基础才可以参加更高级别的赛事。因此，棒球运动员要进行春季训练，而美式橄榄球运动员则要在夏季高温、高湿的条件下痛苦地完成体能训练课。与耐力运动项目一样，团体运动项目中的体能挑战因不同运动项目和运动员所负责的场上位置不同而有很大差异。例如，在90分钟的足球比赛中，足球运动员的奔跑距离可能长达6英里；而在美式橄榄球比赛中，进攻截锋在一场比赛中可能只跑动数百米。无论如何，所有团体运动项目的运动员都需要具备有氧运动能力，因为这决定了无氧运动后的恢复时间。

显然，进入状态有助于团体运动项目的运动员发挥出色。理解这一通用原则的教练还相信，将比赛中的动作和整体能力分解为运动员可以反复练习的微技能是很有价值的做法。为了达到我们的目的，我们将体能视为可以分解为多个部分的一项技能，各个部分能够分别进行练习，就像可分别练习跑动传球路线、罚球一样。

但是，在更深入地介绍之前，我们想简单地解释一下举重时使用心率监测的问题。举重是大多数运动员体能训练中必不可少的部分。因此，和其他任何体能训练一样，我们也需要对举重进行心率监测。但是，在进行力量或爆发力的重量训练时，监测心率是不可靠的做法。举重会导致血压大幅升高，呼吸频率降低，并且需要大量缓慢或静态的肌肉收缩。结果是心率对短时运动的反应迟钝。因此，我们不主张在进行大重量的阻力训练时使用心率监测来指导强度。现在开始介绍团体运动项目的心率监测。

在团体运动项目中对运动员进行心率监测

你现在已知道，监测运动员对压力的反应对于确保最佳适应以及制订合理明智的训练和恢复计划至关重要。我们知道，静息和运动时的心率反应不仅是一种衡量有氧运动状态和每轮运动压力水平的极好方法，还可以衡量自主神经系统的压力。换句话说，心率可以提供一种很好的手段来评估外部压力源（如炎热、运动、水合反应、强度）和内部压力源（如恢复状态、受伤、疾病）。从外部压力源的角度来看，运动心率和恢复心率是我们的最佳数据。从内部压力源的角度来看，静息心率和心率变异性是我们的最佳数据。无论哪种情况，测量的一致性对于收集准确可靠的数据都是至关重要的。

从许多方面来讲，团体运动项目比个人耐力运动项目复杂得多，这是因为团体运动项目具有多维要求：速度、敏捷性、休息、运动员个体差异，以及向对手不断做出反应。此外，团体运动项目的教练还面临着同时指导 15 ～ 30 名（或更多）运动员的挑战。心率监测是一种简单、低成本且可靠的工具，可用于衡量运动员对训练的总体反应。此外，同一团体中一起训练和比赛的运动员具有不同的体能水平和技能水平，而多人心率监测系统的出现使教练有可能针对各个运动员制订个性化的训练计划和体能计划。

在训练课之前 5 ～ 10 分钟收集的静息数据，可以提供有关运动员准备状态的反馈。研究表明，在运动员静止仰卧时收集到的数据最可靠。一旦运动员进入训练课，教练或训练员便可以改为使用心率恢复数据来衡量运动员的外部压力，并在训练过程中个性化地调整其训练内容。当一天的训练结束后，运动员便可以报告接下来 12 ～ 24 小时内的心率数据，以提供有关心率变异性的信息，甚至包括睡眠时的心率数据。最重要的是，团体运动项目的心率监测有助于在团体环境中实现个性化，我们将在后文详细讨论有哪些选择。在下一节中，我们将讨论团体运动项目中的体能组成部分。

团体运动项目中的体能组成部分

生理学家知道，体能的各个组成部分都可以作为独立技能分别训练。此思路可应用于涉及连续或间歇跑动的团体运动项目，如美式橄榄球、篮球、足球、曲棍球和橄榄球。我们可以看到，从事这些运动的运动员需要具备以下体能技能。

- 在整场比赛中保持快速移动的能力（耐力）。
- 在连续多个回合中来回冲刺的能力（体力）。
- 能够第一个追到球或追上控球者的腿速（速度）。
- 在两轮运动之间恢复，然后重复运动的能力（有氧恢复）。
- 保持姿势和对抗的力量（爆发力）。

换句话说，团体运动项目的运动员需要发展耐力、体力、速度和爆发力，并且需要恢复，以便在比赛过程中有效地重复这些动作。在前面的内容中，我们讨论了耐力运动项目中的运动员如何通过训练来增强给定运动项目中的各项技能。本章主要介绍参加或指导团体运动项目时需要了解的一般原则。

耐力是所有其他体能组成部分的基础。运动员的耐力水平越高，在高负荷水平下保持优秀表现的时间就越长，甚至可以保持到比赛结束。为了增强耐力，需要将强度降低到极为轻松的负荷区间：60%～75% MHR。对于大多数团体运动项目的运动员来说，每周 2 次、每次 30 分钟的训练已经足够。

体力是指气喘吁吁地在场地上不间断地来回奔跑至少几分钟的能力。这应该没那么困难，还不至于让你必须放慢脚步，或者需要替补上场，好让你可以回到场边短暂休息一下。要增强体力，你需要在 75%～85% MHR 的心率区间内重复几次，每次的跑动距离应为场地长度的 2～3 倍，通过恢复间隔将心率降低至 70% MHR，然后再开始下一次重复。

速度可以通过在最大负荷下进行经典的短距离全速冲刺来提高。在这种情况下，心率反应通常会延迟，因此更可靠的做法是将心率作为一种恢复工具，而不是用来调节负荷。正常做法是连续重复几次，以达到力竭的疲劳水平，从而增强意志力；但是，与其这样做，还不如使用充分的恢复间隔将心率降到 60% MHR 以下，使得每次重复都可以全速冲刺。从小于 50 码的距离开始的全速冲刺训练非常适合培养此类体能。

增强爆发力的最佳训练方式是使用伴随一定阻力的能够诱发 MHR 的最大负荷。在 10～15 秒内全速冲上体育场台阶或短坡，并通过合理、完整和充分的恢复将心率降到 60% MHR 以下，这样的训练方案也会有很好的效果。

确定 MHR

为了收集必要的心率数据，可以使用第 2 章中介绍的基本跑步测试。

MHR 的跑步测试

1. 戴上心率监测器。寻找一条跑道，或一条 400 ～ 600 米长且平缓的斜坡。
2. 轻松慢跑 0.5 ～ 1 英里进行热身。
3. 尽可能快地跑完一圈或完成一次上坡。结束时查看心率监测器上的读数。
4. 步行或慢跑 2 分钟进行恢复，然后重复跑步。
5. 进行 2 分钟的恢复活动，然后再次重复跑步。第 3 次跑步结束时的心率将会是很好的 MHR 指标。

团体运动项目中的心率监测和训练

不幸的是，许多教练和运动员将增强体能技能的训练与增强意志力的训练相混淆。我们有一句老话：任何人都可以使运动员感到疲劳，但并非所有人都能使运动员变得更优秀。田径场上的跑圈耐力训练经常变成赛跑，因为运动员希望自己能给教练留下深刻的印象。在这些训练中，缺少的往往是个性化或对具体体能的关注，而只有个性化的训练方案才有机会让所有运动员获益。千篇一律的理念并不奏效，因为有些运动员会非常努力地训练，而另一些运动员则仅保持"巡航控制"，几乎没有实现真正的适应。

使用心率数据来设计个性化的训练方案，有助于防止用于培养技能的训练课超出必要的负荷。例如，用于发展耐力的休赛期计划通常采用计时训练的形式，要求运动员在 16 分钟或更短的时间内跑步 2 英里。这只会阻碍达成此阶段训练的目的（增强耐力），因为在这种配速下，某些运动员的心率可能会高于规定的 60% ～ 75% MHR。结果是，他们要么失败，要么必须付出比发展耐力更多的努力，但他们无法实现所需的适应。

使用个性化的体能测试来评估耐力是确定体能水平类别和制订训练

方案的最佳方法。试图满足随意定下的标准（如在 16 分钟或更短的时间内跑 2 英里）可能迫使你过早地进行过于艰苦的训练，而在此过程中，你还有受伤或倦怠的风险。一旦建立良好的耐力基础，每周仅进行一次长距离慢跑就可以维持该耐力水平。有关典型耐力训练的指南，参见第 10 章中与慢跑相关的内容。

接下来你可以按照跑步配速进行间歇训练，目的是把你的心率提高到 75% ～ 85% MHR 这个特殊的体力发展区间。在田径场上跑几次半圈（6×200 米或 8×200 米），配合半圈慢跑恢复，每周执行这样的训练方案 2 ～ 3 次可以增强体力。在球场上快速来回跑动几次后仍然保持速度所需要的就是体力。（这项技能是大块头、大体重的橄榄球前锋在整个场地内跑动以阻挡或拦截对手时所需要的。）

提高腿部速度的运动目标并不是为了通过连续训练到作呕的程度来惩罚你。过度疲劳通常意味着运动员只是缩短训练时间或最终以慢得多的速度完成了训练，这无助于实现训练目标。这并不是培养速度和信心的好方式。在你感到疲倦时，你会开始为自己感到难过，然后放慢速度，你由此获得了教训。任何发展速度的训练的重点都是要跑得快，而不会感到劳累和减速。

将这些特殊且互补的跑步技能组合在一起的模式遵循经典的难易结合式设计。当然，你必须使它们能够配合自己的比赛日程，并且我们意识到许多运动项目每周都会进行多场比赛。理想情况下，你可以通过在 60% ～ 65% MHR 的耐力维持水平下进行轻松的慢跑训练来获得充分的休息。比赛后的第一天，65% ～ 70% MHR 的轻松慢跑有助于恢复；第二天，75% ～ 85% MHR 的体力训练会非常合适；在第二天之后，可以安排 65% ～ 70% MHR 的恢复性慢跑。之后可以进行速度训练，然后安排轻松的恢复日，最后安排一次爆发力训练。你不必在一两周内完成所有这些训练。你只要一直遵循这个模式，完成整个循环，然后重新开始即可。

如果需要训练意志力，而不是进行速度或爆发力训练，则可跑步 3×300 米，并且最后的 100 米的大部分要以 100% MHR 跑完。这项训练的目标是在最初的 200 米内从较大的氧债中产生满负荷的乳酸，然后坚持跑完最后的 100 米。是的，那时你会感到难过和遗憾，但是，如果跑步训练纯粹就是以增强意志力为目的，那么该训练可以完成这个任务。但是，请不要混淆——纯粹的速度并不是通过放慢速度来发展的。

要提高腿部速度，可以先全速奔跑，然后在疲劳感产生之前停下。

还要注意：跑步不应该是惩罚。跑步是一项黄金技能，可以让所有运动员都发挥出自己的最佳状态。为什么要对成功所依赖的必备技能产生厌恶呢？无论是为了乐趣而跑步，还是为了奖金去狂奔，都要正确地跑，要利用跑步来帮助自己达到最佳状态。这也会使你的团体受益。

尽管传统上心率监测仅用于个人耐力项目的运动员，但过去 20 年来开发的技术已将心率监测的使用扩展到了团体运动项目环境。团体遥测系统使教练可以同时观察 10 ～ 12 位运动员的工作负荷。使用这项技术，教练可以马上看到谁的训练更艰苦，谁的状态更好。最重要的是，教练可以使用心率数据来帮助运动员明智、渐进和安全地进行训练。

无论教练是监测基本的体能还是进行体能测试，团体遥测系统都是一种出色的分析工具。它使教练能够确保体能水平最高的运动员努力训练并继续提高其水平，而不是仅仅领先体能水平最低的运动员几米。团体遥测系统增强了责任心和个性化，是心率监测领域中可喜的补充。你可以说它们使竞赛环境更加公平。团体遥测系统非常适用于赛季前和赛季初的心率监测，以及在比赛过程中收集数据，使教练和运动员在训练和竞赛环境中都可获得与运动负荷及心率反应有关的个性化数据。其最大价值可能在于指导恢复的能力。

和其他所有技术一样，心率监测器的使用也有积极和消极的影响。团体监测最明显的消极影响是与系统相关的成本，该成本可能高达 3 000 ～ 15 000 美元，具体取决于用户数量、数据量和使用范围。在团体环境中使用心率监测器的积极影响大于消极影响，但请记住，为了收集有意义的信息，必须保证数据使用和数据收集的一致性。以下为使用心率监测器的积极影响。

- 提供有关运动员对特定训练课或整体计划的反应的基本反馈。
- 在团体环境中实现个性化。
- 提供一种无创的方法来衡量外部和内部压力。
- 提供有关运动员在训练课中的恢复能力的实时反馈。
- 同时监测多个运动员的有意义的数据。

团体遥测系统提供了另一种管理运动员的方法。它使用现代科技提供大量数据，随着时间的推移，这些数据将成为无价之宝，可用于衡量运动员的进步、恢复和训练目标，其最终目标是提升恢复效果并减少运动损伤。

附　录

MHR	% MHR								
	100%	95%	90%	85%	80%	75%	70%	65%	60%
205	205	194	184	174	164	153	143	133	123
204	204	193	183	173	163	153	142	132	122
203	203	192	182	172	162	152	142	131	121
202	202	191	181	171	161	151	141	131	121
201	201	190	180	170	160	150	140	130	120
200	200	190	180	170	160	150	140	130	120
199	199	189	179	169	159	149	139	129	119
198	198	188	178	168	158	148	138	128	118
197	197	187	177	167	157	147	137	128	118
196	196	186	176	166	156	147	137	127	117
195	195	185	175	165	156	146	136	126	117
194	194	184	174	164	155	145	135	126	116
193	193	183	173	164	154	144	135	125	115
192	192	182	172	163	153	144	134	124	115
191	191	181	171	162	152	143	133	124	114
190	190	180	171	161	152	142	133	123	114
189	189	179	170	160	151	141	132	122	113
188	188	178	169	159	150	141	131	122	112
187	187	177	168	158	149	140	130	121	112
186	186	176	167	158	148	139	130	120	111
185	185	175	166	157	148	138	129	120	111
184	184	174	165	156	147	138	128	119	110
183	183	173	164	155	146	137	128	118	109
182	182	172	163	154	145	136	127	118	109
181	181	171	162	153	144	135	126	117	108
180	180	171	162	153	144	135	126	117	108
179	179	170	161	152	143	134	125	116	107
178	178	169	160	151	142	133	124	115	106
177	177	168	159	150	141	132	123	115	106
176	176	167	158	149	140	132	123	114	105

	\%MHR								
MHR	100%	95%	90%	85%	80%	75%	70%	65%	60%
175	175	166	157	148	140	131	122	113	105
174	174	165	156	147	139	130	121	113	104
173	173	164	155	147	138	129	121	112	103
172	172	163	154	146	137	129	120	111	103
171	171	162	153	145	136	128	119	111	102
170	170	161	153	144	136	127	119	110	102
169	169	160	152	143	135	126	118	109	101
168	168	159	151	143	134	126	117	109	100
167	167	158	150	141	133	125	116	108	100
166	166	157	149	141	132	124	116	107	99
165	165	156	148	140	132	123	115	107	99
164	164	155	147	139	131	123	114	106	98
163	163	154	146	138	130	122	114	105	97
162	162	153	145	137	129	121	113	105	97
161	161	152	144	136	128	120	112	104	96
160	160	152	144	136	128	120	112	104	96
159	159	151	143	135	127	119	111	103	95
158	158	150	142	134	126	118	110	102	94
157	157	149	141	133	125	117	109	102	94
156	156	148	140	132	124	117	109	101	93
155	155	147	139	131	124	116	108	100	93
154	154	146	138	130	123	115	107	100	92
153	153	145	137	130	122	114	107	99	91
152	152	144	136	129	121	114	106	98	91
151	151	143	135	128	120	113	105	98	90
150	150	142	135	127	120	112	105	97	90
149	149	141	134	126	119	111	104	96	89
148	148	140	133	125	118	111	103	96	88
147	147	139	132	124	117	110	102	95	88
146	146	138	131	124	116	109	102	94	87
145	145	137	130	123	116	108	101	94	87

附录 心率训练区间计算表（续）

* 心率的单位为 bpm，所有数据只取整数。

作者简介

罗伊·本森（Roy Benson），体育硕士，是一位运动科学家和长跑教练。他作为运动员投身竞技跑步58年，并为军队、俱乐部、大学和高中运动队提供了56年的专业指导，其中10年在佛罗里达大学任职。从1993年到2008年，他在佐治亚州亚特兰大市（Atlanta, Georgia）的圣母会高中（Marist High School）带领男子和女子越野队总共获得了16项州冠军，他带领的越野和田径选手获得了21项州个人冠军。

本森运用其心率训练的专业知识为部分品牌担任顾问，并撰写了3本基于体力负荷的跑步训练的书。在超过25年的时间里，他是《跑步时间》（*Running Times*）杂志的特别撰稿人，还是《跑步周刊》（*Running Journal*）杂志的特约编辑。由 Polar Electro 为他出版的手册《精准跑步》（*Precision Running*）已售出 200 000 册，并已被翻译成7种语言。

本森和妻子贝蒂居住在佛罗里达州的阿米莉亚岛（Amelia Island, Florida），他在那里的费南迪纳比奇高中（Fernandina Beach High School）担任志愿越野教练。

德克兰·康诺利（Declan Connolly）博士，FACSM，CSCS，是佛蒙特大学的教授和运动生理学家，他还是人类运动表现实验室的负责人。他是许多体育组织的顾问，这些组织包括世界橄榄球联盟网络（World Rugby Union Network）、国家冰球联盟（National Hockey League）、国家橄榄球联盟（National Football League）等。他还曾多次担任国际奥委会（International Olympic Committee）顾问。

除了在科学期刊上发表的 300 余篇文章外，他的著作还被主流媒体广泛引用，这些媒体包括《伦敦时报》（*London Times*）、《跑步者世界》（*Runner's World*）、《预防》（*Prevention*）、《健康》（*Health*）和《自我》（*Self*）。他的著作出现在 24 000 多个网站上，并一度成为许多电视和广播网络媒体新闻报道的主题。

康诺利一生都是运动者和运动员。近年来，他将重心转向铁人三项和超级铁人比赛。康诺利和他的妻子及 5 个孩子住在佛蒙特州的伯灵顿（Burlington，Vermont）。

译者简介

高炳宏，博士，教授，博士生导师，上海体育学院体育教育训练学院院长；上海市领军人才；国家体育总局首批"优秀中青年专业技术人才百人计划"入选对象；国家体育总局备战 2020 年奥运会科技专家组、体能专家组和训练督导组成员；亚太运动训练科学委员会执委；中国体育科学学会体能训练分会副主任委员；上海市"人类运动能力开发与保障"重点实验室执行主任；《中国体育科技》和《上海体育学院学报》杂志编委；美国体能协会认证体能训练专家（NSCA-CSCS）。研究领域为优秀运动员训练质量监控、不同人群体能训练理论与方法、高原低氧训练的理论和实践研究等。长期为优秀运动员备战奥运会和全运会提供科技服务，曾担任吴敏霞、徐莉佳、张杨杨等奥运冠军的科医团队负责人。近年来，主持和参与国家级课题 6 项、省部级课题 20 余项；主编与参编学术著作 4 部，译著 5 部；在国内外期刊发表论文 150 余篇。

2020 年获"全国体育事业突出贡献奖"，2018 年获国家教学成果二等奖，2018 年和 2010 年以第 1 完成人身份分别获上海市科学技术进步二等奖和三等奖各一项，2013 年以第 1 完成人身份获国家体育总局奥运科技攻关项目二等奖，2010 年以第 1 完成人身份获中国体育科学学会科学技术三等奖。